中国社会科学院学科建设登峰战略区域经济学重点学

京津冀区域技术创新 协同度测评及其提升要素研究

Research on Evaluating Synergy Degree of Regional
Technology Innovation and Its Improving Factors in
Beijing-Tianjin-Hebei

崔志新◎著

经济管理出版社
ECONOMY & MANAGEMENT PUBLISHING HOUSE

图书在版编目（CIP）数据

京津冀区域技术创新协同度测评及其提升要素研究／崔志新著. —北京：经济管理出版社，
2019.1
ISBN 978-7-5096-6332-5

I.①京… Ⅱ.①崔… Ⅲ.①区域经济—技术革新—协调发展—研究—华北地区 Ⅳ.①F127.2

中国版本图书馆 CIP 数据核字（2019）第 016560 号

组稿编辑：梁植睿
责任编辑：梁植睿
责任印制：黄章平
责任校对：赵天宇

出版发行：经济管理出版社
　　　　　（北京市海淀区北蜂窝 8 号中雅大厦 A 座 11 层　100038）
网　　　址：www. E-mp. com. cn
电　　　话：（010）51915602
印　　　刷：北京玺诚印务有限公司
经　　　销：新华书店
开　　　本：787mm×1092mm/16
印　　　张：18.75
字　　　数：345 千字
版　　　次：2019 年 4 月第 1 版　　2019 年 4 月第 1 次印刷
书　　　号：ISBN 978-7-5096-6332-5
定　　　价：68.00 元

    单个区域或创新主体在多元环境中常遇到一些无法解决的复杂问题，协同成为区域创新一种最佳的可行性解决方案，有利于实现创新资源整合和加速创新主体交互。京津冀区域作为我国创新资源相对较为密集的区域之一，可充分利用创新协同实现京津冀区域整体发展水平的提升，而且京津冀协同发展已成为重大国家战略。由此可见，创新协同成为区域快速发展的重要支撑，这引起很多学者对区域技术创新协同的关注，学者们认为协同度能够直接反映区域技术创新协同发展的情况，区域技术创新协同度测评成为学界研究焦点。而在以往的研究中，更多的是局限于理论层面或是单一视角的测评，测评体系缺乏系统性并有待进一步研究。本书采取文献研究、定性与定量、理论与实证相结合和比较研究等方法，旨在探讨区域技术创新协同度测评及京津冀区域技术创新协同度提升要素。

    本书基于信息论、系统论和协同论等相关理论，研究了"区域技术创新协同度测评"这一核心问题，从多视角对京津冀区域技术创新协同度测评及其提升要素等相关问题进行探讨。首先，分析已有学者的研究成果，明确本书的研究思路和研究内容；其次，在文献和理论阐述的基础上，提出区域创新协同存在正向协同、点协同和负向协同三种状态，构建了区域技术创新协同度测评体系，并利用创新输入协同、创新过程协同和创新输出协同三个视角的测评模型分别对京津冀区域技术创新协同度进行测评，进而对协同度进行综合测评；再次，通过京津冀—长三角区域技术创新协同度测评比较，分析京津冀区域技术创新协同问题成因，结合理论分析及京津冀区域的具体情况提出假设，并实证检验京津冀区域技术创新协同度提升要素；最后，根据理论分析、测评结果和实证分析结果，得出本书的研究结论并提出针对性建议。

    本书研究内容可归纳为四大部分。第一部分为基础研究，包括第一章和第二章。这一部分主要阐述了本书研究的背景和意义，据此提出本书的研究论题；对区域技术创新协同度及测评相关文献进行梳理，基于理论基础之上，找到本书的研究点。第二部分为本书的核心内容，包括第三章、第四章和第五章。首先是区域技术创新协同度测评模型的理论分析及构建，在相关理论及测评模型的基础上，分别从创新输入协同、创新过程协同和创新输出协同三个视角，构建了区域技术创新协同度测评体系；其次是区域技术创新协同度测评体系的应用，分别对京津冀和长三角两个区域进行测评，这也是对测评体系的验证；最后是将京津冀—长三角两区域的测评结果进行对比分析，可以发现京津冀区域技术创新协同存在的问题。第三部分为协同度提升要素分析，针对京津冀区域技术创新协同所存在的问题成因，分析京津冀区域技术创新协同度提升要素，分别构建京津冀各区域内和区域间技术创新协同度提升要素模型，并对其进行实证检验，最终将理论与现实问题相结合进行深入分析。第四部分为研究结论和建议，对全书进行总结和概括，针对京津冀区域技术创新协同发展的具体情景给出政策建议。

本书所用的样本数据分为三部分：一是创新输入协同视角的数据，来源于 Wind 数据库的检索数据，包括京津冀区域（2587 条）和长三角区域（5953 条）；二是创新过程协同视角的数据，来源于《中国科技统计年鉴》《中国统计年鉴》和《中国高技术产业统计年鉴》等统计年鉴的数据，涉及京津冀和长三角两区域的四个子系统共 37 项序参量指标；三是创新输出协同视角的数据，来源于国家知识产权局数据库的检索数据，包括京津冀区域（390881 条）和长三角区域（1090680 条）。

本书通过研究得出的主要研究结论为：第一，从多视角构建区域技术创新协同度测评体系，并运用测评模型对区域技术创新协同度进行定量研究，充分论证了所构建的区域技术创新协同度测评体系的可行性。第二，利用所构建的测评体系对京津冀区域技术创新协同度进行测评，研究显示，京津冀区域技术创新协同度较低，甚至出现负向协同现象。第三，通过对京津冀—长三角区域技术创新协同度进行测评比较，研究显示，整体上京津冀区域技术创新协同度低于长三角区域，但某方面京津冀区域技术创新协同度略高于长三角区域。第四，结合理论与现实问题的分析，对京津冀区域技术创新协同度提升要素进行分析，实证结果表明，京津冀各区域内与区域间技术创新协同度提升要素存在明显差别，即使是同一变量在两个层面的作用也不同，企业技术创新这一要素可以促进京津冀各区域内技术创新协同度的提升，但会阻碍京津冀区域间技术创新协同度的提升。

本书的创新点有三个方面：一是从理论层面构建区域技术创新协同度测评模型，由创新输入协同、创新过程协同和创新输出协同三个视角的测评模型组成，突破单一视角的理论模型构建，采用多视角的研究使区域技术创新协同度测评更具系统性。二是初步构建区域技术创新协同度测评体系，将其应用于京津冀和长三角两个区域，并在研究中引入对比分析法，增加京津冀—长三角区域技术创新协同度测评比较，使研究具有可比性，测评结果更为科学准确，据此得出的测评结论更加系统全面，应用层面的作用明显，另外，测评结果客观验证了所构建的区域技术创新协同度测评模型，证实测评体系具有可行性。三是构造京津冀区域技术创新协同度提升要素模型，将其划分为各区域内和区域间两个层面，考虑各区域内与区域间协同发展的内在联系，使协同度提升要素的分析更为全面系统，与以往不区分两个层面的研究结果不同，分开研究所得到的研究结果具有针对性。

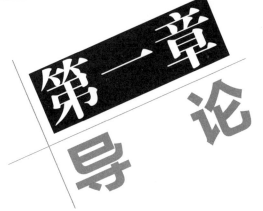

第一章

导论

第一节 研究背景

一、区域创新的趋势

协同已是当前我国乃至世界技术创新活动的一种新趋势，成为区域整合创新资源和提升技术创新效率的有效途径。美国的硅谷成为世界先进科技的发源地，主要依赖于其所在地的企业、政府、大学及研发机构等协同创新。企业、政府和大学成为区域或国家经济发展必要的构成要素，三个不同的创新主体注定要达成协议。科学技术知识从大学转移到企业一直被视为国家经济发展的条件，但也作为一个复杂的具有多种经济、政治和文化影响的问题。需要阐明不同环境下三者之间的关系，寻求有助于彼此间互动关系的模式，并将其运用于实际情况，这种关系也可以用协同的思想来解释。

单个区域的技术创新能力在瞬息万变的竞争环境中可能无法有效应对，而区域间技术创新协同增加技术和知识流动，跨区域知识溢出或共享有利于实现创新资源整合和加速创新主体交互活动，推动区域创新知识储备及整体竞争优势提升，这也是区域创新发展的必然结果和高级阶段（王志宝等，2013）。相对于开放式创新，技术创新协同更为复杂，倾向于创新主体及要素交互效果，也可以将其理解为开放式创新的一种高级形式。技术创新协同成功的关键条件是形成多创新主体交互网络，通过不同创新主体之间的不断交互融合及其资源要素整合，产生"1+1+1>3"的非线性效用（陈劲，2012）。

区域技术创新协同体现了一个区域的创新主体要素和非主体要素在非线性相互作用下实现区域效益最优的程度，其对加速各区域内资源优化配置、实现区域经济平稳快速发展起着重要作用。要素的转移、科学技术的快速进步、稀缺资源和组织依赖性的增加，这些因素驱使协同水平渐增。组织间协同常被学者和实践者描述为一个过程，与其他组织交互创造新的组织和社会结构。区域协同的核心是促使区域创新主体之间资源整合和彼此融合，形成复杂的作用机理，且承担不同的任务，实现创新协同效应，推动区域的进一步发展。因此，协同成为引领区域技术创新的一种新的形式，为其创新发展提供能力保障，对于维持区域技术创新的可持续性发展发挥重要的作用。

二、京津冀区域协同创新战略

2011 年，"协同创新"这一划时代意义的创新范式在全国开始尝试。而京津冀区域作为我国创新资源相对较为密集的区域，有条件利用区域协同实现京津冀区域整体发展水平的提升。

创新的研究是社会科学的一个相对年轻和快速增长的分支，主要受约瑟夫·熊彼特（Joseph Schumpeter）的工作和经济主流之外的其他研究传统启发，其已经发展成为研究不同经济、技术、组织和制度变化的一个跨学科领域。创新是区域发展和竞争力的决定性因素，在企业和地区的动态演进过程中具有核心作用，而建立有效的企业、大学和政府等主体之间的互动和合作关系，是区域协同创新的重要基础。创新的动力与国家创新系统的高效运作和区域吸引力的增加相联系。它需要经济框架和不同区域主体的组合，确定创新活动方向及比率，支持创新的基础设施和区域/当地治理系统主体之间的合作关系。

科技的飞速发展，促使创新知识的总量和技术的复杂程度不断增加，加速全球化和国际化进程，学习模仿并不能确保经济的持续发展。自主创新能力对维持区域自身竞争优势显得较为重要，但技术创新过程中也常会遇到创新决策失误、创新极化不完善、创新各参与部门不能协调一致地合作及信息沟通不顺畅等问题。技术创新需要通过相适应的制度来实现，实践表明，加强技术创新能力及将技术创新能力向区域或国家竞争力方向转化，必须先为其制定一个能适应且积极推进区域发展的制度创新。

从改革开放初期强调"科学技术是第一生产力"，到党的十七大提出自主创新能力增强和建设创新型国家，再到党的十八大提出实施创新驱动发展战略，科技创新成为综合国力的支撑，侧重强调协同创新，有利于创新资源合理配置，提高区域创新整体水平。国家颁布实施关于完善知识创新体系、提升国家科技专项技术及成果转化能力、加强知识产权保护等的战略。

京津冀协同发展现作为重大国家战略。2015 年 3 月 23 日，中央财经领导小组第九次会议审议研究了《京津冀协同发展规划纲要》；2015 年 4 月 30 日，中共中央政治局召开会议并审议通过《京津冀协同发展规划纲要》，这标志着京津冀区域协同发展由设计阶段转向实施阶段，其中明确了京津冀区域三地的科技创新优势，指出提升北京地区原始创新和技术服务能力，打造技术创新总部基地，提高天津地区应用研究与技术研发转化能力，强化河北地区科技创新成果应用和示范推广能力。

京津冀区域技术创新协同发展的战略需要通过创新驱动发展来实现，进而推动京津冀区域整体协同发展。然而，京津冀三省市之间技术创新发展差距大，基础技术创新的短板成为当前的必需关注点。北京和天津地区的技术创新水平相对较高，而河北在技术创新及质量层次上差异明显，部分方面甚至呈现"断崖式"的差距，存在"灯影效应"，技术型企业发展困难。需要整合区域创新资源，促进优质技术创新资源均衡配置及成果共享，逐步提高创新能力均等化水平，为创新驱动协同发展提供支撑。京津冀区域技术创新能力差距及创新发展现状为京津冀区域技术创新协同度测评提出了新的研究命题和挑战。

第二节　研究意义

一、理论意义

区域创新协同理论研究逐渐兴起，围绕区域技术创新协同的理论还需要进一步完善。目前，区域技术创新协同的理论主要是关于协同机理与运行机制、协同绩效及协同度测评等，区域技术创新协同度测评研究包含在区域技术创新协同理论研究之中，是协同理论从定性向定性与定量相结合发展必不可少的一部分。在已有研究中，区域技术创新协同度可以反映出区域协同发展水平已经成为共识，但研究中对于协同度测评及定量化的研究还有待完善。本书从理论方面着手，探索性研究区域技术创新协同度测评模型，初步从多视角构建区域技术创新协同度测评体系，丰富了协同度测评体系的内容，完善区域协同理论。

二、现实意义

本书通过对京津冀和长三角区域技术创新协同度进行测评，以及将两区域测评结果进行比较分析，有助于探索京津冀区域技术创新协同发展的优势和劣势，进而可以分析所存在的问题及成因，并探索京津冀区域技术创新协同度提升要素，这对京津冀区域技术创新协同发展有着非常重要的现实意义。

（1）区域技术创新协同度测评的研究是提升区域竞争优势的重要参考，也是实现区域整体持续、快速、协调发展的重要手段。本书运用所构建的区域技术创新协同度测评体系，系统地分析京津冀区域技术创新协同度现状，指导京津冀区域协同发展，并通过京津冀区域技术创新协同度提升来促进区域技术创新能力的提升，增强京津冀区域技术创新的整体竞争力。

（2）政府可以清楚地掌握京津冀区域技术创新协同发展的情况，可依据协同度提升要素，制定适合的发展战略，为京津冀区域技术创新协同实现互补和共赢发展提供参考，进一步实现区域协同创新的目标，即有效性、高效率和低成本等，最终实现区域协同效应最大化，进而能实现京津冀区域协同创新共同体的构想。

第三节　核心概念的界定

一、协同的概念

"协同"一词在英文中有 synergy、collaboration、cooperation 和 coordination 等多种不同的表述。Mattessich 和 Monsey（1992）区分"合作"（Cooperation）、"协调"（Coordination）和"协同"（Collaboration）三个概念：合作是一种不存在任何共同使命、结构或计划努力的非正式关系；协调是一种具有可并立的任务且更正式的关系，需要计划和沟通渠道；协同（协作）是一种更持久和更普遍的关系，建立一个新的且具有完全承诺的组织结构以促进共同任务。协同是建立在前两者基础之上，通过协同（Collaboration）创造协同效应（Synergy）（Edgull & Walsh，2003）。对协同的研究需要注意"协调"和"协同"之间存在的区别，前者侧重强调子系统所体现出的数量水平之间的匹配关系；后者则偏向于强调内部各要素之间相互促进作用的关系。本书特别强调各方共同协调工作的行为过程的结果，重点关注"Collaboration"和"Synergy"两个方面的研究，但并不单独将协调区分出去，为了避免混淆文中均使用"协同"一词。

二、技术创新协同

基于"协同"和"创新"两个概念，协同创新（Collaborative Innovation）的定义由美国麻省理工学院斯隆中心的 Peter Gloor 提出，它是"由自我激励的人员所组成的网络小组形成集体愿景，借助网络交流思路、信息及工作状况，合作实现共同的目标"。区域协同创新是在创新资源市场化流动基础上，以企业价值链网络为载体，实现区域创新资源共享，可以增强企业获取外部创新资源的能力，进而提高整个区域的创新能力，是区域分工与合作的重要发展趋势（高丽娜等，2014；何一清、乔晓楠，2015）。

目前，众多学者给出了协同创新内涵的界定，总体上可归纳为狭义和广义两种。狭义的区域协同创新就是区域科技创新的协同，是指科技创新在各区域内部实现各地区联动发展，各地区的科研机构、科研人员和科研项目在各区域内的协同合作，打造区域科技创新平台，最终实现区域科技创新效益最大化和区域科技创新能力的提升（王志宝、孙铁山和李国平，2013）。广义的区域协同创新就是区域协同的创新，是区域协调发展的高级阶段，是指一定区域内各地区之间通过协同相互之间的人口、社会、经济、环境等方面的发展速度、规模、结构来实现整个区域的效益最大化、地区间协调发展和地区间差距日益缩小（王志宝、孙铁山和李国平，2013）。本书中所指主要是狭义的区域技术创新协同概念。

此外，为了避免书中关于协同创新和创新协同的混淆，需要注意协同创新与创新协同的区别与联系。协同创新强调一种行为或活动的过程，如 Persaud（2005）指出，协同创新是指为提升创新能力，多个参与者基于研发合作而进行的协同过程。Soeparman 等（2009）认为，持续和集体的组织能力能应对和预期变化的情况，通过更新和改变核心活动的方式提高绩效。协同创新侧重强调集群创新企业与群外环境之间既相互竞争、制约，又相互协同、受益，通过复杂的非线性相互作用产生企业自身所无法实现的整体协同效应的过程（胡恩华、刘洪，2007）。创新协同强调一种行为结果或状态，协同创新与创新协同两者并非不相关，而是彼此相互作用的。依据本书研究的具体内容，在协同创新理论分析的基础上，对创新的协同状态进行研究。因此，书中除文献综述部分使用"区域协同创新"的表述之外，均采用"技术创新协同"。

三、区域技术创新协同度

协同度，即协同程度。在系统论层面，它是指在各子系统有序度及子系统相互之间协调有序匹配度的影响下，系统通过自组织演化实现协调一致、无缝链接、高效有序的程度，即协同效应的本质所呈现的某一区域的创新主体、创新要素、子创新系统及创新系统与区域环境之间的整合优化程度。系统工程领域的一些学者提出：协调度（或协同度）体现出系统从无序到有序的发展趋势。从协同论来看，系统向有序转变的关键是系统内子系统之间彼此关联的"协同作用",掌控着系统发展变化的特征和规律,协调度正是这种协同作用的量度(吴跃明、郎东锋、张子珩和张翼,1996)。也有学者提出:从协同学的角度看,协调是系统各个组成要素在发展过程中相互之间的和谐一致,这种和谐一致的程度称为协调度(汪传旭,2001)。还有不少学者将"协调度"直接称为"协同度"(徐浩鸣、徐建中和康姝丽,2003)。从上述各学者的叙述来看,他们将"协调"等同于"协同"。然而,在本书中结合两个概念,均使用"协同度"一词。

协同度高低取决于各子系统自身有序度的高低以及子系统之间匹配程度的高低。有序度是用来衡量子系统在演化过程中有序化的程度,而子系统与子系统之间的协调与合作程度用有序的匹配度来测评。协同度是用来衡量系统内部各要素之间匹配和协同的程度。协同度越高,表明要素之间匹配的一致性和紧密性越强,越有利于实现组织的目标;反之,协同度越小,则越不利于实现组织的目标。其取值范围为:−1≤协同度≤1(徐向艺、徐英吉,2008)。

协同创新系统协同度是指各创新主体在合作过程中相互作用的一致性程度(齐二石等,2011;张淑莲等,2011),是系统主体行为协调的程度(王进富等,2013)。区域创新协同与区域技术创新协同的基本含义一致,文中将区域技术创新协同度描述为:区域协同创新过程中多个创新主体之间、创新主体与资源之间、创新主体与创新环境之间相互配合的紧密程度和相互作用的一致程度或强度,即区域技术创新协同度是度量区域协同程度及内部各创新主体之间协同程度的一项重要指标,有助于测度区域创新协同能力及当前区域创新协同发展的状况。由于文中将区域技术创新作为关键词来使用,为了不混淆,"区域"与"地区"两词的使用并不做明确区分。

可将区域技术创新协同度描述为式(1-1)的函数形式,即:

$$y = f(x_i) \qquad (1-1)$$

其中,y表示区域技术创新协同度,x_i表示第i个协同状态。

第四节 研究思路、方法和创新

一、研究思路和研究框架

本书主要研究内容如下:

第一章是导论，阐述研究背景、理论和现实意义，界定研究中所涉及的核心概念；说明研究思路、研究框架和方法，指出研究可能的创新点。

第二章是理论基础与文献综述，理论基础主要包括信息论、系统论和协同论；文献综述主要从各区域内协同创新、区域间协同创新、区域协同及协同创新测评维度、区域技术创新协同度测评方法及维度进行。

第三章是区域技术创新协同度测评模型构建。首先，对区域技术创新协同度测评理论进行分析，初步构建区域技术创新协同度测评体系；其次，分别构建区域技术创新输入协同度测评模型、区域技术创新过程协同度测评模型和区域技术创新输出协同度测评模型。

第四章是京津冀区域技术创新协同度测评。本章首先运用三个视角所构建的协同度测评模型，分别测评出京津冀区域技术创新输入协同度、京津冀区域技术创新过程协同度和京津冀区域技术创新输出协同度，进而通过综合测评，得到京津冀区域技术创新协同度。

第五章是京津冀—长三角区域技术创新协同度测评比较。本章主要运用三个视角的协同度测评模型，测评出长三角区域技术创新输入协同度、长三角区域技术创新过程协同度和长三角区域技术创新输出协同度，而且综合测评出长三角区域技术创新协同度，并结合第四章的测评结果将京津冀—长三角区域技术创新协同度进行对比分析。

第六章是京津冀区域技术创新协同度提升要素分析。首先，通过对京津冀区域技术创新协同度测评结果及与长三角的对比，分析京津冀区域技术创新协同问题成因；其次，将理论与京津冀区域测评结果相结合分析区域技术创新协同度提升要素，并提出相关假设，构建京津冀区域技术创新协同度提升要素计量模型；最后，对京津冀各区域内及区域间技术创新协同度提升要素模型估计，进而对实证结果分析。

第七章是结论和建议。本章主要是对全书研究的总结和概括，针对京津冀区域技术创新协同发展的具体情景给出政策建议，并对研究局限及改进提出展望。

本书的研究框架分为四大部分。第一部分为基础研究，包括第一章和第二章。这一部分主要阐述了本书研究的背景和意义，据此提出本书的研究论题；对区域技术创新协同度及测评相关文献进行梳理，基于理论基础之上，找到本书的研究点。第二部分为本书的核心内容，包括第三章、第四章和第五章。首先是区域技术创新协同度测评模型的理论分析及构建，在相关理论及测评模型的基础上，分别从创新输入协同、创新过程协同和创新输出协同三个视角，构建了区域技术创新协同度测评体系；其次是区域技术创新协同度测评体系的应用，分别对京津冀和长三角两个区域进行测评，这也是对测评体系的验证；最后是将京津冀—长三角两区域的测评结果进行对比分析，可以发现京津冀区域技术创新协同存在的问题。第三部分为协同度提升要素分析，针对京津冀区域技术创新协同所存在的问题成因，分析京津冀区域技术创新协同度提升要素，分别构建京津冀各区域内和区域间技术创新协同度提升要素模型，并对其进行实证检验，最终将理论与现实问题相结合进行深入分析。第四部分为研究结论和建议，对全书研究进行总结和概括，针对京津冀区域技术创新协同发展的具体情景给出政策建议，并对研究局限及改进提出展望。本书研究框架如图 1-1 所示。

二、研究方法

本书为了更准确和客观地进行研究，在研究过程中做了大量的工作，主要采用了文献研究法、定性与定量相结合、理论与实证相结合的方法和比较研究方法。第一，本书依据并围绕研究论题或目的，搜索阅读了大量的区域协同创新及区域技术创新协同度测评等相关文献，通过对现有文献的收集与整理，从而全面、客观地了解和掌握论题的现有成果与基础，找到本书的理论基础及研究落脚点。第二，本书基于理论分析构建区域技术创新协同度测评模型，将其应用于京津冀区域及长三角区域测评出结果；运用实证研究方法，利用 SPSS、Eviews 统计分析软件，对京津冀区域技术创新协同度影响因素模型及假设进行检验。第三，本书对比分析了京津冀—长三角区域技术创新输入协同度、技术创新过程协同度、技术创新输出协同度及技术创新协同度（综合测评）；将区域分为各区域内和区域间两个层面进行对比，除协同度测评结果的对比之外，还对京津冀区域技术创新协同度提升要素进行对比分析。

三、研究创新点

本书创新点体现为以下三方面：

（1）从理论层面构建区域技术创新协同度测评模型，由创新输入协同、创新过程协同和创新输出协同三个视角的测评模型组成，即区域技术创新输入协同度测评模型、区域技术创新过程协同度测评模型和区域技术创新输出协同度测评模型。目前对于区域技术创新协同度测评局限于理论分析或是单一视角测评，本书所构建的区域技术创新协同度测评模型突破单一视角的理论模型，采用多视角的研究使区域技术创新协同度测评更具系统性。

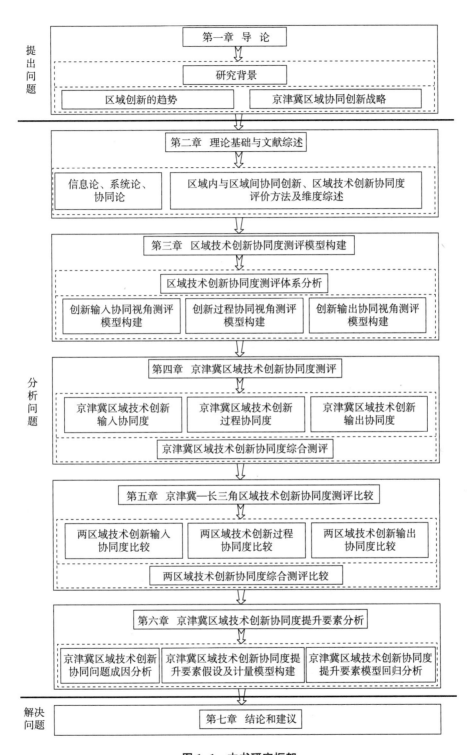

图 1-1　本书研究框架

资料来源：根据本书研究内容绘制。

（2）初步构建区域技术创新协同度测评体系，将其应用于京津冀和长三角两个区域，并在研究中引入对比分析法，增加京津冀—长三角区域技术创新协同度测评比较，使研究具有可比性：一方面，测评结果更为科学准确，据此得出的测评结论较为系统全面，应用层面的作用明显；另一方面，测评结果客观验证了所构建的区域技术创新协同度测评模型，证实了测评体系具有可行性。

（3）构造了京津冀区域技术创新协同度提升要素模型，将京津冀区域技术创新协同度提升要素区分为各区域内和区域间两个层面，考虑各区域内与区域间协同发展的内在联系。本书与以往的研究相比更为深入，协同度的提升要素分析全面系统，研究结果也显示出两个层面的提升要素存在明显的差别，将两个层面区分开研究所得到的研究结果具有针对性，在学术研究和现实指导中具有重要意义。

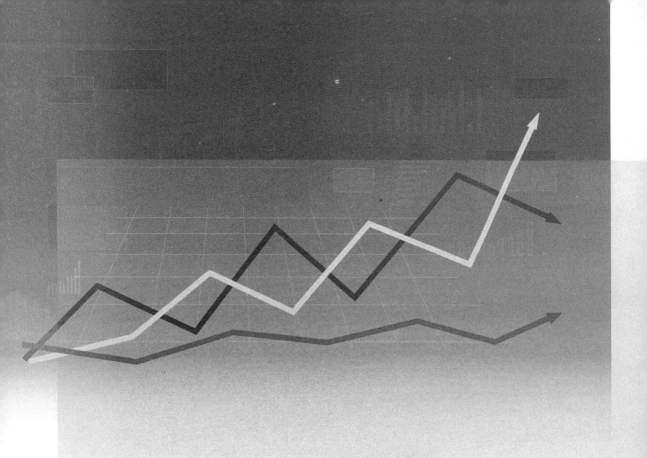

第二章

理论基础与
文献综述

第一节　理论基础

一、信息论

信息论本来是应用数学方法研究信息处理和信息传递，是对于通信系统中普遍存在的信息传递规律，以及提高信息传输系统效率和可信度的研究，形成一种狭义信息论，美国称其为信息科学，欧洲称其为信息系统。

信息论创始人 Shannon（1948）发表《通信的数学理论》（A Mathematical Theory of Communication）一文为信息论奠定基础。文章讨论了信息测度问题，信息论中的信息定义和测度采用了"熵"，信息熵是信源的平均不确定性的描述，通常，它并不等于平均获取的信息量，在无噪声的状况下，接收者才可以正确接收信源发出的消息，消除了信息熵大小的平均不确定性，所获取的平均信息量就等于信息熵。一般情况下，获取的信息量是两个熵之差，并不是所描述的信息熵本身。

信源的信息熵是从整体信源的特性为出发点，它是从平均意义上表述信源的总体信息的度。信息熵的基本性质表现为：①对称性，熵仅与随机变量的整体结构相关，如果某些信源的统计特征相同，则信源的熵相同；②确定性，总体来看，信源虽有不同的输出消息，但仅有一个消息是必须的，而其他的均几乎不出现，信源是可以确定的，其信息熵为零；③非负性，对于离散信源的熵，它是正确的，但对于连续信源这一性质不存在；④扩展性，信源消息集中的消息数增加时，如果这些消息对应的概率很小，则信源的熵不变；⑤可加性，可以证明熵函数的形式具有唯一性，不存在其他形式；⑥强可加性，两个相互关联信源的联合信源的熵等于一个信源熵加上另一个条件熵；⑦递增性，如果原信息源中的一个元素分割为若干个元素，而这些元素的概率和等于原元素的概率，则新信源的熵增加；⑧极值性，等概率分布信源的平均不确定性为最大；⑨上凸性，正如熵函数具有此性质，才能使熵函数具有极值及最大值的存在。

信息通过消除不确定性来获得，若度量了不确定性，就是度量了信息。信息的度量是信息论研究的基本问题之一，然而对于应用范围较广泛的信息提出一个统一的度量很困难。Shannon 提出信息熵作为信息量的测度，这作为当前最为广泛的测度方法。

本书中研究所使用的对信息测度的方法也是采用了 Shannon 的方法。

二、系统论

系统论是"二战"前后形成的一门横向学科，最初由美籍奥地利生物学家 Berta-lanffly 创立，初期被称为一般系统论。随后，学者们从不同角度或新学科研究系统运动规律，包括控制论、信息论、对策论、系统数学等理论和方法，统称为系统论。

系统整体性认为，系统作为一个整体，但系统内部的要素彼此之间相互联系且在系统中才能生存。整体上系统所具有的功能不同于内部要素的功能，或是内部要素功能简单叠加，而是形成的一种新的功能作用。然而，系统相关性思想，一方面强调要素之间联系的重要性，另一方面强调系统作为整体与外部环境的联系。基于动态观点，强调开放系统理论的研究思想，系统结构对外部环境具有依赖性，换句话说，如果没有系统与外部环境的相互作用，任何系统都不会存在，主张任何系统均处于与环境要素或能量的交换之中。将生命的机体视为一个能保持动态确定的系统，这种动态能抗拒环境对机体的瓦解性的侵犯，这种开放系统可以显示出异因同果律（魏宏森等，2007）。

系统内的要素，一方面是受到控制，在控制指令下被动响应，这种关系实现了机械性特征。然而在另一方面，系统中的要素也具有自由能，也有自身作为一个独立体的特征，因而作为独立个体的要素就会表现出在一定自由度内与自由能相适应的主动行为。如果系统中有众多个体，就会由此引发个体行为叠加而成的综合效应。系统中的要素个体表现出竞争与协同两种行为，竞争是个体之间的一种关系，个体为了维护其自身的存在与发展，对环境或其他个体的行为作出响应，这时就有可能形成竞争，而协同是系统中要素之间非外加的协调与配合的关系，相互的协同可以产生比竞争更大的利益。竞争与协同作为两个基本关系，在系统中是共存的，系统内的要素之间既有竞争，也有协同，并且竞争成分与协同成分可以转化，即竞争与协同也在竞争之中（吴广谋，2005）。

系统论在实际应用中，如决策系统，将决策视为一个动态的过程，有助于将决策中的不同要素形成一个有机整体——决策系统，主要包括依据信息寻找问题、确定目标和制定多种方案、方案分析评价、选择方案并进行修正、形成最终实施计划。

三、协同论

协同学又称协同论，是德国学者 Haken 创立的一种解释自组织形成机理或从简单到复杂机制的理论。Haken（1971，1983，1995）在"协同论"（Synergetics）中提出协同（Synergy）概念，他认为，系统内的众多子系统相互影响、相互协调，并通过协同的方式实现价值增加和协同效应。协同学关注系统各个部分的合作（Cooperation），产生宏观的空间、时间或功能结构超越个体效应之和的总体效应（Haken，1980）。Miles等（2005）定义的协同（协作）（Collaboration）概念普遍替换应用，其认为，所谓协同是为了达到互利双赢的结果而一起工作的过程，存在每一方行为者都把对方利益视为自身利益对待，减少持续信任评估的需要，以最终达成总体利益的分配。由此特别强调各方共同协调工作的行为过程。

协同学在激光理论、耗散结构理论、超循环论等相关理论的基础上，提出了一套分析与描述自组织问题的方法。它主要阐述了从旧结构向新结构转变过程的一种普遍规律，这种普遍规律几乎是任何系统结构变革过程都遵循的。协同系统实现自组织需要具备：一是系统的开放性，可以增强系统生存与发展活力；二是系统的非线性相关性，子系统之间需要交互协作，使各自的功能效应最大化。

协同发展（Collaborative Development）是一个系统内全部的利益相关者谈判、集思广益（Brainstorm）、协商、共享知识和一起执行日常劳动任务（Booch & Brown，2003），协同发展系统是一个自组织开放的复杂系统。协同——个体、政府和国际组织——是治理和发展的重要选择，可以说，这种动力学系统对于发展中国家尤为重要，如在非洲的许多国家，知识存量、基础设施/工具和人力资本有限，在这种情况下协作，能为当地科学能力的建设提供重要渠道（Katz & Martin，1997；Sooho & Bozeman，2005；Haustein et al.，2011）。协同很少是自发的，它的成长和演化需要时间及创新主体的共同能力，协同本质上是一起工作实现单个个体所不能完成的任务（Warm，2011），由此特别强调各方共同协调工作的行为过程。

第二节　文献综述

一、区域内协同创新

区域内协同创新主要是以各区域内不同创新主体的协同为主，而不考虑区域间是否实现协同，主要包括区域内企业—大学和企业—大学—政府两个层次的协同。

1. 企业—大学协同

区域内知识使用者（企业）和生产者（大学）协同是思想和技术的主要来源之一，完善创新过程，积极影响创新的独创力及企业绩效指标。如企业通过增加与当地大学和研发机构合作，可获得使用知识和能力权限，补充企业的本地派生能力，这不仅增加协同创新能力，也可能会抵消企业区域集群内的技术"锁定"（Asheim & Lars，2005）。有研究者认为，企业—大学协同的最主要目的是实现大学—企业技术的转移（University-industry Technology Transfer，UITT）（见图2-1），主要是通过许可协议、研究型合资企业或新兴公司等实现。关键 UITT 利益相关者，指大学管理者、学术和行业科学家、企业管理者、企业家和大学技术转移办公室（Technology Transfer Office，TTO）等（Siegel et al.，2003）。

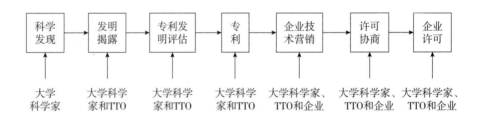

图 2-1　大学技术转移到企业的过程

资料来源：Siegel et al. (2003).

企业—大学协同的目的不同，形成不同的协同模式。Frida 等（2013）将其确定为四种协同形式（见图2-2）：①特定的协同形式，具有企业合作伙伴的特征，在大学内指挥并完成特定的科研任务，研究人员拥有非常小的自由和可能性，将特殊的项目与其他研究项目连接起来；②疏远的协同形式，在一个整体的水平上，企业呈现出一种疏远的现象，符合其研究和教育融资的一般动机；③平移的协同形式，需要更多的企业参与，总体目标说明转变成研究计划；④成熟的协同形式，具有大学和企业合作伙伴两者并存的特点，从事与两者相关的研究任务，存在一个所有各方参加的整合研究进程，所有的利益相关者影响研究议程的制定、执行和结果使用，主导逻辑之间的妥协持续不断。

协同形式	关键行为者	进程（倾向于）	说明	
			产业	大学
特定的协同形式	产业	产品		
疏远的协同形式	大学	研究结果		
平移的协同形式	产业和大学	两个研究进程平行 产品和研究结果		
成熟的协同形式	产业和大学	产品和研究结果		

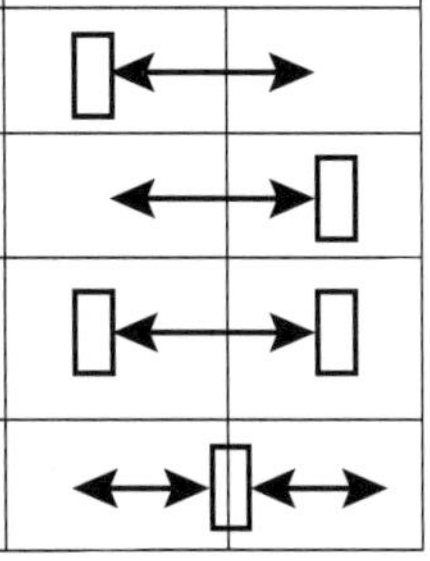

图 2-2　协同形式和相关研究中心的研究进程

注：图中所示的方框代表研究过程。

资料来源：Frida et al.（2013）.

　　企业—大学协同作为提高研发活动创新竞争力的一个重要方式，促使学术界和企业领域之间连接而产生协同效应，对于两者形成"双赢"的结构。进一步分析企业—大学协同的优势、劣势、机会和威胁（Lucia et al.，2012），研究发现，企业必须学会利用创新，大学必须更好地识别竞争性研究优势，谋求一个更加有效的学习方法，提高学习的积极性（Barak，2010）和获得资金支持等。企业与大学成功协同需要共享某种程度的类似能力，如大学超越它们传统的任务，承担一下企业家的"第三使命"，大大增加了与企业环境的互动，而过多的相似性可能对其不利，由于有不同的价值创新和知识体系互补发展的需求，他们常倾向于选择不同的技术合作伙伴（Petruzzelli，2011）。

　　此外，它还受到毗邻性及空间地理距离等影响，调查结果显示，如果与企业相邻的是一个较低层次的大学，这会降低企业与当地院校进行合作的意愿，而与一流的大学择邻而居会促进地方性协同的产生；同时发现，如果企业面临选择时，优先考虑的是大学作为合作伙伴的研究水平的高低，而非地理空间距离的远近，这一特征在高技术企业中表现得尤为突出（Laursen et al.，2011）。由于隐性知识及物理毗邻的重要性，企业—大学协同主要存在于地方层面，因为企业与大学合作更易获得来自企业非正式接触中的知识，并且在当地大学受过教育的工程师从非正式接触中获取知识的可能性更高（Østergaard，2009），而 Slavtchev（2013）则进一步证明了，企业—大学协同空间模式是合适的伙伴之间复杂配对过程的结果，创新主体个体及相互关联性特征、制度要素及特定的知识类型对协同产生影响，因此，它并非仅存在于地方层面。

2. 企业—大学—政府协同

稳定的制度和地方政府结构可以促进企业—大学协同（Smith，2009），必须更好地发挥政府的作用（Rao et al.，2012），因为区域间协同需要大量的奖励措施来克服困难和降低多元化政策环境中与协调措施相关的政策自治权，促使各创新主体间协同创新。企业—大学—政府协同则成为区域协同创新发展的必然趋势，三个创新主体各自承担不同的角色，构成三螺旋模式，其三个基本要素涉及以下（Etzkowitz，2008）：第一，与知识型社会中的企业和政府相比，大学有更重要的创新作用，在社会中承担创新者的角色，强调企业家的任务，共享知识和训练员工，大学除了传统教育者的角色，还开展并执行研究、商业教育和社区发展的活动，对区域和国家经济发展有重要贡献（Natário et al.，2012）；第二，对于三个主要制度领域之间协同关系的运动，创新政策越来越多的是一个相互作用的结果，而非来自政府规定；第三，除了履行传统的功能，每个制度领域在一些方面也需要其他的角色，这可能采取一个大学的形式，获取启动开发项目的政府角色和企业形成的企业角色，大学作为人力资源和知识的传统供应商，是目前关键的社会经济发展主体，履行传统职能，但越来越多地承担起促进创新和发展的任务。

对三螺旋模式协同发展进行分析发现，规定大学、企业和政府关系的制度安排不同，三螺旋模型架构关系不同（Leydesdorff，2010，2011；Etzkowitz & Ranga，2010；Macgregor et al.，2010），主要有三种类型：一是国家社会主义模式，政府居于创新的主导地位，引导并控制着产业及学术部门，由于这两个部门隶属于政府部门，两个部门的创新空间较小，因此创新受到阻碍而不是得到鼓励；二是自由放任的模式，三者的边界较为清晰，每个领域部门按照自己的思维逻辑独立发展，但彼此之间缺乏相应的沟通和交流，由此则会产生自由放任的管理方式及政策，减少了政府角色；三是重叠模式，这是现在区域协同发展中最为常见的模式之一，不仅任意两者之间互动，且三者间还存在重叠，除了执行自身职能外，还承担新的职能，彼此互相交融。

三螺旋模式既不是孤立的具有专业宗旨和较强保护边界的制度领域，也不是在维恩图（Venn Diagram）中循环，而是介于交互重叠循环之间，领域之间的谈判在大致平等的基础上相互影响，网络和新创建的组织开展联合活动，加强三螺旋循环有助于更多的创新动力，促进个体、思想和创新的不断变化（Natário et al.，2012），尤其是在三螺旋模式创新过程中，核心是企业和其他螺旋线循环。进一步研究发现，三螺旋模式基本遵循以下发展层次（Etzkowitz，2011）：每个螺旋线内部转换；一个螺旋对另一个的影响；创建一个新的三方网络和组织或三螺旋组织的出现；制度领域递归的效果，科学和企业家精神作为经济基础。三螺旋循环系统的稀释增效法（Dynamization）可减少互动与协同的障碍，增加内部和制度领域之间的活动，促进可持续协同创新的发展。

事实证明，许多国家存在三螺旋但发展并不稳定，因为它们的要素倾向于独立的工作。在大多数发展中国家，大学主要集中于教育，承担技术转移机制的任务，专注于进口技术而非鼓励自主创新，大学系统是面向学术的，而企业的存在性或主动性不高、政府官僚化较强，以致不能通过三螺旋模式发挥各主体所预设的作用。三螺旋模式基于以下动态能够得到更好的发展（Dzisah & Etzkowitz，2008）：从工业社会向知识社会的过渡，知识生产者可能在创新和发展中发挥更大的作用；大规模物理技术的转让，授权组织官僚形式可以利用小规模组织实现；多价知识的出现；新大学形式崛起，关注学科发展的创业文化、创新和技术转让。

二、区域间协同创新

区域间协同创新强调跨区协同，是指多个区域之间试图寻找到一个最优的协同创新路径，选取不同各区域的不同创新主体，实现他们之间的协同并使其协同效应最大化，其中，此类协同思想的基础是突破原有的边界限制，利用彼此之间的互补性。

由于单个区域协同创新可能是低效的或消极的，区域内部和跨辖区多个利益相关者间的协同成为区域经济发展的重要组成部分，跨边界（区域）协同创新的优势作用得到关注。跨边界（Boundary Spanning）是指将个体作为沟通者（Networkers），通过信息来源连接不同的组织，维持其计划的一致性和"品牌"，与不同观点和知识一起促进创新（Mull & Jordan，2014），用于分析组织间协同，如行业、公共部门和研究型大学。Hsiao等（2012）将跨边界模式相关文献研究分三类，即交易（Trading）、共享（Sharing）和认知（Knowing），这三类并不是互相排斥的。交易区能作为一个协同结构，促进跨边界协同，交易模式强调把知识作为客体，通过集权交换机制，交易实践承担跨边界学习任务；共享模式涉及转移、翻译和转化；跨边界认知模式把知识作为认识能力，需要建立一些共同的沟通方式和兴趣等，协同发展需要大量的信息流动，不仅是在区域内部，也包括区域外部的创新主体（Piva et al.，2011）。

　　跨边界协同（Cross－boundary Collaboration）可以理解为是一种集体的学习模式。对跨边界协同的研究，主要是基于文化和制度跨边界协同背景、工业区内部、创新管理的角度，集中组织内的协调和知识转移，强调促进并达成一个共同观点（Okhuysen & Bechky，2009）。Mull 和 Jordan（2014）基于跨边界交流和合作者促进知识扩散的角度，将跨边界合作者分为交流者、保护者、创新者和关系管理者四种类型，研究发现不同跨边界合作者类型有不同的角色：作为交流者，吸收来自组织内部和组织周围环境的大量信息；作为保护者，选择来自内部和外部共享的信息；作为创新者，将新知识与目前团体之间相互依赖的信息进行整合；作为关系管理者，通过自省和鼓励其他创新主体自省来管理关系和权利。

　　特定区域中三螺旋星系能增加知识溢出与协同的概率，跨边界协同可以弥合转移和调整信息及不同制度逻辑体制产生的差距，是系统理论付诸实践的关键。若没有这些跨边界协同活动，三螺旋结构的发展可能会提前停止，通过创造条件提高认知的接近程度，促进三螺旋创新主体间人际关系的发展，跨边界协同作用成为一个关键的组成部分。三螺旋合作伙伴之间的差异要求跨边界合作者能够连接到系统内，否则不会轻易接触到对方（Yusuf，2008）。此外，需要凭借个人沟通来调解相互冲突的要求和期望，发展中的三螺旋集成过程高度依赖跨边界合作者的工作，跨边界合作者对加速和传播创新过程是必要的（Heléne，2013）。

　　跨区域的企业、大学和政府之间的逻辑和目的分歧可能阻碍交互作用，三螺旋模式并没有提供实际缩小差距和培养合作的方向（Heléne，2013），三螺旋国际化模式依据发展要求应运而生，并运用其研究进行跨区域多主体协同创新。Sørensen 和 Hu（2014）受三螺旋理论、国际化理论和研发国际化实证结果的激发，提出三螺旋国际化模式，将其分为开拓、探索和整合三个阶段。开拓阶段［见图 2-3（a）］，三个领域的每个部分各自在区域外建立联系，企业建立研发单位、大学建立更长期的制度基础研究项目和教学安排、政府建立具有政治地位和业务授权的制度；探索阶段［见图 2-3（b）］，加强每个螺旋领域，开始与区域外相同创新主体协同，但关系并不牢固，如两个区域的企业—企业、大学—大学和政府—政府协同，此外，三螺旋协同建立在另一个区域，即 A 区域创新主体与 B 区域对应创新主体交互，通过各类组织机构发起、推动和促进协同；整合阶段［见图 2-3（c）］，直接三螺旋到三螺旋互动出现，作为一个高度协同的结果，可能会出现新的机构及从三螺旋到三螺旋协同产生的潜在协同效应，增加两个区域创新的机会。但三螺旋国际化趋势的探讨通常受限于每个领域的国际协同，如企业的跨边界技术合作者、政府作用于国际层面、大学从事跨边界合作创作和国际合作研究项目等。

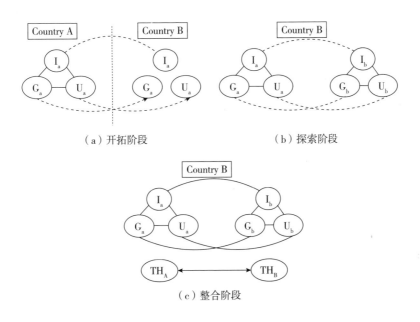

（a）开拓阶段　　　　（b）探索阶段

（c）整合阶段

图 2-3　三螺旋国际化模式的三个阶段

资料来源：Sørensen & Hu（2014）.

跨区域多主体协同的形成过程中，当地创新主体动机和决策起着至关重要的作用，影响创新主体的协同选择。协同选择管理体系执行机制主要分为中央集权、相互约束力的合同或协议和网络嵌入（Feiock，2009），其中，网络嵌入依靠社会、经济和政治关系而非正式权威，为条例、程序和交流提供灵活性，且保持各方自主权。微观层面上影响协同选择的因素包括反映在主体嵌入关系配置上的交易成本、组织相似性、塑造当地主体偏好而形成与其他特定主体关系的资源依赖。Lee 等（2012）测试内部和跨不同组织部门之间的网络关系模式，结果表明，互惠和社会集群结构是政府和非政府组织的首选，对于经济发展的组织间协同需要简单的交换关系，对于集体的解决方案需要保持在可信承诺的密集型集群网络内，共同参加的网络创新主体能够更好地得到服务。

三、区域协同及协同创新测评维度

1. 区域协同测评维度

个体和组织团体的观点、资源和技能联合的力量被称为协同（Fried & Rundall，

1994；Lasker et al.，1997；Mayo，1997；Richardson & Allegrante，2000；Taylor-Powell et al.，1998）。Lasker 等（2001）提出，协同特点是通过伙伴关系获得超过个体优势的关键机制，合作关系作用（Partnership Functioning）的结果影响合作关系协同（Partnership Synergy）和合作关系效力（Partnership Effectiveness）。需要考虑合作关系功能的不同层面，如合作者参与、合作关系、人员支持、充足资源的流动、领导能力、管理、沟通、治理、合作关系结构和外部环境。

协同作为创新的一个维度，协同整合在创新设计中发挥着重要的作用（Svihla，2010）。单独区域或实体在今天动态的社会环境中并不能有效地解决复杂问题，利益相关者为实现预期的结果，需要提升效果、增加管理责任和降低成本，并开始研究不同形式的组织间协同。Busi 和 Bititci（2006）发现，由于缺乏对协同的了解，很难开发一个恰当的绩效衡量体系。协同是一种现代现象，成为一个维持个体或组织发展的长期解决方案。这种关系模式已经建立跨组织边界的聚合知识、权力和资源，以解决个体所不能解决的问题。它构成了一个价值系统以解决关键的研究问题、不断变化的技术和知识技能的开发（Hara et al.，2003）。协同发挥一定的作用，但混乱和缺乏共识对协同的意义提出了挑战（Thomson et al.，2009）。这一概念的形成非常复杂且多维度，涉及过程、结构、权力、权威、规则、资源、专业知识、意识、行为、规范、承诺、期望或更多（D'Amour，2005）。

Pinsonneault 和 Kraemer（1989）最早定义协同系统测评体系，讨论与确切目标测评相关的实际问题，这个框架采用投入—过程—产出视角，情景变量（Contextual Variables）是团体行为中的一个重要因素，属于五个主要类别：个人、情形、团体结构、任务特点和技术特点。团体过程定义团体交互的特点，包括决策特征、沟通特征和人际特征。团体过程的结果受技术支持的影响，包括任务相关的结果和团体相关的结果。在文献中，团体过程和结果之间的区别强调两个完全不同的测评维度，前者通常关注意义问题，如群组预排工作（Pinelle & Gutwin，2002），后者关注原因和影响的问题，如价值创造（Briggs et al.，2004）。其他的协同系统测评体系，如 Hollingshead 和 McGrath（1995）、Fjermestad 和 Hiltz（1999）都是在此基础之上的。

Araujo 等（2002）基于四个维度提出简化框架，即团体环境、系统的可用性、协同水平（相似的工作耦合水平）和文化冲击。文化冲击作为影响的其他维度，因此，在投入—过程—产出中引入一个反馈环路。Neale 等（2004）提出一个简化测评体系，主要由两类组成，一类是围绕情景变量，另一类则关注工作耦合水平，将技术特征与团体过程特征相结合。该体系阐述了意识测评模型的主要变量，情景因素是所有协同活动的基础，在活动沟通需求的基础上，工作可能会呈现松散或紧密耦合，紧密耦合工作要求更大程度的沟通需求，工作耦合程度越高，协调的行为需求也就越高。大量的协调行为可使分散式过程减少，这需要对主要的利益工作进行管理。如果沟通和协调水平恰当，团队达到一个共同点，有效团队运作获得活动意识。这里的工作耦合主要是指信息共享或沟通水平等工作的强度或要求。沟通则是围绕团队成员之间的交互水平，它是一个多层面的概念，涉及工作和沟通需求等。松散工作耦合要求较少的交互和沟通，紧密工作耦合高度依赖于频繁的沟通。工作耦合分为五个层次，即轻型互动（Light-weight Interactions）、信息共享（Information Sharing）、协调（Coordination）、协同（Collaboration）和合作（Cooperation）。

Thomson 和 Perry（2006）认为，公共管理者应该注意协同过程的"黑盒子"，在里面，他们发现了一个五个维度的变量复杂结构，即治理（Governance）、管理（Administration）、组织自治（Organizational Autonomy）、相互关系（Mutuality）和规范（Norms），公共管理者可以从这五个维度来管理协同，设法创造有效协同（Thomson et al.，2007）。Wood 和 Gray（1991）设计讨论前情—过程—结果（Antecedent-Process-Outcome）模型（见图 2-4），协同活动（Doing）—过程组成是（Wood & Gray 的术语）一个"黑盒子"，他们认为交互的协同过程是最难理解的。总结了五个维度，其中两个是结构性维度（治理和管理），两个是社会资本维度（相互关系和规范），一个是地区政府维度（组织自治）。

协同具有高阶的集体活动的水平，优于合作或协调。作为一个合作或协调剩余，它既不是协调，也不是合作。合作包含相互关系和资源的交换，为了共同的目标，合作将向协同移动，整体优于部分的总和。它可能实现个体的目的，但存在一个附加的结果，即共享（尽管不是相互排斥的）独立于个体的目的（Thomson，2001）。共享成果的实现暗指协同过程，而不是从一个阶段到另一个阶段的逐步运动（Brinkerhoff，2002；Huxham & Vangen，2005）。Huxham 和 Vangen（2005）描述协同情形的五个基本特征，这意味着一个混乱的、矛盾的、动态的过程，是由多个观点和意想不到的结果界定的。一些学者确定不同的协同要素，如 Roberts 和 Bradley（1991）认为，主要的协同要素是一个嬗变目标（Transmutational Purpose）、明确的和自愿加入、组织、一个互动过程和时间特性（Temporal Property）。Gray（1989）认为，协同包括相互依存、建设性地处理分歧达成一致、共同的决定权和集体责任，意识到协同是一个自然发生的过程。

Thomson（2001）依据早期研究系统地回顾和分析了多学科研究中的不同协同定

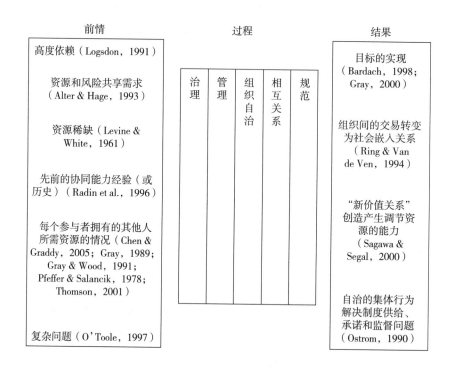

图 2-4　前情—过程—结果模型

资料来源：Wood & Gray (1991).

义，认为协同过程的本质可以简化为五个关键维度，尽管这些维度是不同的变量，但它们是相互依赖的，活动从一个维度到另一个维度的过程中不一定需要按顺序发生。相反，这些维度是协方差模型变化的一部分，每个维度之间的变化受其他维度变化的影响。五个维度的活动取决于多种因素，包括但不限于内部关系（Huxham & Vangen，2005；Ospina & Sag-Carranza，2005）和外部因素，如前期条件（Gray & Wood，1991）、不确定性、模糊性、转变成员（Shifting Membership）和多个职责（Huxham & Vangen，2000）。维度从低到高变化，但过程的复杂性和不确定性表明，将投入和产出联系起来显然很困难，在这个结合点，不能为五个维度指定一个最优水平。对管理者的挑战不是坚持五个维度达到最高水平，而是在协同中通过相互包容和鼓励重新谈判寻求不同维度间的一个平衡点。

Kevin（2014）从合作关系协同、领导能力、效率、管理、充足的资源、决策、分享利益与缺点和整体满意度八个结构方面，对美国西北部宾夕法尼亚州地区进行调查，结果表明，实现整体合作关系协同、非财政资源可获得的程度、应用决策过程的区域，都具有高满意度的协同。Thi Pham 和 Tanner（2014）认为，协同维度包括参与者、交互焦点、协同环境、协同特点、协同过程、感知协同的结果。

对于协同和其他相关关系的描述存在模糊性，即网络、协调和合作（Camarinha-Matos & Afsarmanesh，2006）。因此，有必要理解关键概念，洞察协同发生的特定环境。区域协同存在障碍，如区域内部的利益冲突、接管决策力、阻碍区域协同制度化和政治风险规避，在每种情况下，创新协同勉强继续存在，它是地区利益的总和，而不是实现一个创新的区域愿景（Tamara & Melika，2012）。区域间协同需要大量的激励措施来克服困难和降低多元化政策环境中与协调措施相关的政策自治权，促使各创新主体间协同创新。

2. 区域协同创新测评维度

创新协同是保持区域经济增长的根本动力与关键所在。一个地区的创新产出不仅取决于当地的经济与制度条件、科技投入、社会文化环境等综合因素，同时还受到其他区域创新活动的影响（李国平、王春杨，2012）。Kuhlmarm（2004）基于制度层面提出，区域协同创新体系应包括区域内的行政系统、企业系统、教育系统、研究系统以及创新环境五个要素。张淑莲等（2011）构建高新技术产业协同创新的评价指标体系，并将京津冀电子及通信设备制造业的相关数据代入系统协调度模型，求得三地产业创新系统与创新环境系统的协同度。Xu和Song（2014）认为，区域创新系统分为三个子系统，即研发投入、技术研发和技术应用三个子系统。在研发投入子系统和技术研发子系统中，创新资源（如资本和人力资源）投入到生产创新，产生专利、论文和其他软件。但并不是所有的创新结果都能实现工业化，仅通过科学技术投资应用，新技术结果能实现它们的经济价值。

范斐等（2014）依据区域协同创新能力结构的内涵，从知识创新、技术创新、企业创新、服务创新和创新环境等能力方面，构造了区域协同创新指标体系。任胜钢和彭建华（2007）从创新主体与创新环境两个方面采用因子分析法探讨区域创新能力。胡晓瑾和解学梅（2010）将协同能力与测评指标体系有机结合，从技术创新环境、企业技术创新能力、知识创造和获取能力、技术创新协同能力和技术创新经济绩效等方面，构建了区域技术创新能力测评指标体系，并给出了实证检验该体系的多级模糊综合测评方法。美国竞争力委员会于2004年提出了《21世纪创新工作组报告》，所提出的测评指标体系包括创新投入与创新执行要素、创新基础设施、公共政策环境、企业产出绩效、国家创新产出及成果等方面。2006年，指出国家创新绩效测评指标，包括创新驱动、创新创业、知识创造、应用、产出和市场。

曾茜和李福刚（2006）用模糊方法进行测评，采用了包括区域创新环境、知识创造与获取、区域创新的投入、企业创新能力和创新效益五个因素层的指标体系。《中国区域创新能力报告（2006~2007）》[①] 是由以柳卸林为组长的中国科技发展战略研究小组所编写，该报告设计的指标体系非常详尽，采用了专家打分法确定各指标权重，进而对各省、自治区、直辖市的创新环境进行综合排名，由于专家打分法有赖于专家的经验判断，因此其结果具有一定的主观性。

从网络关系视角来看，协同创新网络的目标是达成创新主体的信息、知识或成果共享（Gloor，2006）。Veronica 和 Thomas（2007）从整合和互动两个维度探讨协同创新体系，其中，整合维度包括资源、知识、行动和绩效等指标，它的实现依赖于不同创新主体间相互合作的程度，互动维度包括创新主体间互惠知识共享、资源优化配置、活动最优同步及系统匹配度等指标，互动强度与创新主体改变行为的程度及频率相关。也有学者将协同创新描述为一个沟通—协调—合作—协同的过程（陈劲、阳银娟，2012）。

区域协同的本质是在创新要素自由流动的基础上，实现区域资源共享，增强创新主体获取外部创新资源的能力及提升区域创新能力，这是区域经济在市场机制作用下自组织演化的结果，其关键在于知识、创新主体等创新要素流动产生推动区域协同创新形成的内在机理。按照演化创新理论观点，创新存在内生性、相互作用、路径依赖及集聚性、协同演化的本质和不确定性；知识经济观的创新理论则强调知识的形成、扩散与利用、学习的重要性。彭纪生（2000）系统阐述了技术协同创新体系的构成要素，认为技术协同创新体系由知识创新、技术创新、知识传播和知识应用等系统组成。目前协同创新的内容主要包括技术、战略、知识、组织、资源、制度、人才、信息等（熊励等，2011；孙冰、赵健，2011）（见表2-1）。

表2-1　协同创新要素

代表学者	要素
Ettlie（1988）、Bessant（1990）、Twigg & Voss（1991）、Sun & Frick（1999）、Chandler（1998）、Lee & Yoon（2015）、Bonaccorsi & Piccaluga（1994）、Oh & Varcin（2010）、Downs & Mohr（1976）、Evanisko（1981）、Utterback（1971）、Luscher & Lewis（2008）	技术、组织

① 中国科技发展战略研究小组. 中国区域创新能力报告（2006~2007）［M］. 北京：经济管理出版社，2007.

续表

代表学者	要素
Cooper（1984）、Song & Dyer（1995, 2003）、Saleh & Wang（2004）	技术、战略
Plewa & Quester（2007）	技术、营销
Daft（1978）	技术、管理
Tidd（1997, 2012）、Tidd, Bessant & Pavitt（2001）、Kim & Lee（2003）	技术、市场、组织
Eisenhardt & Galunic（2000）、Hong（2000）、Cooper（1979）、Clark & Fujimoto（1991）、Wheelwright（1992）	技术、市场、生产
Tushman & O'Reilly（1996）、Freeman（1991）、Dosi（1982）	技术、组织、文化、战略、管理
Gattiker & Larwood（1988）	战略、人力
Serrano & Fischer（2007）	知识、资源、行为、绩效
Joe（2001）、Gupta & Rogers（2002）	技术、人力、制度
Leydesdorff et al.（2006）、Lengyel & Leydesdorff（2011）、Leydesdorff & Zhou（2014）	地理、技术、组织

资料来源：依据本书研究相关文献整理所得。

四、区域技术创新协同度测评方法及维度

1. 区域技术创新协同度测评方法

学术界对区域创新协同度的测评方法主要采用定量分析，利用数理模型对相关指标数据进行处理，最终得出数字化的结果。定量分析方面，主要利用 LS-SVM、信息熵、系统动力学、DEA、复合系统协同度离差系数、灰色关联度等方法，这些方法可从某些方面对区域协同测评，较好地反映区域协同的能力差异与区域互动。其中，复合系统协调度模型根据协同学原理定义了序参量以及有序度，用系统现有状态有序度相比基点状态有序度的进步程度来衡量系统的协同度。穆东等（2005）利用 DEA 方法对资源型区域协同发展程度进行了测评。DEA 模型先将一子系统因子作为投入变量，另一子系统因子作为产出变量；再反过来，将原来的投入变量和产出变量调换，测量各个子系统之间的有效性，认为有效则表明协调；反之则不协调。离差系数模型与灰色关联模型分别引入离差系数与灰色关联度来测量系统现有状态与理想状态或者基点

状态的差距，以此来衡量系统的协同度（郑广华，2010）。

区域系统的理想状态与基点状态是测评的标准，是该类测评方法的前提。该类方法测量的结果具有相对性，建立的测评模型多依据此种方法。李海东等（2014）基于第二种定量研究思想，结合 TOPSIS 方法、灰色关联理论和距离协同模型，构建出新的区域协同发展程度测评方法，该方法更为简便，能够直接有效地衡量区域现有状态与理想状态的差距，然而，区域系统复杂多变，其理想规划值随着区域发展阶段的变化而变化，如何找出一个科学的、具有普适性的理想规划值确定方法是需要进一步研究的问题。

学者更多是基于系统论视角研究，他们认为，任何系统都是由要素及要素之间的关系构成的对立统一体。区域技术创新系统可视为一个复杂的开放系统，由若干个子系统组成，创新主体和知识转移作为重要的子系统，对这些子系统进行有效性测评是其研究的关键点。邓富民等（2014）基于系统论的区域协同创新能力测度研究框架，将协调度模型与管理熵模型相结合，从创新主体有序度、知识转移度两个方面选取指标，对区域协同创新系统的有序和无序程度进行测度。

孟庆松等（2000）从系统学的角度，与协同理论结合构建了复合系统协调度模型，以"教育—经济—科技"系统进行验证性分析。张慧颖（2011）将区域创新作为一个复合系统，采用协同学理论构建了区域创新系统协同度发展模型，并将其模型应用于天津市进行纵向分析。彭耿和刘芳（2014）构建区域经济子系统有序度模型和区域经济复合系统协同度模型，主要基于区域经济系统产出的视角来选择协同度测量序参量，从经济发展水平、经济效益、收入水平等几个方面选取七个序参量来对区域经济子系统的有序度以及区域经济复合系统的协同度进行测评。汪良兵等（2014）基于复杂系统论的视角，将我国高技术企业创新系统分为创新环境、技术研发、技术吸收、创新产出四个子系统，对中国高技术企业创新系统协同度进行研究。张小鹤等（2015）依据系统协同学原理构建了"兰白都市经济圈"区域创新系统协同测度模型，从区域创新投入、产出、扩散与支持四个子系统方面对兰白都市经济圈区域创新系统发展的协同度进行测评。刘英基（2014）基于复合系统协同理论，构建了高技术企业高端化与工艺创新、产品创新系统协同度模型。

许涤龙等（2010）构建经济与环境协调度的测评指标体系及计算模型，利用离差系数方法对长株潭"3+5"城市群"两型社会"建设实验区经济与环境的协调度进行实证研究；汤铃等（2010）引入欧式距离，构建了距离协调度模型，并提出定量测评系统协调发展的新方法，并以中国经济与科技系统为例进行实证分析；Li（2010）用多指标综合法分析了中国各区域的协同发展状况并提出相关政策建议；Ke（2008）用层次分析法和指标加权法分析了 1990~2006 年中国安徽省的协同发展状况。李林、杨泽寰（2013）从创新主体协作形式与数量、创新机制保障、创新组织协调程度和知识技术流动程度四个层面构建区域协同创新度测评指标体系，应用熵权模糊物元模型，以湖南省 14 个地市州为例，对区域创新协同度测评指标体系及应用进行研究。陈伟等（2011）基于二象对偶理论，将区域创新系统设计为状态和过程两个子系统组成的二项特征，其中，状态子系统以创新能力为研究对象，过程子系统以创新效率为研究对象，并构建投入—产出视角的区域创新系统协调发展测评指标体系。

2. 区域技术创新协同度测评维度

技术创新能力是指一个企业通过获取、利用和开发有价值的资源和能力提高自身技术创新性的能力和创造新商业价值定位（Wang et al., 2008）。技术创新能力是一系列综合的有利于促进技术创新战略发展的特性，包括学习、研发、战略规划和资源分配能力（Perdomo-Ortiz et al., 2009）。在资源基础观文献中，拥有充分技术创新能力的组织将促进组织间协同，从而愿意实施组织间协同（Tan et al., 2007）。换句话说，当前技术创新能力的水平可以作为区域技术创新协同的一个维度。

Simatupang 和 Sridharan（2005）开发了一个量表，从三个维度（即信息共享、决策同步和激励联盟）来测量协同程度。Simatupang 和 Sridharan（2004）也探索过类似的要素，利用新西兰的数据验证。有的方法论考虑了管理承诺、信息共享、信任、长期关系和风险与回报共享（Anbanandam et al., 2011）。也有从参与（Participation）、互相依赖（Interdependence）、综合（Synthesis）及它们之间的独立性方面分析协同度（Thompsons & Ku, 2010）。Kahn 等（2006）基于相关的技术协同特性理论背景，从四个协同类型进行分析，即交易（Transaction-based）、技术（Technology-based）、吸引力（Affinity-based）和整体（Integral-based）四个维度。Nyaga 等（2010）基于交易成本分析社会交换理论，从信息共享（Information Sharing）、共同关系努力（Joint Relationship Effort）和专用投资（Dedicated Investments）方面分析协同活动。Hung 等（2011）基于信息共享战略理论，从信任和承诺等行为角度，分析信息共享，包括质量、幅度、正规化和相互调整等维度。

当前的实践常忽略或缺乏足够详细的对协同、成功协同活动或转换服务合作伙伴的描述。Trach（2012）构建协同度的六分量级量表，包括共存（Coexistence）、网络（Networking）、合作（Cooperation）、协调（Coordination）、联合（Coalition）和协同

（Collaboration）。Sun 和 Cao（2015）构建了区域创新框架，将区域协同创新分解为区域内部和区域之间两种协同类型，采用二维度象限分析框架分析区域研究协同。

第三节　研究评述

本章分析了国内外关于区域协同创新及协同度测评的文献及研究现状，研究发现，当前关于区域协同创新的研究主要集中在区域协同创新相关理论基础的探求，或是局限于理论体系的构建、区域内部协同创新机制机理的分析以及区域协同创新的实现路径与对策等方面，这些研究以定性分析为主。基于国家（区域）创新系统宏观视角的区域协同创新研究，探索国家创新系统以及内部各创新主体之间的协同创新规律（Freeman，1987；Patel & Pavitt，1994；许庆瑞，2010），推进创新系统发展（Slaughter，2004；王雁，2005；王成军，2005），在这些研究中产学研被公认为区域协同创新的核心（叶伟巍等，2014）。

通过对区域内与区域间协同创新的分析，研究发现，大学—企业—政府三螺旋模式是区域协同创新最为广泛的模式，在三螺旋模式内，大学—企业的交互是较为常见的一种形式，促使区域内创新活动更为活跃，然而，在中国区域内，政府的介入是不可忽视的，或者存在显性形式（如干预、政策等），或者存在隐性形式（如财政支持），或者两者均存在。因此，本书研究的基本思想模式是基于三螺旋理论模式。

关于区域技术创新协同度的研究还有待进一步研究。因此对区域技术创新协同度进行研究，特别是通过定量化的方法对协同度测评，将是以后学界重点研究探讨的内容之一。在区域技术创新协同度测评分析方面，国外研究者侧重于理论研究，以及区域创新协同的内部机制机理和理论模型构建等相关理论的分析，国内学者则侧重于指标体系构建，尽管一些学者结合区域发展的情况，从定量的方式进行分析，但这些多是局限于单一视角的研究。国内外对区域技术创新协同度测评的研究差异较大，造成这些的主要原因在于以下两个方面：一是对于协同创新定义的范围不同，多数研究是基于企业创新主体为主的研究、论文或专利方面的研究协同，也有些是以区域范围为出发点的研究；二是协同指标的差异较大，目前并没有一个特别适合的协同指标，将其协同指标应用于定量研究过程中，数据的可获取性及数据来源也是造成研究差异的一个原因。

　　目前定量方面的研究分为两类：一类是测量区域协同创新所带来的协同效应，即测量由于协同发展所带来的额外效益，该研究方法所测量的测评结果具有绝对性，能够真实客观地反映出区域协同发展程度，但该方法操作起来十分困难，尚无成熟可用的测量模型；另一类是测量区域现有状态与理想状态的差距，或者是现有状态相比基点状态的进步程度。基于此，本书通过对区域协同创新测评维度及区域技术创新协同度测评维度的研究，尝试从多视角构建有效的区域技术创新协同度测评模型及测评体系。

第三章

区域技术创新协同度测评模型构建

第一节 区域技术创新协同度测评体系分析

一、测评体系理论分析

(一) 区域技术创新协同模式

三螺旋模式最初是为研究大学—企业—政府关系的三种不同的主体类型之间的网络组合,而提供的一种新制度(Neo‐institutional)模型(Etzkowitz & Leydesdorff,2000)。增加新制度模型的职能,随后进一步开发新演化(Neo-evolutionary)模式,它强调运行于网络内不同功能之间的关系(Leydesdorff,2010)。每个知识职能代表一个双边交互术语;如技术和组织两个维度之间的"知识利用"(Knowledge Exploitation)。三个创新主体之间的协同可视为创新系统特性的指标。

大学—企业—政府关系的三螺旋模型阐述创新主体之间双边和三边重叠的特性。三螺旋子系统随时间而演化出不同形式,形成复杂的和非线性路径的螺旋线。这些模型的每个子动态与其他两个和自身相互作用(Leydesdorf,2010),它们代表不同规模的子动态。参考 Leydesdorff 等(2006;2010)、Strand 和 Leydesdorff(2013)、Ivanova 和 Leydesdorff(2014)及 Storper 最初的模型图,提出大学—企业—政府系统三边重叠及交互协同演化形式(见图 3-1),其中,大学—企业—政府三个领域之间重叠的空白部分[见图 3-1(a)]可理解为负信息的代表,即不确定性的减少或三个异质流量(Fluxes)之间的无计划协同(Unintended Synergy)。除此之外,还存在大学—企业—政府三个领域之间的重叠部分为一点[见图 3-1(b)]和 UIG[见图 3-1(c)],然而,UIG 为常见的三螺旋模式。

大学除了完成教育和研究职能,逐渐增加并承担大部分的商业职能,创立小的创新公司,因此成为社会经济发展的利益相关者。企业(产业)创立其自己的研究中心和员工培训中心,也能利用大学的基础设施以便实施自身的研发活动,转移部分的成本并且作为大学资金的主要来源。政府通过特定大学优先的资助和立法规定,鼓励小型创新企业的发展,刺激企业开发和实施新的创新技术。大学和企业能部分替代彼此

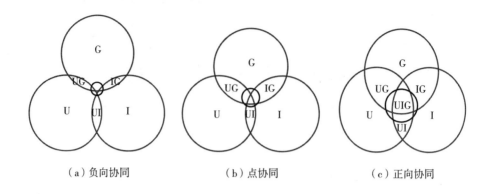

（a）负向协同　　　　　（b）点协同　　　　　（c）正向协同

图3-1　大学—企业—政府（UIG）系统三边重叠及交互协同

注：U、I、G 分别表示大学、企业和政府三个主体，UI、UG、IG 分别表示大学—企业、大学—政府和企业—政府交互协同，UIG 表示大学—企业—政府交互协同。

资料来源：在 Ivanova 和 Leydesdorff（2014）文献基础上整理所得。

的职能，其他领域之间也能彼此重叠，出现不同的交互协同情况。

双边和三边关系能激发跨领域的思想和政策，如大学、企业和政府联合项目促进知识战略实施和加速社会经济发展速度（Park & Leydesdorff, 2010）。大学—企业—政府协同产生能构建创新系统的知识（Chatziparadeisis, 2006），并且创新有助于激励区域经济发展。

大学、企业和政府关系通常利用学术论文、专利、文献计量学指标、网络资源如计算机搜索引擎（Khan & Park, 2011）和 Shannon 数学的信息理论（Shannon, 1948），研究也采用三螺旋方法获取三个螺旋线之间的动态（Etzkowitz & Leydesdorff, 2000, 2003；Shapiro, 2007；Khan & Park, 2011）。根据 Leydesdorff 和 Meyer（2003），"大学—企业—政府关系的三螺旋模型试图捕捉交流和组织之间的动态，介绍反馈制度安排（Institutional Arrangements）交互关系重叠的概念"。UIG 关系网络提供制度基础设施，可利用如专利、科学计量学指标和不同网络资源（Leydesdorff & Curran, 2000）等指标。因此，两个或三维度共信息（Mutual Information）可利用熵统计学和通信的数学理论作为测量各阶段 UIG 关系的机制。

（二）区域技术创新协同度影响因素

国内外研究发现，创新基础设施及创新环境、企业技术创新、政府功能作用、大学创新作用、技术知识获取、技术创新成果及绩效和地理距离及多样性等因素对区域技术创新协同度影响具有一定作用。

1. 创新基础设施及创新环境

创新基础设施及创新环境显著影响区域技术创新协同发展。Scheel（2002）指出，考虑不同组织之间的交互（联系），以及为了实现共同目标（即一个有效的区域企业发展）所满足的条件，其中，所涉及的基础设施因素包括财政项目、政府支持项目、研究和技术项目、创新培训和教育项目、技术企业家精神和技术项目管理、咨询支持项目、物理基础设施项目。就环境因素而言，Martínez-Román 等（2011）指出，环境是影响企业协同行为的重要因素。Pavlou 和 Sawy（2011）认为，良好的市场环境与宏观环境能够促进企业的协同创新。Demirkan 和 Demirkan（2012）研究表明，企业创新资源要素和区域创新环境对企业创新过程协同具有显著影响。外部环境是实现技术创新协同的动力和保障，创新环境对区域技术创新协同度有显著的影响，良好的外部环境可以增强创新主体的创新能力，还有利于创新主体间的学习和交互能力，尤其是对企业协同创新能力的提升具有显著影响（Antikainen et al., 2010）。

2. 企业技术创新

有大量研究探索协同的资源依赖动机（Eisenhardt & Schoonhoven, 1996；Kogut, 1999），特别指出企业寻求互补资源（Dussauge et al., 2000）。企业旨在加速其资源的使用，快速适应动态高竞争的市场环境（Schoonhoven et al., 1990）。通常，内部创新发展成本过高，则会促使企业寻求协同。因此企业技术创新除自身创新之外，还主要包括搜索新的外部知识。关于企业外部知识搜索的相关文献证明，企业在广泛搜索方面投资可使其拥有更大的创新能力。Li 等（2014）主要从技术（Technical）、地理（Geographic）和时间（Temporal）三个不同的维度来探索技术搜索对企业技术创新绩效的影响，利用包含 2000~2009 年积极于技术许可和取得专利的中国企业信息的面板数据集，结果表明，中国企业技术创新绩效与外部技术搜索相关，与当前发达国家表现出不同的方式。技术维度"本地"搜索的中国企业与那些"远处"搜索的企业相比，拥有较高的技术创新绩效。然而，当企业允许相对成熟的技术或来自邻近区域的技术进入时，对于搜索熟悉（Familiar）技术知识具有较少的边界限制。

Sun 等（2008）研究一个获得的创新商业化的综合性开发模式，初始开发模型基于文献研究，包含技术协同、组织协同、顾客协同和资源协同四个主要因素，来自四个中国创业企业的管理者测评模型，四个案例企业均是从外部资源中获得的创新，实证结果表明，合作者匹配/关系、产品支持者、早期用户和财政联盟因素比其他因素更为重要，管理者也增加政府法规和大学支持两个重要因素，初始实证结果证明中国制造业环境下获得的创新快速商业化的多层面因素，结果表明，创新企业需要整合为促进其活动的创新商业化的技术协同、政府政策和大学研究活动，企业内部和外部协同对成功商业化是至关重要的。

3. 政府功能作用

区域技术创新管理能有效提高区域技术创新的整体效率，政府在此维度发挥了不可忽视的作用（李煜华等，2015；解学梅，2015；武学超，2014；张亚明、刘海鸥，2014），如政府研发支出（Deek & Kee，2003）、资助企业或研发机构及相关补贴（Morales，2004）。Langrish（2002）分析了英国的技术型企业，指出政府支持、关键人的创新意识、对市场需求的熟悉度、良好合作、技术潜在价值及资源可获得性是技术创新协同的影响因素。

政策保护对区域协同有着重要影响，Hurmelinna-Laukkanen（2011）指出，不同组织间研发和创新协同是有利的，甚至是必需的，但为了理解潜在的、有效的管理是必需的。有效的创新需要企业共享其核心知识，同时，确保他们不会丧失核心知识和未来的竞争优势；与此同时，阐述有关协同创新努力的知识保护作用。通过文献回顾以及 242 个芬兰企业数据实证分析，探讨知识保护方法和知识共享问题，结果表明：一个企业输入较强的保护，更可能与不同合作者共享知识，提高企业创新绩效；这不仅包括强度，也包括高效率应用。知识产权战略方面改变的实施显示对企业任务的挑战，因为新战略环境下所必须的组织资源和能力（程序、惯例和技术）（Procedures，Routines and Know-how）不足。Cesaroni 和 Piccaluga（2013）探索意法半导体制造商针对成功实施知识产权战略变化所采用的操作解决方案，结果表明，新战略方法的实施需要精确的知识产权和研发之间跨功能整合、适当的知识产权管理程序的开发和知识产权文化扩散。

Miethling（2014）测量政策创新主体对创新过程的影响，认为本质上创新系统在不同发展阶段需要不同政治支持，这些不同主要是指干预水平（从本地到国际化）和干预类型（如直接干预、调节或系统干预），结果显示，在系统发展过程内特定政治干预类型可能是必要的，当私营企业家和市场机制不需要这个支持类型。它强调创新系统外部的活动的影响，间接影响源于外部的宏观活动。令人关注的是，这些影响基于系统演化状态之下，一方面通过政治活动转换为系统，另一方面是对不同创新系统的影响。谢学梅（2015）基于长三角 1206 家制造业企业的问卷调查数据，运用因子分析和多元回归方法研究了企业协同创新影响因素与协同程度的交互关系。研究结果表明：企业协同创新影响因素主要包括主体支撑因素、政策环境因素、协同机制因素和关系网络因素；企业协同程度主要包括方式协同、企业—企业协同、企业—研究机构协同、企业—高校协同、企业—中介机构协同、企业—政府协同、要素协同和空间协同八个维度；企业协同创新影响因素与协同程度之间基本呈现正相关关系，其中，政策环境因素对多维协同程度的影响最为显著。

4. 大学创新作用

大学作为知识的生产者，通过支持创新在区域协同发展中发挥重要作用，大学作为人力资源和知识的传统供应商，是目前关键的社会经济发展主体，履行传统职能，但越来越多地承担起促进创新和发展的任务。因此，大学除了传统教育者角色，还执行研究、商业教育和社区发展的活动，对促进区域协同及经济发展有重要贡献（Natário et al.，2012）。调查结果显示，如果与企业相邻的是一个较低层次的大学，这会降低企业与当地院校进行合作的意愿，而与一流的大学择邻而居可以促进地方性协同的产生，同时发现，如果企业面临选择时，优先考虑的是大学作为合作伙伴的研究水平的高低，而非地理空间距离的远近，这一特征在高技术企业中表现尤为突出（Laursen et al.，2011）。Myrna Floresa（2009）等认为，在发达国家和发展中国家，实施不同措施激发新的协同创新环境中组织和网络的积极性，通过对瑞士 The Virtuelle Fabrik、Swiss Microtech 和印度 TeNeT group 三个成功案例的研究表明，当地大学在合作环境的创造、不断进化和改进方面扮演着一个非常重要的角色。

5. 技术知识获取

技术是指一种现存技术的提高和改进及新技术的生成，受知识创造驱动，而知识创造则作为主要有利条件之一（Pei，2008）。知识经济中竞争优势很大程度上依赖于创新，而外部协同产生创新。外部知识来源通过协同创新产生，因为互补资源已证明有助于提高高技术产业创新绩效（Cassiman & Veugelers，2006；de Man & Duysters，2005）。Spaeth、Stuermer 和 von Krogh（2010）认为，企业不仅有益于现存内部知识或与其他合作者的知识创造，利用有效的外部知识也能提高竞争力。Lichtenthaler（2011）指出，先前的研究关注企业内创新，外部知识获取被忽略。对于创新而言，外部知识来源的重要性在组织学习、开放创新和知识溢出理论方面逐渐突出（Branstetter，2006；Cefis & Marsili，2005；Chesbrough，2006；Leiponen & Helfat，2011；Ronde & Hussler，2005）。

在协同过程和网络内，当协同合作者的利益（学习和创新活动）最大时，即他们具有较为相似的知识基础或具有差别但彼此互补时，可以促使他们达成一致。一些研究认为，企业实际上能够解释转移知识和成功地利用与他们紧密相关的知识基础，这取决于他们的吸收能力（Cohen & Levinthal, 1989）。Alavi 和 Tiwana（2002）认为，吸收能力影响跨组织创新绩效。Sampon（2007）指出，合作者需要知识存量预期利用知识和资源，研究结果表明，企业可以从协同中获取更多的收益。合作者之间的多样性是刺激创新的重要条件。另外，具有相似知识的企业之间的知识交换和转移增强，但并没有从实际上扩展它，因此，来自协同的收益递减。无论企业间是相似的或彼此之间是互补的，他们设法学习和所获取的知识质量是很重要的（Hoveskog & Antonova, 2011）。

知识转移、知识互补等因素对技术创新协同具有显著影响，企业间的互补性资源可以实现规模经济，有利于新资源和技能的产生（Hitt et al., 2001），以及系统和单个创新能力的提升（Lavie & Rosenkopf, 2006）。组织间知识共享对关联主体技术创新具有显著的促进作用（Charles et al., 2004；Hansen, 2002；Steven, 2002；Tsai, 2002；杜宝苍、李朝明，2013；姚艳虹、杜梦华，2013）。创新主体技术知识共享可以提供关键信息来源，直接促进主体的技术创新，且通过协同系统促进主体之间知识流动及知识利用水平的提高。Carayannis 等（2000）、Koschatzky（2002）指出，提高协同创新关键在于综合考虑合作中的知识特性、合作行为者的知识结构、知识共享的意愿、知识转移渠道的选择等。

6. 技术创新成果及绩效

技术创新成果主要是对区域技术创新产出或经济增长的测评，技术创新绩效是对创新成果的一种评价，可以反过来指导区域技术创新协同发展。Doloreux 和 Shearmur（2012）空间和创新之间关系的研究关注当地因素，以解释企业创新绩效方面的空间变量，研究发现跨连续空间和跨离散领域之间创新的变化。唐德淼（2015）以产学研技术创新联盟模式对创新绩效的影响进行研究，指出产学研技术创新联盟对创新绩效的作用机理主要体现在发挥创新的协同性、提高创新的指向性、强化创新的稳定性和深化创新的持续性等方面。

7. 地理距离及多样性

地理（分布）距离是影响区域技术创新协同的一个重要因素，通过地理距离企业考虑自身技术创新活动的投资，显著影响区域技术创新协同度。Wang 等（2014）认为，创新扩散模型的基本思想是创新的支柱，它的扩散是微观个体（企业）创新以提高利润和在市场中生存。企业的创新行为受地理条件和市场环境影响，实际上，市场是技术创新和扩散的外部环境，企业主体开始自身的生意和生产以从市场内获得利润。而地理条件包括自然情况和位置，它是区域基本属性，依据利润，企业主体将他们获得的一部分利润投资到其他地区，以获得更高的利润，企业为获取新技术，会将其利润的另一部分投入到研发活动中。通过技术升级，企业将获取更多的利润，而后在研发活动中投入更多。

Liang 和 Zhu（2002）测量中国各区域内合作者论文频率分布，揭示中国各区域内研究协同模式，分析协同模式如何形成，结果显示，区域科学生产能力影响协同偏好和作者姓名的排名；地理邻近对区域研究协同模式是一个重要的决定因素。Katz（2005）重点关注地理距离对研究协同的影响，通过对加拿大、英国和澳大利亚国内大学—大学协同的调查表明，随着合作伙伴之间的距离致使其研究协同成倍降低。Scherngell 和 Hu（2011）描述中国 31 个区域空间研究协同关系，并进一步运用负二项重力模型分析地理、技术和经济因素对跨区域协同行为的影响，结果表明，地理距离阻碍了中国跨区域研究协同，技术因素比地理因素更加重要，而经济因素具有微弱的影响。

地理分布多样性影响区域技术创新协同度。van Beers 和 Zand（2014）指出，当前研发联盟的相关文献关注形成这些联盟的动机和绩效影响，但很少关注合作者组合的多样性，具有多样性合作者组合的合作增加相关合作和创新技巧的学习机会，预期提高企业创新绩效。文中主要探讨两个研究问题：一是研发合作者功能和地理多样性对产品创新企业的根本（Radical）和渐进（Incremental）创新绩效的影响，二是研发联盟内合作者多样性的组织决定因素。实证分析基于荷兰社区创新调查、研发和信息通信技术调查与产品统计的数据，涉及 1994～2006 年代表性的 12811 个创新企业的样本，通过随机效应面板 Tobit 估计，估计这两个研究问题的经济模型。结果表明：功能和地理多样性通过不同渠道发挥作用，功能多样性致使知识吸入的多样性和对新产品发展和商业化必要的协同效应。地理多样性致使现存产品成功适应不同区域的要求，如技术标准、市场规则和顾客偏好。这两种合作者多样性的组织决定因素优先于经验、专利和信息技术基础设施。

综上可知，在区域技术创新协同度影响因素分析中发现，可将创新基础设施及创新环境、企业技术创新、政府功能作用、大学创新作用、技术知识获取、技术创新成果及绩效等因素归纳为三类，如将创新基础环境等因素视为创新输入协同视角因素，将技术知识获取、企业技术创新、政府功能作用和大学创新及分布等因素视为创新过程协同视角因素，将技术创新成果等因素视为创新输出协同视角因素。然而，这三个视角的因素并非是彼此分离的，而是具有关联性的，从整体上看，可以将这些因素视为处在一个整体系统内，创新输入协同视角的因素重点关注创新环境，创新输出协同视角的因素重点关注创新成果，而将创新过程协同视角的因素视为整体系统内的一个小循环系统，这三个视角的因素在区域技术创新协同发展中的作用显著。

二、测评体系内容总体设计

（一）区域技术创新协同度研究视角

区域技术创新协同度是多因素（指标）综合作用的结果，所以对区域技术创新协同度的衡量，应从不同的方面进行综合分析，从而为区域技术创新协同发展提供理论依据。区域技术创新协同研究数据收集是较为困难的问题。由于复杂的交互性质，两者及以上的协同随时间发生变化。因此，众多学者从不同的视角对区域技术创新协同度进行测评研究，并未形成一个统一的意见。从知识形成并扩散到创新成果的过程和产品，创新系统具有沟通反馈机制复杂的特点，涉及科学、技术、学习、政策等要素之间的交互活动（Edquist，1997）。美国科学技术研究联盟（ASTRA）从多维视角构建一个代表创新的基本决定因素的系统（ASTRA，2007）[①]，ASTRA 提出创新生态系统，涉及输入、过程、结果，以及环境因素如公共政策、基础设施、宏观经济因素和国家倾向，促使这些因素相互作用且紧密结合。

本书结合对协同的影响因素分析及当前对创新协同测评的相关研究，主要分析创新输入协同、创新过程协同和创新输出协同三个视角的区域技术创新协同度测评模型，并在此基础上构建区域技术创新协同度测评体系。在三个视角中，它们的具体分析过程及理论基础如下。

1. 创新输入协同视角

利用信息系统熵理论分析，将地理—技术—组织三螺旋基本理论模型作为基础，构建技术创新输入协同度测评模型，它主要从地理、技术和组织三个指标层面进行分析，地理—技术—组织三螺旋交互协同作为技术创新输入协同度测评模型的内在运行

---

① ASTRA. Defining "Innovation"：A New Framework to Aid Policymakers ［R］. The Alliance for Science Technology Research in American, 2007.

模式（见图3-2），侧重于区域知识经济协同，文中将知识经济协同作为区域技术创新的基础（环境），进而研究区域技术创新输入协同度。

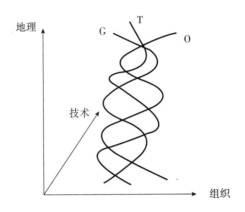

图 3-2 创新输入协同运行模式

注：G、T、O 分别表示地理、技术和组织。

资料来源：根据本书研究内容绘制。

2. 创新过程协同视角

利用系统理论分析，将复合系统理论模型作为基础，构建区域技术创新过程协同度测评模型，它主要从区域技术创新驱动力子系统、区域技术知识获取子系统、区域企业技术创新子系统和区域技术创新绩效子系统四个子系统对区域技术创新过程协同度进行分析，这四个子系统作为技术创新资源要素，彼此相互作用，呈动态发展的过程（见图3-3）。

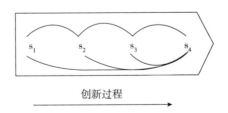

图 3-3 创新过程协同运行模式

注：s_1、s_2、s_3、s_4 分别代表区域技术创新驱动力子系统、区域技术知识获取子系统、区域企业技术创新子系统和区域技术创新绩效子系统。

资料来源：根据本书研究内容绘制。

3. 创新输出协同视角

利用信息系统熵理论分析，将大学—企业—政府三螺旋基本理论模型作为基础，构建技术创新输出协同度测评模型，它主要从大学、企业和政府三个指标层面进行分析，大学—企业—政府三螺旋交互协同作为技术创新输出协同度测评模型的内在运行模式（见图3-4），侧重于技术创新成果协同研究，书中将专利研究协同作为技术创新成果（输出）协同研究的代表，进而研究区域技术创新输出协同度。

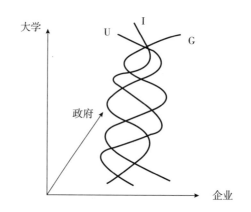

图3-4 创新输出协同运行模式

注：U、I、G分别表示大学、企业和政府。

资料来源：根据本书研究内容绘制。

在三个视角中，创新输入协同、创新过程协同和创新输出协同三个视角具有独立性，但也存在一定的联系，彼此之间相互影响、相互制约。创新输入协同和创新输出协同两个视角主要是基于静态层面的短期分析，而创新过程视角主要是基于动态层面的长期分析。

在区域技术创新协同的整体体系中，创新输入协同主要是对区域技术创新基础环境协同水平的研究，处于区域技术创新协同的初始阶段；创新过程协同主要是对区域技术创新过程协同水平的研究，处于区域技术创新协同的发展阶段；创新输出协同主要是对区域技术创新成果协同水平的研究，处于区域技术创新协同的结果阶段。三者在区域技术创新协同交互中存在一定联系，作为区域技术创新协同的一个完整循环体系，创新输入协同会影响创新过程协同和创新输出协同。然而，创新过程协同从长期作用来看，会反过来促进创新输入协同和创新输出协同，创新输出协同作为区域技术创新协同的一种结果，但它并非是最终的协同形式，对它的测评会进一步指导创新输入协同和创新过程协同。因此，创新输入协同、创新过程协同和创新输出协同可以将其理解为一个完整的运行体系，对于区域技术创新协同度测评可以考虑这三个视角。

本书从创新输入协同、创新过程协同和创新输出协同三个视角构建区域技术创新协同度测评体系，具体如表3-1所示。所构建的区域技术创新协同度测评体系，主要是基于静态与动态、长期与短期相结合。

表3-1　区域技术创新协同度测评体系

测评视角	创新输入协同	创新过程协同	创新输出协同
测评目标	技术创新基础协同水平	技术创新过程协同水平	技术创新成果协同水平
测评基础	信息论/协同论	系统论/协同论	信息论/协同论
测评模型	技术创新输入协同度模型	技术创新过程协同度模型	技术创新输出协同度模型
测评内容	技术创新基础环境 ● 地理（G） ● 技术（T） ● 组织（O）	技术创新资源要素 ● 区域技术创新驱动力子系统（s_1） ● 区域技术知识获取子系统（s_2） ● 区域企业技术创新子系统（s_3） ● 区域技术创新绩效子系统（s_4）	技术创新主体成果 ● 大学（U） ● 企业（I） ● 政府（G）
测评维度	区域技术创新输入协同度	区域技术创新过程协同度	区域技术创新输出协同度
测评方法	基于因子分析的综合测评		

资料来源：根据本书研究内容绘制。

（二）区域技术创新协同度综合测评方法

书中对区域技术创新协同度综合测评的方法主要采用因子分析方法，因子分析方法主要是对变量数据进行处理，将众多变量数据合并为几个有代表性的综合指标，这些综合性的指标称为因子。统计学中，因子分析是一种对变量进行降维和信息浓缩的有效方法，通过使用因子分析方法对区域技术创新协同度测评的变量进行综合比较分析。因子分析的内容非常广泛，最常用的是R型和Q型两种因子分析方法。

R型因子分析主要是对变量数据的因子分析，Q型因子分析主要是对样品数据的因子分析。从测评方法和过程看，两者在样本对象的处理方面不同，R型因子分析主要是从相关系数矩阵来进行判断，Q型因子分析主要是从相似系数矩阵来进行判断。本书主要是基于R型因子分析方法。因子得分是依据回归法，先对公共因子f与变量x_1，x_2，…，x_n作回归，建立回归方程，而后将数值带入回归方程，求得因子得分（王芳，2003）。

第二节　区域技术创新协同度测评模型构建
——创新输入协同视角

一、模型构建思路

知识经济，如企业型的功能基于财富产品（wealth production）、知识成果（knowledge production）和规范控制（normative control）三个子动态（Leydesdorff & Etzkowitz，1996；Leydesdorff & Meyer，2003），这些社会活动已经成为广泛的知识基础设施，作为组织创新产品的动力。测量知识创新三个主要成分之间关系的基础结构和强度研究得到广泛的关注（Leydesdorff et al.，2006；Leydesdorff & Fritsch，2006；Leydesdorff & Guoping，2001；Leydesdorff & Sun，2009；Park，Hong & Leydesdorff，2005），提出一些模型和方法用来测量知识基础设施（Etzkowitz & Leydesdorff，2000；Gibbons et al.，1994）。

利用熵统计协同指标测量区域创新协同系统成为当前研究焦点（Jakulin & Bratko，2004；Guo，2010；Chanda et al.，2007；Lewontin，2000；Yeung，2008）。大多数研究通过三螺旋协同评估系统水平不确定性减少，包括荷兰（Leydesdorff et al.，2006）、瑞典（Leydesdorff & Strand，2013）、德国（Leydesdorff & Fritsch，2006）、匈牙利（Lengyel & Leydesdorff，2011）和挪威（Strand & Leydesdorff，2013）。Park 等（2005）阐述三螺旋模型测量社会经济系统知识，"知识基础"可用多重指标测量，即网络信息计量学、科学计量学和技术计量学，采用三角划分战略分析当前韩国和荷兰创新系统状况，并利用这些指标对大学—企业—政府关系系统进行评估，结果表明，在科学和技术输出方面以及知识动力学方面，韩国强于荷兰；韩国的投资与荷兰相比更倾向于传统型，如生物医学部门的研究和专利发展落后。在网络经济方面，荷兰与韩国相比更倾向于全球趋势，这可能是由于荷兰经济中服务的高组成成分。

众多研究表明，知识经济中可以利用三个（或更多）企业属性作为创新系统协同的潜在信息源。例如，Leydesdorff 等（2006）结合区域经济观与技术、组织和地域三螺旋模型关系，试图分析三个维度间共信息作为一个结构指标，当这个熵为负时，结构（configuration）降低系统水平的不确定性，利用企业数据测试这个指标，数据包含邮政编码（地理代理）、部门编码（技术代理）和员工数所代表的企业规模（组织代理）。结构反映在三层——国家、省和区域，集中于知识密集型部门服务业，结果表明，中技术部门与高技术部门相比，更能促进知识经济发展；知识密集型服务业具有脱耦合效应（uncoupling effect），但低于高技术服务行业。Lengyel 和 Leydesdorff（2011）采用熵统计资料测定了匈牙利创新体系中关于知识探索、利用以及组织控制三方面的协同性（见图 3-5）。数据采自高、中高技术公司及知识密集型服务业，此类服务业包括：子区域（地理位置相近）、企业部门（技术相近）以及公司规模（组织相近）三方面。由上述三方面所获取的构型信息是衡量不确定性减少的指标，换句话说，此类构型信息使得不同层面的知识相互融合。研究结果表明，匈牙利的转型过程产生了三个领域：就各指标而言，布达佩斯及其集聚都表现为以知识为基础的创新体系；位于国家西北部的外资公司开始向知识型组织转变；国家东部、南部地区的企业体系是对于政府开支的一种回应，而国家层面并未促进不同创新体系间的协同性。

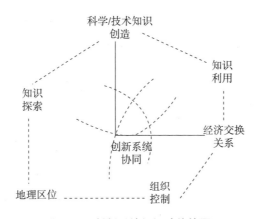

图 3-5　创新系统知识功能协同

资料来源：Leydesdorff（2006）.

在中国，Leydesdorff 和 Zhou（2014）利用企业的地理、规模和技术分布进行研究后发现，中国 31 个省份水平最大不确定性降低，国家水平增加 18%，部分沿海省份较为突出，北京和上海等主要城市尤为突出。通过对关注高、中技术制造业进行研究后表明，技术企业向北京、上海和天津转移，知识型服务业与知识型区域经济相分离，尤其是重庆和北京。牛盼强等（2009）以技术、组织和区域三螺旋模型理论为基础，并采用熵值法和系统聚类分析对我国的经济知识基础进行测评，结果显示，我国经济知识基础呈带状分布，较好的区域主要集中在东部及东南沿海一线城市，如上海、浙江、江苏、天津、北京等。

　　研究中将政府功能实施定义为地理地址的分布——区域（地区）、省、国家；将经济财富产生的动态定义为企业规模的分布——中小型企业（SMEs）和大型企业；技术能力分布依据 OECD 的 NACE 编码分类①（见表3-2）。其中，OECD（1986）首次依据 R&D 强度定义知识密集型制造业，1996 年在 *The Knowledge-based Economy* 中定义的知识经济是建立在知识和信息的生产、分配和使用之上的经济。按照这一定义，OECD 组织依据《国际标准企业分类》（ISIC 第三版）标准，提出了知识经济企业即以知识为基础的企业（The Knowledge-based Industry, KBI）的企业标准，主要包括技术密集型制造业和知识密集型服务业，而技术密集型制造业中包括高技术企业的中高技术企业。

表 3-2　高、中高技术制造业和知识密集型服务业分类

高技术制造业	知识密集型服务业（KIS）
21 基础制药产品和制药准备制造	50 水路运输
26 计算机、电子和光学产品制造	51 航空运输
30.3 航空航天及相关机械制造	58 出版活动
	59 电影、视频和电视节目产品，录音及音乐发行活动
中高技术制造业	60 设计和广播节目活动
20 化工和化学产品制造	61 电信行业
25.4 武器和弹药制造	62 计算机编程、咨询公司及相关活动
27 电子设备制造	63 信息服务活动
28 机械和设备制造	64~66 金融和保险活动
29 汽车、拖车和半拖车制造	69 法律和会计活动
30 其他运输设备制造	70 总公司活动；管理咨询活动
排除 30.1 舰船制造	71 建筑和工程活动；技术测试和分析
排除 30.3 航空航天及相关机械制造	72 科学研究和发展
32.5 医疗与牙科设备和物资	73 广告和市场研究
	74 其他专业、科学和技术活动
	75 兽医活动
	78 职业活动
	80 安全和调查研究活动
	84 公共管理和国防、社会基本保障
	85 教育
	68~88 人体健康和社会网络活动
	90~93 艺术、娱乐和消遣
	这些部门中，59~63、72 是高技术服务

　　资料来源：Eurostat（2014；参见 Laafia，2002）。

---

　　① NACE 是欧洲共同体经济活动一般分类（Nomenclature générale des Activités économiques dans les Communautés Européennes）的缩写，NACE 代码可以转换为国际标准企业分类（International Standard Industrial Classificiation，ISIC）。

二、 技术创新输入协同度模型

(一) 模型假设

技术创新输入主要是从地理 (G)、技术 (T) 和组织 (O) 三个维度衡量知识经济协同, 即 S = (G, T, O), 应用三螺旋系统关系模型。三个 (或以上) 维度共信息, 这里主要是指三螺旋指标, 它是一个带符号的信息测量 (Yeung, 2008), 因此, 不是 Shannon 信息 (Krippendorff, 2009)。但这个测量源于信息理论内容和依据 Shannon 公式。

假设事件发生概率为 p, Shannon (1948) 定义联合熵为

$$H = -p \times \log_2 p - (1-p) \times \log_2(1-p) \tag{3-1}$$

$\log_2$ 是以 2 为底的对数; 熵也可以 3、4 等为底。更一般地, 如果 $X = (x_1, x_2, \cdots, x_3)$ 是随机变量, 其伴随的概率分别为 $p_1, p_2, \cdots, p_n$, 由 X 产生的熵是 (Shannon, 1948; Shannon & Weaver, 1949):

$$H_X = -\sum_{i=1}^{n} p_i \times \log_2 p_i \tag{3-2}$$

类似地, 对于两个随机变量 X 和 Y (两个维度), 联合熵 (joint entropy) H_{XY} 是:

$$H_{XY} = -\sum_{i=1}^{n} \sum_{j=1}^{n} p_{ij} \times \log_2 p_{ij} \tag{3-3}$$

若在两维度交互中, 不确定性随着共信息降低:

$$H_{XY} = H_X + H_Y - T_{XY} \tag{3-4}$$

T_{XY} 被称为共信息, 小于或等于 H_{XY}。

$$T_{XY} = H_X + H_Y - H_{XY} \tag{3-5}$$

若分布是完全独立的, 则 $H_{XY} = H_X + H_Y$ 或 $T_{XY} = 0$。

在三个随机变量 X、Y 和 Z (三个维度) 中, 联合熵是 (Leydesdorff, 2003; Leydesdorff & Ivanova, 2013):

$$H_{XYZ} = H_X + H_Y + H_Z - T_{XY} - T_{XZ} - T_{YZ} + T_{XYZ} \tag{3-6}$$

三维共信息是:

$$T_{XYZ} = H_X + H_Y + H_Z - H_{XY} - H_{XZ} - H_{YZ} + H_{XYZ} \tag{3-7}$$

相关解释如下：近年来，不同研究领域逐渐关注不确定性测量（Bell，2003；Guo，2010；Boschma & Iammarino，2009；Chanda et al.，2007；Chanda et al.，2010）。Leydesdorff（2003）提出利用大学、企业和公共部门区分这些制度关系中的协同，这类协同可作为大学—企业—政府关系中不确定性的下降。学者们认为，数据集属性之间的联合信息（association information）可洞悉数据内的潜在结构。联合信息可广泛地分为关联信息（correlation information）和交互信息（interaction information）。数据集属性之间的关联信息被解释为属性之间信息共享的总量。交互信息被解释为属性之间的多变量相关性（multivariate dependencies）。第三个属性内的假性相关性（spurious correlation）降低了其他另两个之间的不确定性。

联合信息可以依据相关信息和交互信息广泛地分类。在第三属性中的假性相关，例如，能降低其他两者之间的不确定性。数据集合内不同属性间的相关信息可以解释为各属性间信息共享的总量。交互信息可以理解为不同属性间多变量的相关性。

与相关性相比，共信息被认为是对变量关系的简约测量。拓展共信息的多变量首次由 McGill（1954）提出并将 Shannon 共信息一般化。这个带符号信息测量（Yeung，2008）类似于变量分析，但不确定性分析更抽象，并不需要假设相关变量的度量属性（Garner & McGill，1956）。此外，一些学者进一步对共信息测量进行研究，涉及正向和负向交互（Yeung，2008；Strand & Leydesdorff，2013）。

依据上面的理论及公式，构建技术创新输入协同模型，测评地理—技术—组织三螺旋系统 $S=(G，T，O)$ 协同度。假设 G、T、O 的概率为 P_g、P_t、P_o，则 G、T、O 一维熵分别为[①]：

$$H_g = -\sum_{g=1}^{n} p_g \times \log_2 p_g \tag{3-8}$$

$$H_t = -\sum_{t=1}^{n} p_t \times \log_2 p_t \tag{3-9}$$

$$H_o = -\sum_{o=1}^{n} p_o \times \log_2 p_o \tag{3-10}$$

假设两个随机变量地理—技术（GT）、地理—组织（GO）和技术—组织（TO）两维度的伴随概率为 P_{gt}、P_{go}、P_{to}，两维度联合熵 H_{gt}、H_{go} 和 H_{to} 分别为：

$$H_{gt} = -\sum_{g=1}^{n} \sum_{t=1}^{n} p_{gt} \times \log_2 p_{gt} \tag{3-11}$$

---

① 书中采用以 2 为底的对数。

$$H_{go} = - \sum_{g=1}^{n} \sum_{o=1}^{n} p_{go} \times \log_2 p_{go} \qquad (3-12)$$

$$H_{to} = - \sum_{t=1}^{n} \sum_{o=1}^{n} p_{to} \times \log_2 p_{to} \qquad (3-13)$$

地理—技术—组织（GTO）三维度伴随概率为 P_{gto}，三维度联合熵 H_{gto} 为：

$$H_{gto} = - \sum_{g=1}^{n} \sum_{t=1}^{n} \sum_{o=1}^{n} p_{gto} \times \log_2 p_{gto} \qquad (3-14)$$

在 GT、GO 和 TO 两维度交互中，不确定性随着共信息或传输能力降低，即：

$$H_{gt} = H_g + H_t - T_{gt} \qquad (3-15)$$

$$H_{go} = H_g + H_o - T_{go} \qquad (3-16)$$

$$H_{to} = H_t + H_o - T_{to} \qquad (3-17)$$

其中，T_{gt}、T_{go} 和 T_{to} 被称为 S 的共信息或传输能力，其中三者分别小于或等于 H_{gt}、H_{go} 和 H_{to}。

$$T_{gt} = H_g + H_t - H_{gt} \qquad (3-18)$$

$$T_{go} = H_g + H_o - H_{go} \qquad (3-19)$$

$$T_{to} = H_t + H_o - H_{to} \qquad (3-20)$$

若 GT、GO 和 TO 的两维度分布是完全独立的，则 $H_{gt} = H_g + H_t$ 或 $T_{gt} = 0$；$H_{go} = H_g + H_o$ 或 $T_{go} = 0$；$H_{to} = H_t + H_o$ 或 $T_{to} = 0$。

若在 G、T、O 三维度中，联合熵 H_{gto} 为：

$$H_{gto} = H_g + H_t + H_o - T_{gt} - T_{go} - T_{to} + T_{gto} \qquad (3-21)$$

传输能力是：

$$T_{gto} = H_g + H_t + H_o - T_{gt} - T_{go} - T_{to} + H_{gto} \qquad (3-22)$$

地理、技术和组织熵（H_g、H_t、H_o）测量地理、技术和组织分布的不确定性，其中，H_g 表示地理位置分布，H_t 表示科学技术知识创造分布，H_o 表示组织规模分布。$H_g/\max(H_g)$ 代表地理熵占最大熵的比例（地理熵占比），较高的值表示区域经济活动分散，相反则表示经济活动集中。$H_t/\max(H_t)$ 代表技术熵占最大熵的比例（技术熵占比），较高的值表示区域多样化企业结构，相反则表示相对更专业（单一）的企业结构。$H_o/\max(H_o)$ 代表组织熵占最大熵的比例（组织熵占比），较高的值表示所有规模的企业更均等分布，相反则表示非对称（偏态）分布。地理—技术、地理—组织和技术—组织两维度联合熵（H_{gt}、H_{go}、H_{to}）降低了不确定性，由于维度之间存在共信息，作为测量知识功能的指标，其中，H_{gt} 表示知识探索、H_{go} 表示组织控制、H_{to} 表示知识利用。$H_{gt}/\max(H_{gt})$ 值高则表明，地理和技术之间存在一个较弱的连接，因此多样性企业分散于不同区域；$H_{gt}/\max(H_{gt})$ 值低则表明，地理和技术存在高相关性，存在偏态分布。$H_{go}/\max(H_{go})$ 值高则表明，所有规模的企业分散于不同子区域内；$H_{go}/\max(H_{go})$ 值低则表明，各区域内地理和技术相关性较高，组织控制水平较低。$H_{to}/\max(H_{to})$ 值高则表明，企业知识利用水平高；$H_{to}/\max(H_{to})$ 值低则表明，企业知识利用水平低。地理—技术—组织三维度联合熵（H_{gto}）由于维度之间存在共信息，反映了技术经济活动的交互。

地理—技术、地理—组织和技术—组织两维度共信息（T_{gt}、T_{go}、T_{to}）表示地理、技术和组织彼此之间耦合，地理—技术—组织三维度共信息（T_{gto}）表示地理、技术和组织三者之间交互，而三维度交互构型信息可能是负的或正的。构型信息值取决于两个或三个维度分布熵值的关系。创新系统知识功能能否降低地理、技术和组织分布的不确定性。知识探索、知识利用和组织控制协同可以降低三维关系（Yeung，2008）。因此，三维度中更多的负构型信息值表明系统水平不确定性的降低。T_{gt} 和 T_{go} 代表经济活动（分别在技术和组织形式方面）地理集聚的指标，T_{to} 代表企业成熟度和企业规模之间的相关性（Leydesdorff et al.，2006）。T_{gt} 的值较低表示多样化企业结构，预期接近大城市；T_{gt} 的值较高表示更专业企业。T_{go} 的值较低表示所有组织结构规模控制水平高；T_{go} 的值较高表示组织规模地理偏态分布。T_{to} 代表企业成熟与企业规模相关性测量指标，较低值表明低成熟的技术经济结构，较高值表明相对过于成熟的技术经济结构。这个指标也可以理解为一个策略向量。T_{gto} 是一种不确定性降低的测量方式，较好的方式将是更多指标具有负值。整体不确定性降低被认为是广泛创新劳动力分工强度和生产率的结果。然而，这个指标并非测量系统创新活动或经济输出，它是测量系统创新活动的结构条件，因此具体描述一个预期状态。具有高潜力的区域与指标值低的区域相比，创新活动期望组织更多创新资源。

一些研究利用共信息分析不同区域的三螺旋关系（Khan & Park，2011；Leydesdorff，2009；Leydesdorff & Sun，2009；Ye，Yu & Leydesdorff，2013）。共信息是分等级的，这样称之为"结构信息"（configurational information）（Leydesdorff，2003）；它有上下边界，取决于系统的结构。因此，它可能会很困难，甚至不可能考虑比较一个系统与另一个系统或不同时间的同一系统。研究认为，共信息对系统的比较目的并不充分，这样做可能导致误解或偏见。因此，为进一步分析三螺旋系统及三螺旋特征，利用系统的效率、未利用能力及传输能力分析，本书认为传输能力与传输上限和下限的绝对值相关。

（二）系统效率、未利用的能力

信息来源是一个随机变量（生产符号）（Cover & Thomas，2006；Le Boudec et al.，2013；Mori，2006；Shannon，1948）。信息来源由两个或多个随机变量组成。来源的每个元素包含一个事件，联合熵的方程揭示它们作为同一来源的状态（Mori，2006；Shannon，1948）。来源是它的"有限数量的可能的状况"的集合（Shannon，1948）。据此可以将组成来源分成不同状态，因此，能估计其最大熵（Mori，2006；Yeung，2008）。

$$H_{max} = \log_2 M \tag{3-23}$$

其中，M 是来源状态的数量。最大熵是系统熵 H_s 的上限。它表明系统的信息生产能力。如式（3-23）所示，它并不依赖于任何系统产生的数据，而是取决于状态的数量；它意味着对于任何同一维度的系统，H_{max} 具有相同的值。通常，系统熵 H_s 小于 H_{max}；这意味着系统信息生产能力的一部分可能被利用，其他部分并未被利用。因此，可以估算系统的效率和未使用的能力。

定义系统效率为其信息生产能力的一部分，即真实输出出来的：

$$\eta_{gto} = \frac{H_s}{H_{max}} \tag{3-24}$$

H_s 和 H_{max} 全部是正数，H_s 小于或等于 H_{max}；因此 η_{gto} 的范围是（0，1）。η_{gto} 是无量纲，用百分比表示。$H_{max}-H_s$ 表示系统未利用的能力。相对的未利用能力 ν 是未利用能力最大熵。它是系统能力的一部分，未应用于信息生产。ν_{gto} 是效率 1 的补充；它是无量纲，用百分比表示。

$$\nu_{gto} = \frac{H_{max}-H_s}{H_{max}} \text{或} \ \nu_{gto} = 1-\eta_{gto} \tag{3-25}$$

在科学文献中，将未利用能力（unused capacity）定义为冗余（redundancy），相对未利用能力（relative unused capacity）为相对冗余（relative redundancy）（Cover & Thomas，2006；Mori，2006；Yeung，2008；Mêgnigbêto，2014）。Leydesdorff（2010）、Leydesdorff 和 Ivanova（2013）将冗余定义为未利用能力的一部分；此外，他们认为这个定义可能似乎是反直观的（counterintuitive），因为冗余直觉地与重叠的信息相联系。三维度共信息依据 Shannon（1948）的信息理论，但这个理论不能完全解释，因为它是一个带符号的信息测量，值可能是负的（Krippendorff，2009；Yeung，2008）。相反会产生不确定性（即 Shannon 型信息），冗余产生于不同维度之间的下一阶循环内。换句话说，冗余产生，因为相同的同步变化（关系）情况提供不同的含义，也可能包括更多。Leydesdorff 和 Ivanova（2014）认为，三个维度（或更多）中一个测量不是"共信息"，而是"共冗余"。

通常，系统拥有能够将信息达到最大 H_{max} 的能力，但现实中可能真正产生的是 H_s。因此，$H_{max}-H_s$ 是未生产的（unproduced），将其称为冗余，即它真正产生但并没有得到利用。除此之外，Leydesdorff 和 Ivanova（2013）认为，冗余 $R=H_{max}-H_s$ 等于绝对规模中的传输力；他们也证明维度个数是偶数（even），冗余和传输具有相反的符号，否则具有相同的符号，即 $R_{XY}=-T_{XY}$（二维系统情况下）和 $R_{XYZ}=T_{XYZ}$（三维系统情况下）。如果 R 在二维系统中是负的，它的结果将是 H_{max} 小于 H_s，这在数学上是不成立的。Yeung（2008）指明，运算结果指标（resulting indicator）作为一个有符号的信息测量，符号测度可能不再看作 Shannon 熵（Krippendorff, 2009）。

三个（或更多）维度的共信息被视为三个（或更多）子动态网络水平产生的冗余和不确定之间的差异。Krippendorff（2009）指出，T_{XYZ} 可能不再被视为 Shannon 类信息，因为传输能力（transmission）被定义为是线性正的。变量间的双边关系降低不确定度，但三方关系（trilateral term）反馈这一关系增加了其他关系的不确定度，负面的不确定度或信息可能被视为冗余。在三螺旋论点中，冗余是通过信息重叠而产生的，这些信息不同的含义可被解释为彼此之间的学术、企业和政治观点。因此，更多的选择是内部产生的；当更多选择被获得时，最大信息内容得到扩大。然而，网络内的交互在同一时间产生，而且具有必要的不确定度，冗余产生和不确定度产生之间的差异可能是正的或负的。

（三）传输能力

共信息或传输能力是系统内随机变量的共享信息空间（information common）的数量（Shannon, 1948）。在两个维度内，它测量了系统变量的彼此依赖性（Batina et al., 2011）；它是零或正数（Cover & Thomas, 2006; Shannon, 1948; Yeung, 2001, 2008），随着所考虑变量内容之间的依赖性而增加（Arellano-Valle, Contreras-Reyes & Genton, 2013）。超过两个维度，共信息是带符号测度（signed measure）（Leydesdorff & Ivanova, 2013; Yeung, 2001, 2008）；它可以是零、正数或负数（Cover & Thomas, 2006; Leydesdorff, 2003, 2008; Yeung, 2001, 2008）。

定义传输能力作为贡献于系统信息共享的最大价值部分。它代表真正产生于系统内"总的结构信息"的共享。换句话说，它测量共信息的效率；它可以解释为传输、变量依赖性或协同的程度；它也是系统内或创新主体之间信息流动的力量。它还可以帮助测量系统内的协同水平、压力或施加于系统内的控制。

在两个维度内，传输能力的公式是：

$$\tau = \frac{T_{XY}}{H_{XY}} \tag{3-26}$$

由于超过两个维度的传输和其解释二元性符号可能的变化，区分两种类型的传输能力 ζ_{gto}：ζ_1（当共信息是负时）和 ζ_2（当共信息是正时）。在第一种情况下，传输最大值可达到 $H_{gto} - H_g - H_t - H_o$，在第二种情况下是 H_{gto}，因此：

$$\zeta_{gto} = \begin{cases} \zeta_1 = \dfrac{T_{gto}}{H_{gto} - H_g - H_t - H_o} & , \ \text{若} \ T_{gto} < 0 \\[3mm] \zeta_2 = \dfrac{T_{gto}}{H_{gto}} & , \ \text{若} \ T_{gto} > 0 \\[3mm] 0 & , \ \text{若} \ T_{gto} = 0 \end{cases} \tag{3-27}$$

在任何情况下，$0 \leq \zeta_{gto} \leq 1$，$\zeta_1$ 表示系统内的协同程度，ζ_2 表示系统内的中央协调程度，但值得注意的是，不论 ζ_1 和 ζ_2 都表示系统协同度。

系统效率、相对未利用能力和传输能力值的范围是 0 ~ 1。它们的解释源于与系数相关的实践：如果它们的值低于或等于 0.05（或 5%），则它们是 0 或微不足道；如果它们的值大于 0.05 或小于 0.25（25%），它们是弱的；如果它们的值在 0.25 ~ 0.6（25% 和 60%），则是中等的（适度的）；如果大于 0.6（60%），则可以说它们是较强（高）的（Mêngnigbêto，2014）。

第三节　区域技术创新协同度测评模型构建
——创新过程协同视角

一、模型构建思路

区域技术创新协同可以从系统过程协同视角来考虑，即区域技术创新过程是指不同创新主体运用不同维度的资源促进系统整体的发展。Ding 等（2008）指出，国家创新系统强调：构建科学技术创新过程，企业作为关键参与者，企业、大学和研究机构协同则视为一个重要维度，随着强调创新能力，中国旨在鼓励科学研究机构和大学承担研发活动，以满足企业的需求和探索企业、教育和研究的协同模式；构建知识创新系统，无缝整合科学研究和大学教育，促进一个开放的、流动的、竞争的和协同机制的发展，提高科学研究机构与大学的合作和资源整合；构建国家防御技术创新过程，促进民用和军用科学技术整合；构建区域创新系统，充分调节区域经济和社会发展优势，以构建具有区域特点的创新能力；构建社会和网络科学技术中介服务系统。

从创新过程协同视角来看，区域技术创新过程协同涉及区域技术创新驱动力、区域技术创新知识获取、区域企业技术创新和区域技术创新绩效四个子系统，这四个子系统可视为一个动态系统，它们作为整个体系中的一部分通过这四个子系统彼此之间相互作用，进而提升区域技术创新过程协同度。

（一）区域技术创新驱动力

区域技术创新驱动力是指推动区域内技术创新的主要动力，以及维持和提升这种动力所需的各种动力要素所构成的组合性系统。Arpaci（2010）探索土耳其公共部门技术创新过程、过程的利益相关者、创新来源、创新驱动力及其障碍，研究结果表明，与利益相关者的外部关系提高创新过程，创新作为利益相关者之间交互的结果，创新过程具有四个主要阶段和六个步骤。创新过程的阶段是思想产生、项目开发、生产和创新，创新过程的六个步骤是思想、项目研究、项目批准、项目实施、新服务和创新。创新开始于第一阶段的思想产生，这种新思想主要是通过组织、法律、公民和其他企业的人员而产生，思想产生之后，新的思想将会被概念化表达以实现创新。创新可能会因为某些障碍而无法实现，公共部门中主要的障碍为法律、人才匮乏、核准权和官僚主体等。作为第三个阶段的生产仅开始于克服所涉及的障碍之后。项目实施在第四步骤执行，新服务则在第五步骤获取。创新是技术创新过程的最后一个阶段，为了组织内的创新，新服务扩散需要被执行。

（二）区域技术创新知识获取

技术是指一种现存技术的提高和改进及新技术的生成，受知识创造驱动，而知识作为主要的有利条件之一（Pei，2008）。Leiponen 和 Helfat（2010）证实，拥有不同知识资源的企业更可能使其创新成功，这也使得他们的演化依据一个特定的轨迹，阐明路径依赖模式。因此，企业作为一个或更多的技术领域专家，跨企业间的边界自然形成跨技术边界。知识经济中的竞争优势很大程度上依赖于创新，而外部协同产生创新。

外部知识来源通过协同创新产生，因为互补资源已证明有助于提高高技术企业创新绩效（Cassiman & Veugelers，2006；de Man & Duysters，2005）。

技术知识是企业的关键资源，外部技术知识的获取和利用对于企业技术创新很重要。Lichtenthaler（2011）指出，先前的研究关注企业内创新，外部知识获取被忽略。对于创新而言，外部知识来源的重要性在组织学习、开放创新和知识溢出理论方面逐渐突出（Branstetter，2006；Cefis & Marsili，2005；Chesbrough，2006；Leiponen & Helfat，2011；Ronde & Hussler，2005）。Bierly等（2009）指出，利用外部知识过程关注的两个方面，即企业应用外部知识而产生新技术和新产品的情况（这是关于探索）与应用外部知识以提高当前产品和过程（这是关于利用）。Spaeth等（2010）认为，企业不仅有益于现存内部知识或与其他合作者的知识创造，利用有效的外部知识也可提高竞争力，如知识产权许可或供应商的知识整合。

（三）区域企业技术创新

企业技术创新本质上是一种在区域内部企业所从事的技术经济活动，而企业作为区域技术创新活动实施的关键创新主体之一。Wang等（2014）指出，企业的创新行为受地理条件和市场环境影响，实际上，市场是技术创新和扩散的外部环境，企业主体开始自身的生意和生产以从市场内获得利润。地理条件包括自然情况和位置，它是区域的基本属性。依据利润，企业主体将他们获得的一部分利润投资到其他地区，以获得更高的利润。企业为获取新技术，将其利润的另一部分输入到研发活动中。通过技术升级，企业将获取更多的利润，而后在研发活动中输入更多。谢洪明等（2012）构建了网络关系强度、企业学习能力和技术创新的关系理论模型，结果显示，企业网络关系强度和学习能力都对技术创新存在正向影响；企业学习能力在网络关系强度和技术创新之间起到不完全中介作用。

（四）区域技术创新绩效

区域技术创新绩效作为区域技术创新过程中产出结果评价维度，主要反映区域技术创新的经济及产出的能力，同时还是作为区域技术创新持续发展的基础及提升区域技术创新活动水平的参考。Tomlinson和Jackson（2013）在分析118家公司样本的基础上，探讨了协作关联以及机构作用对于英国陶瓷盛具和礼品行业创新的影响。研究发现，地方经济在辅助创新中扮演着重要的角色，北斯塔福德郡的本地公司相对于外来公司而言存在潜在优势。林云、金祥荣（2008）认为，区域技术创新绩效呈现差距日益加大的"马太效应",利用我国30个省份的技术创新投入—产出数据进行实证分析,研究表明,研发、技术机会及吸收能力会影响区域技术创新绩效,产生累积循环的作用,而且成为区域技术创新的"轨道",这也致使区域创新差异加剧。

二、技术创新过程协同度模型

复合系统的协同关系是指系统自身在与外部环境进行资源交换的过程中,各子系统以自组织形式形成的一种有序的结构和协同演化状态(Janzen, 1980)。复合系统协同发展是系统自组织演化与其他组织演化共同作用的情况下,各子系统有序地发展,实现复合系统整体效应最大化的一种过程。区域技术创新过程协同度模型可以借鉴复合系统协同度模型,测评区域技术创新过程协同度。

借鉴孟庆松和韩文秀(2000)、贾军和张卓(2013)、Xu和Song(2014)、Yang等(2011)对复合系统协调度模型的研究,对区域技术创新过程协同度测评,构建区域技术创新驱动力、区域技术知识获取、区域企业技术创新、区域技术创新绩效四个子系统的复合系统协同度测评模型,即区域技术创新过程协同度测评模型。

首先界定系统有序度的概念。考虑子系统 S_j, $j \in [1, 4]$,区域技术创新过程 S 主要包括区域技术创新驱动力子系统 s_1、区域技术知识获取子系统 s_2、区域企业技术创新子系统 s_3、区域技术创新绩效子系统 s_4,即 $S=f(s_1, s_2, s_3, s_4)$。设在其发展过程中的序参量变为 $e_j = (e_{j1}, e_{j2}, \cdots, e_{jn})$,其中 $n \geq 1$, $U_{ji} \leq e_{ji} \leq T_{ji}$, $i \in [1, n]$。假定 $e_{j1}, e_{j2}, \cdots, e_{jl}$ 的取值越大,则系统的有序程度越高;反之,其取值越小,则系统的有序程度越低;假定 $e_{jl+1}, e_{j2}, \cdots, e_{jn}$ 的取值越大,则系统的有序程度越低;反之,其取值越小,则系统的有序程度越高。因此,有如下定义:

定义系统 S_j 序参量分量 e_{ji} 的系统有序度为:

$$u_j(e_{ji}) = \begin{cases} \dfrac{e_{ji}-U_{ji}}{T_{ji}-U_{ji}}, & i \in [1, l] \\[3mm] \dfrac{T_{ji}-e_{ji}}{T_{ji}-U_{ji}}, & i \in [l+1, n] \end{cases} \tag{3-28}$$

其中,U_{ji} 和 T_{ji} 分别是第 j 个子系统在第 i 个指标的上限和下限的值。

由方程(3-28)可知,$u_j(e_{ji}) \in [0, 1]$,其值越大,e_{ji} 对系统有序的"贡献"越大。在实际的相关系统中,还会有若干 e_{ji},其取值过大或过小都不好,而是集中在某一特定点周围最好,对于这类 e_{ji},总可以通过调整其取值区间 $[U_{ji}, T_{ji}]$ 使其有序度定义满足式（3-28）。

子系统序参量有序度模型。序参量 e_{ji} 对第 j 子系统 s_j 有序程度的作用可以由序参量有序度 $u_j(e_{ji})$ 的"集成"作用实现。本书主要采用几何平均法对子系统序参量进行集成，子系统有序度方程为：

$$u_j(e_j) = \left[\prod_{i=1}^{n} u_j(e_{ji}) \right]^{\frac{1}{n}} \qquad j = 1, 2, \cdots, k \qquad (3-29)$$

由方程（3-29）可知，$u_j(e_j) \in [0, 1]$，$u_j(e_j)$ 值越大，则子系统的有序度越高，反之，则越低。

区域技术创新过程协同度测评模型。在给定的初始时刻 t_0，设各个子系统序参量的系统有序度为 $u_j^0(e_j)$，$j = 1, 2, \cdots, k$，则对复合系统发展演变的时刻 t_1，如果此时各个子系统序参量的系统有序度为 $u_j^1(e_j)$，$j = 1, 2, \cdots, k$，定义 c 为区域技术创新过程协同度：

$$c = \theta \left\{ \left| \prod_{f=1}^{k} [u_j^1(e_j) - u_j^0(e_j)] \right| \right\}^{1/k} \qquad (3-30)$$

其中，$\theta = \dfrac{\min\limits_{j} [u_f^1(e_f) - u_f^0(e_f) \neq 0]}{\left| \min\limits_{j} [u_j^1(e_j) - u_j^0(e_j) \neq 0] \right|}$，$j = 1, 2, \cdots, k$。

对式（3-30）及区域技术创新过程协同度测评模型说明：$c \in [-1, 1]$，其值越大，则区域技术创新过程协同度越高，反之则越低；系数 θ 的作用在于：当且仅当 $u_j^1(e_j) - u_j^0(e_j) > 0$，$\forall j \in [1, k]$ 成立时，区域技术创新过程协同度为正；区域技术创新过程协同度测评模型概况不同子系统情况，若其中一个子系统出现有序度变化，则会引起另外子系统的变化（或有时候可能变化较小），则复合系统的协同状况较差或不存在协同状况，可表示为 $c \in [-1, 0]$。

第四节　区域技术创新协同度测评模型构建
——创新输出协同视角

一、模型构建思路

关于区域技术创新输出的研究众说纷纭，Arundel 和 Kabla（1998）认为，专利不能完全反映创新输出，但由于专利数据的获得性，把专利作为技术创新的结果仍然频繁出现在国内外文献中（Acs et al., 2002；Crosby, 2000；Jaffe, 1989；Griliches, 1990；吴和成，2008；窦雪霞等，2009；王达政，2009；钱晓烨等，2010；邬滋，2010）。李习保（2007）认为，与专利相关法律制度在全国均是一致的，从这方面获取的数据具有可比性，可以将专利作为区域技术创新水平反面的研究。因此，本书也采用专利数据作为区域技术创新输出协同度测评的数据样本。

从技术输出角度衡量技术创新水平看，Comanor 和 Scherer（1969）提出，专利数在测度技术创新能力方面具有强优势，大量学者采用专利数来测度技术创新能力（Guan & Gao, 2009；Liu & Buch, 2007；杨武等，2011）。Leydesdorff 和 Meyer（2006）认为，当两个选择环境彼此相互作用，沿着特定的轨迹共同形成一个联合演化（co-evolution）成为可能的结果。当涉及三个选择环境，更复杂的动态成为双边和三边关系交互结果。三个选择环境可用三螺旋模型描述，即企业（财富产生）、大学（创新成果）和政府（公共管理或规范控制）（见图3-6），此外，这个模型可通过大学—企业—政府关系降低复杂性。然而，历史分析可知，体系和制度安排具备一定程度的功能，演化分析关注输出方面选择环境的功能。此外，不在预期体系和功能之间一一对应；统计需要测评制度安排如何和多大程度提高不同选择环境内的协同。政府、学术界和企业之间的联系和交互成为创新的必要元素（Etzkowitz & Leydesdorff, 2000）。三螺旋模型成为众所周知的探索大学—企业—政府关系的方法（Etzkowitz, 2008）。根据 Park 等（2005），"大学—企业—政府关系网络可被视为制度知识基础，支撑包含科学、技术和知识型创新业务操作的系统"。

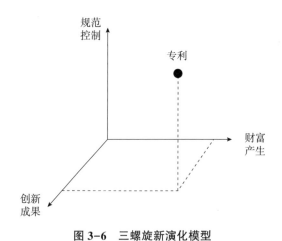

图3-6 三螺旋新演化模型

资料来源：Leydesdorff & Meyer（2006）.

三螺旋系统关系的指标测量成为其运行的一个关键方面（Meyer，2012）。Leydes-dorff（1991）将信息理论运用于研究协同网络分析。Leydesdorff、Park 和 Lengyel（2014）指出，三维度（或多个）的共信息作为大学—企业—政府关系中三螺旋可能协同的指标。三螺旋主体之间的关系可以作为一个协同指标，利用三螺旋模型描述这种关系。Leydesdorff 和 Ivanova（2013）处理共同的冗余。因此，研究协同，尤其是大学（U）、企业（I）和政府（G）研究关系，可以使用 von Bertalanffy（1973，p. 94）的信息理论测量。共信息可解释为一个创新主体控制系统的程度，自组织冗余在相关交流中与系统产生的不确定性互为补充（counterpart）。庄涛和吴洪（2013）运用三螺旋理论，以中国国家知识产权局专利检索数据库 2002～2011 年申请发明专利数据为依据，对中国高校、企业和政府在产学研协同创新中关联的紧密度进行测定。研究发现：我国较为稳定的官产学研协同创新体系已初步形成，企业—大学间合作程度最深，政府参与程度不高。在一些关系国计民生的创新性研究项目中迫切需要发挥政府在其中的主导作用。

二、技术创新输出协同度模型

技术创新输出模型构建的基础是基于大学—企业—政府三螺旋理论，即大学（U）、企业（I）和政府（G）三维度指标，或系统共信息，因此，假设技术创新输出系统S＝（U，I，G），这个测量源于信息理论内容及依据 Shannon 公式，用来测量大学—企业—政府三螺旋协同度，熵可以测量系统的不确定性。

若 U、I 和 G 是随机变量，其伴随概率分别为 P_u、P_i、P_g，由 U、I 和 G 产生的熵 H_u、H_i、H_g 是：

$$H_u = - \sum_{u=0}^{n} p_u \times \log_2 p_u \qquad (3-31)$$

$$H_i = - \sum_{i=0}^{n} p_i \times \log_2 p_i \qquad (3-32)$$

$$H_g = - \sum_{g=0}^{n} p_g \times \log_2 p_g \qquad (3-33)$$

假设两个随机变量大学—企业（UI）、大学—政府（UG）和企业—政府（IG）（两个维度）的伴随概率为 P_{ui}、P_{ug}、P_{ig}，二维联合熵 H_{ui}、H_{ug} 和 H_{ig} 分别为：

$$H_{ui} = - \sum_{u=0}^{n} \sum_{i=0}^{n} p_{ui} \times \log_2 p_{ui} \qquad (3-34)$$

$$H_{ug} = -\sum_{u=0}^{n}\sum_{g=0}^{n} p_{ug} \times \log_2 p_{ug} \qquad (3-35)$$

$$H_{ig} = -\sum_{i=0}^{n}\sum_{g=0}^{n} p_{ig} \times \log_2 p_{ig} \qquad (3-36)$$

大学—企业—政府（UIG）三维度的伴随概率为 P_{uig}，联合熵 H_{uig} 为：

$$H_{uig} = -\sum_{u=0}^{n}\sum_{i=0}^{n}\sum_{g=0}^{n} p_{uig} \times \log_2 p_{uig} \qquad (3-37)$$

若在 UI、UG 和 IG 两维度交互中，不确定性随共信息或传输能力降低，即：

$$H_{ui} = H_u + H_i - T_{ui} \qquad (3-38)$$

$$H_{ug} = H_u + H_g - T_{ug} \qquad (3-39)$$

$$H_{ig} = H_i + H_g - T_{ig} \qquad (3-40)$$

其中，T_{ui}、T_{ug} 和 T_{ig} 被称为 S 的共信息，三者分别小于或等于 H_{ui}、H_{ug} 和 H_{ig}。

$$T_{ui} = H_u + H_i - H_{ui} \qquad (3-41)$$

$$T_{ug} = H_u + H_g - H_{ug} \qquad (3-42)$$

$$T_{ig} = H_i + H_g - H_{ig} \qquad (3-43)$$

若 UI、UG 和 IG 的两维度分布是完全独立的，则 $H_{ui}=H_u+H_i$ 或 $T_{ui}=0$；$H_{ug}=H_u+H_g$ 或 $T_{ug}=0$；$H_{ig}=H_i+H_g$ 或 $T_{ig}=0$。

若在 U、I、G 三维度中，联合熵 H_{uig} 为：

$$H_{uig} = H_u + H_i + H_g - T_{ui} - T_{ug} - T_{ig} + T_{uig} \qquad (3-44)$$

三维共信息是：

$$T_{uig} = H_u + H_i + H_g - T_{ui} - T_{ug} - T_{ig} + H_{uig} \qquad (3-45)$$

信息来源是一个随机变量。假设随机变量的价值是"0，来源并不生产"和"1，来源生产"。通过这种方式，构建仅具有一个随机变量的来源 A = {0, 1}；它的基数是 2。如果来源是由两个随机变量组成，可成为 A×A = A² = {0, 1}×{0, 1} = {(0, 0), (0, 1), (1, 0), (1, 1)}；它的基数是 $2^2=4$。来源的每个元素包含一个事件。那么，来源熵是：

$$H_{XY} = -p(0,0)\times\log_2 p(0,0) - p(0,1)\times\log_2 p(0,1) - \\ p(1,0)\times\log_2 p(1,0) - p(1,1)\times\log_2 p(1,1) \qquad (3-46)$$

用维恩图表示，概率事件在方程（3-46）中提到，代表如图 3-7（a）所示，E 代表全集，X 子集由随机变量 X 和 Y 产生，Y 也是如此。

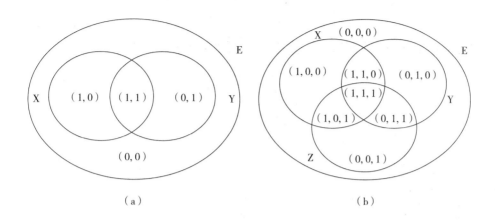

（a）　　　　　　　　　　　（b）

图3-7　两个和三个随机变量 ｛0，1｝ 情况下的事件

资料来源：Mêgnigbêto（2014）.

在三个随机变量 X、Y 和 Z 的情况下，每个 A＝｛0，1｝，来源成为 A³＝｛（0，0，0），（0，0，1），（0，1，0），（0，1，1），（1，0，0），（1，0，1），（1，1，0），（1，1，1）｝，基数是 8。

系统熵是：

$$
\begin{aligned}
H_{XYZ} = &-p(0,0,0)\times\log_2 p(0,0,0)-p(0,0,1)\times\log_2 p(0,0,1)-\\
&p(0,1,0)\times\log_2 p(0,1,0)-p(0,1,1)\times\log_2 p(0,1,1)-\\
&p(0,1,1)\times\log_2 p(0,1,1)-p(1,0,0)\times\log_2 p(1,0,0)-\\
&p(1,0,1)\times\log_2 p(1,0,1)-p(1,1,0)\times\log_2 p(1,1,0)-\\
&p(1,1,1)\times\log_2 p(1,1,1)
\end{aligned}
\tag{3-47}
$$

图 3-7（b）中描述的子集符合两个或三个初始随机变量产生全集的两个或三个子集而产生的元素，来源是它的"有限数量的可能的状况"的集合。由两个随机变量组成的来源"可能的状况"的数量是 $2^2＝4$，随机变量是 3 的情况下即 $2^3＝8$。因此，能估计其最大熵（Cover & Thomas，2006；Mori，2006；Shannon，1948；Yeung，2001，2008）。

$$
H_{max}＝\log_2 M
\tag{3-48}
$$

其中，M 是来源状态的数量。最大熵是系统熵 H_s 的上限。它表明系统的信息生产能力。通常，系统熵 H_s 小于 H_{max}，这意味着系统信息生产能力的一部分可能被利用，其他部分并未被利用。因此，可以估算系统的效率和未使用能力。

定义系统效率为其信息生产能力的一部分，即真正能输出来的：

$$\eta_{uig} = \frac{H_s}{H_{max}} \qquad (3-49)$$

H_s 和 H_{max} 全部是正数，H_s 小于或等于 H_{max}；因此 η_{uig} 的范围是（0，1）。η_{uig} 是无量纲，用百分比表示。$H_{max} - H_s$ 表示系统未利用的能力。相对的未利用能力 ν_{uig} 是未利用能力最大熵。它是系统能力的一部分，未应用于信息生产。ν_{uig} 是效率 1 的补充；它是无量纲，用百分比表示。

$$\nu_{uig} = \frac{H_{max} - H_s}{H_{max}} \text{或} \nu_{uig} = 1 - \eta_{uig} \qquad (3-50)$$

传输能力是系统内随机变量的共享信息空间的数量。定义传输能力作为贡献于系统信息共享的最大价值部分。它代表真正产生于系统内"总的结构信息"的共享。换句话说，它测量共信息的效率；它可以解释为传输、变量依赖性或协同的程度；它也是系统内或创新主体之间信息流动的力量。它可以帮助测量系统内的协同水平、压力或施加于系统内的控制。在大学、企业和政府三维度传输能力中，依据共信息的三种情况，可知大学—企业—政府系统协同水平，因此：

$$\zeta_{uig} = \begin{cases} \zeta_1 = \dfrac{T_{uig}}{H_{uig} - H_u - H_i - H_g} & , \text{若 } T_{uig} < 0 \\[3mm] \zeta_2 = \dfrac{T_{uig}}{H_{uig}} & , \text{若 } T_{uig} > 0 \\[3mm] 0 & , \text{若 } T_{uig} = 0 \end{cases} \qquad (3-51)$$

在任何情况下，$0 \leqslant \zeta_{uig} \leqslant 1$，$\zeta_1$ 表示系统内的协同程度，ζ_2 表示系统内的中央协调程度，但值得注意的是，不论 ζ_1 和 ζ_2 都表示系统协同度。

本章小结

本章通过阐述区域技术创新协同度影响因素，发现这些影响因素可归纳为创新输入协同、创新过程协同和创新输出协同三个视角。以这三个视角为切入点，从理论层面构建区域技术创新协同度测评体系，并依据信息论和系统论等相关理论，具体构建了技术创新输入协同度测评模型、技术创新过程协同度测评模型和技术创新输出协同度测评模型。本章所构建的测评体系可以拓展当前从单一视角对协同度的测评理论，作为本书下一阶段研究的基础。另外，本章主要是对测评体系的理论分析，而构建的测评体系还需要进一步验证，这些将会在后续章节的分析中进行阐述和验证。

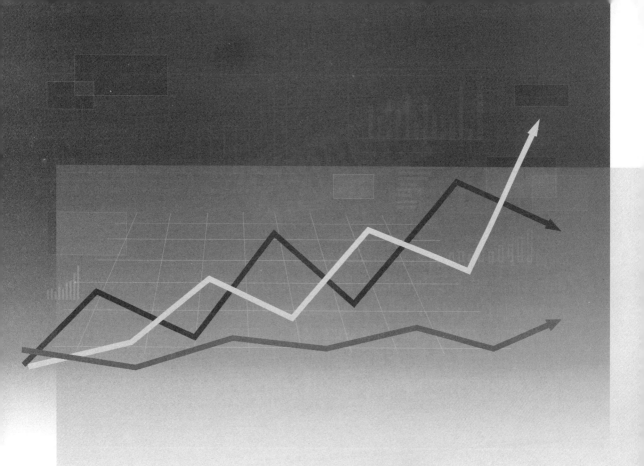

第四章

京津冀区域
技术创新
协同度测评

第一节　京津冀区域技术创新输入协同度测评

一、技术创新输入协同指标及数据选取

(一) 技术创新输入协同指标选取

技术创新输入协同主要从地理、技术和组织三维度衡量，在地理—技术—组织三螺旋系统中，企业所属的三个变量用来做每个特定组合代表：①企业注册地址作为企业地理区位的指标；②组织指标主要选取企业规模，通过企业员工数测量，作为经济动态的代表——区分小型、中型和大型企业；③行业分类主要选取高技术制造业、中高技术制造业和知识密集型服务业，作为技术的测量指标。企业作为分析单位：每个企业具有一个地址，且隶属于某一辖区；每个企业属于不同的行业归类编码，以及将企业规模定义为员工数量。这三个分布独立分析，但它们在同步变化 (co-varia-tions) 方面彼此联系，如企业聚集经济区域或技术部门。研究关于是否分布在不同的管理层面，和 (或) 经济部门 (如知识密集型服务业) 在不同分布中的协同。

(二) 技术创新输入协同数据选取及统计描述

本节实证研究的对象是京津冀区域技术创新输入协同度，即三省市的知识经济基础的协同。以企业层面的信息为例，数据包含行业分类、企业规模和公司地址三个变量作为技术、组织和地理维度的代理。数据来源于 2005~2013 年 Wind 数据库中全部上市公司的相关数据，京津冀三地搜索 3267 条记录，具体包含有效的公司地址、行业分类和企业规模 (企业员工数) 的数据为 2587 条，有效率为 79.19% (见图 4-1)。

地理位置通过企业注册地址衡量，数据收集京津冀区域内 34 个子区域的信息，其中包括北京地区的 16 个子区域、天津地区的 7 个子区域和河北地区的 11 个子区域①。

---

① 北京、天津和河北子区域个数仅是从数据样本中采集的个数，区域规划中北京、天津和河北子区域个数分别为 16、16 和 11。

通过这些数据信息，2005～2013年，北京地区相对其他两地是企业重点集中的区域（见图4-1），北京在京津冀三地所占比重高达71.20%，天津和河北两地所占比重相对较低，分别为12.83%和15.96%（见表4-1）。

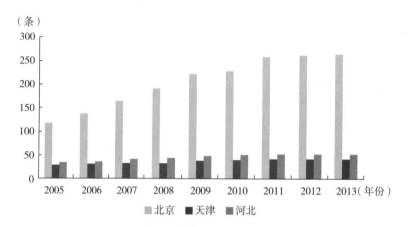

（条）

图4-1 2005～2013年京津冀区域企业数据分布（N=2587）

资料来源：根据历年Wind数据库数据绘制。

表4-1 2005～2013年京津冀地理区位分布

区域	子区域（个）	企业数（家）	企业占比（%）
北京	16	1842	71.20
天津	7	332	12.83
河北	11	412	15.96
京津冀	34	2587	100

资料来源：根据Wind数据库数据绘制。

组织维度通过员工数方面的企业规模衡量，企业规模分布分为9类（见表4-2），样本中所包含的微型企业样本相对较少（0.35%）[1]，且以大中型企业为主（55.82%），出现微型、小型与大中型企业样本数相差较大。出现这一现象的原因之一是由于数据获取的限制，仅选择上市公司作为研究样本。但由于上市公司在区域经济及技术创新中发挥主导性作用，对其研究在学术界得到认可，此类数据样本虽不能全部代表区域知识经济的发展，但与区域知识经济的发展趋势一致。

---

[1] 依据企业从业人员数分类为：微型（0～20人），小型（20～300人），中型（300～1000人）和大型（1000人及以上）。

表4-2　2005～2013年京津冀区域企业规模员工数方面的分类　　单位：人，%

编码	分类	2005年	2006年	2007年	2008年	2009年	2010年	2011年	2012年	2013年	合计	占比
1	0～9	0	0	0	1	1	0	0	0	0	2	0.08
2	10～19	1	0	1	1	2	1	1	0	0	7	0.27
3	20～29	11	11	15	14	12	13	7	8	5	96	3.71
4	100～299	17	29	39	49	59	45	46	32	31	347	13.41
5	300～499	17	15	16	24	34	35	45	44	30	260	10.05
6	500～999	27	32	41	41	46	53	57	63	71	431	16.66
7	1000～1999	30	36	31	36	38	46	58	59	63	397	15.35
8	2000～4999	32	33	37	34	42	49	59	61	66	413	15.96
9	≥5000	44	48	57	68	74	77	82	90	94	634	24.51
	合计	179	204	237	268	308	319	355	357	360	2587	100.00

资料来源：根据 Wind 数据库数据绘制。

技术利用行业分类衡量，行业分类主要基于欧洲 NACE 系统，这一分类为研究提供借鉴，将其分为高技术制造业、中高技术制造业和知识密集型服务业三类。从各地区行业分布来看，2005～2013年，北京高技术制造业、中高技术制造业和知识密集型服务业三类行业所占相对比重分别为29.10%、18.10%和52.80%，天津三类行业所占比重分别为34.39%、38.62%和26.98%，河北三类行业所占比重分别为24.37%、73.10%和2.54%（见图4-2）。2005～2013年京津冀高技术制造业为441家（或29.15%），中

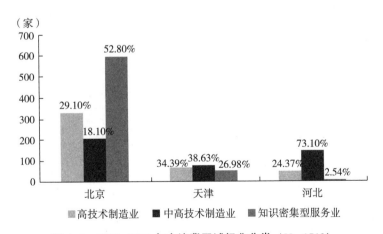

图4-2　2005～2013年京津冀区域行业分类（N=1513）

资料来源：根据本书研究内容绘制。

高技术制造业为 421 家（或 27.83%），知识密集型服务业为 651 家（或 43.03%）。统计数据说明，从京津冀各地区具体行业分类来看，北京以知识密集型服务业为主，高技术制造业次之，最低为中高技术制造业；天津以中高技术制造业为主，高技术制造业次之，最低为知识密集型服务业，但三类相差不大，尤其是高技术制造业和中高技术制造业两者之间；河北以中高技术制造业为主，次之为高技术制造业，且知识密集型服务业为最低。从京津冀区域间来看，北京相对于天津和河北两地而言，在高技术制造业、中高技术制造业和知识密集型服务业三类均发挥重要的作用。此外，京津冀三地的行业存在差距，为区域技术创新协同发展创造基础条件。

二、技术创新输入协同度测评结果

在地理（G）、技术（T）和组织（O）三螺旋系统内，利用式（3-8）至式（3-14）得到一维的、二维的和三维的熵（具体结果如表 4-3 所示），利用式（3-18）至式（3-20）及式（3-22）得到二维的和三维的共信息，利用式（3-24）至式（3-27）技术系统效率、系统未利用能力和传输能力（具体结果如表 4-4 所示），衡量出双边和三边关系，即地理—技术（GT）、地理—组织（GO）、技术—组织（TO）和地理—技术—组织（GTO）关系，进而分析京津冀区域技术创新输入协同度。

表 4-3　京津冀区域地理、技术和组织熵

区域	年份	H_g	H_t	H_o	H_{gt}	H_{go}	H_{to}	$H_{gto}=H_s$
北京	2005	3.0132	1.4858	2.7594	3.7361	5.3025	3.9759	5.2989
	2006	2.9968	1.4989	2.7030	3.9164	5.2654	4.0440	5.3148
	2007	2.8876	1.4925	2.7014	3.8815	5.0917	4.0461	5.4045
	2008	2.7839	1.4803	2.6707	3.7851	5.0736	3.9494	5.4903
	2009	2.8733	1.4322	2.6920	3.8807	5.2208	3.9134	5.6882
	2010	2.8766	1.4422	2.7029	3.8893	5.2522	4.0528	5.7382
	2011	2.9453	1.4221	2.6471	3.9118	5.2872	4.0070	5.8910
	2012	2.9535	1.4313	2.5939	3.9263	5.2719	3.9430	5.8491
	2013	2.9583	1.4246	2.5387	3.9330	5.1944	3.8522	5.8176

续表

区域	年份	H_g	H_t	H_o	H_{gt}	H_{go}	H_{to}	$H_{gto}=H_s$
天津	2005	2.0910	1.5774	2.7274	2.6924	4.1645	3.1820	3.5216
	2006	2.0875	1.5794	2.5436	2.7272	4.0911	3.1250	3.6250
	2007	2.1713	1.5799	2.4070	2.8895	4.0289	3.2195	3.6169
	2008	2.1044	1.5799	2.3026	2.8895	3.9653	3.1463	3.6169
	2009	2.3270	1.5743	2.4537	3.3520	4.0632	3.4686	4.0888
	2010	2.2664	1.5546	2.5208	3.4550	4.1062	3.2679	3.9387
	2011	2.3197	1.5430	2.4906	3.5074	4.1933	3.3308	4.0029
	2012	2.3197	1.5430	2.4729	3.4455	4.0632	3.3826	4.1039
	2013	2.3197	1.5430	2.4915	3.4455	4.1734	3.4557	4.2099
河北	2005	3.0912	0.8631	2.1880	2.6106	4.4764	2.2988	3.5216
	2006	3.0437	0.8366	2.1454	2.6566	4.2398	2.2826	3.5069
	2007	3.0590	0.7871	2.2774	2.7719	4.6010	2.5366	3.8522
	2008	2.9793	0.8813	2.4665	2.7232	4.4989	2.9037	4.1219
	2009	2.9847	1.0434	2.5161	3.0027	4.5876	3.1846	4.2516
	2010	2.9694	0.9997	2.5167	2.9951	4.6701	3.3018	4.3158
	2011	2.9697	0.9790	2.5367	2.9683	4.6198	3.2636	4.2825
	2012	2.9697	0.9790	2.4405	2.9683	4.6879	3.2099	4.2364
	2013	2.9697	0.9790	2.4116	2.9683	4.6898	3.1616	4.2545
京津冀	2005	4.1585	2.6087	3.9207	4.6042	6.2349	4.7971	5.9515
	2006	4.1073	2.5982	3.8208	4.7315	6.1626	4.8280	5.9709
	2007	4.0228	2.5247	3.7924	4.7120	6.0551	4.8447	6.0666
	2008	3.8806	2.4481	3.7402	4.5829	5.9911	4.7595	6.1404
	2009	3.9541	2.4711	3.7660	4.7613	6.0630	4.8352	6.3746
	2010	3.9544	2.4806	3.7951	4.7989	6.1602	4.9381	6.4008
	2011	3.9835	2.4222	3.7220	4.7878	6.1655	4.8754	6.5174
	2012	3.9863	2.4237	3.6633	4.7872	6.1314	4.8283	6.4812
	2013	3.9849	2.4219	3.6156	4.7881	6.0994	4.7511	6.4696

注：H_g、H_t、H_o 分表表示地理、技术和组织熵；H_{gt}、H_{go}、H_{to} 分别表示地理—技术、地理—组织和技术—组织熵；H_{gto} 表示地理—技术—组织熵，H_s 表示地理—技术—组织真实熵（$H_s=H_{gto}$）。

资料来源：本书计算结果。

根据表 4-3 显示，2005~2013 年，京津冀子区域地理、技术和组织不确定性分布，其中，一维熵（H_g、H_t、H_o）、二维熵（H_{gt}、H_{go}、H_{to}）和三维度熵（H_{gto}）从不同方面表示京津冀地理—技术—组织创新分布的概况。

京津冀区域地理—技术—组织三螺旋系统最大熵由 34 个子区域、3 类行业类型和 9 类企业分类决定，即 $H_{max} = \log_2(34 \times 9 \times 3) = 9.84$，其中，北京地区三螺旋系统 $H_{max} = \log_2(16 \times 9 \times 3) = 8.76$，天津区域三螺旋系统 $H_{max} = \log_2(7 \times 9 \times 3) = 7.56$，河北区域三螺旋系统 $H_{max} = \log_2(11 \times 9 \times 3) = 8.21$。地理维度层面，北京、天津和河北最大熵分别为 $\log_2(16) = 4.00$、$\log_2(7) = 2.81$、$\log_2(11) = 3.46$，京津冀最大熵为 $\log_2(34) = 5.09$。技术维度层面，北京、天津和河北最大熵均为 $\log_2(3) = 1.59$，京津冀最大熵为 $\log_2(9) = 3.17$。组织维度层面，北京、天津和河北最大熵均为 $\log_2(9) = 3.17$，京津冀最大熵为 $\log_2(27) = 4.76$。地理—技术两维度层面，北京、天津和河北最大熵分别为 $\log_2(16 \times 3) = 5.59$、$\log_2(7 \times 3) = 4.39$、$\log_2(11 \times 3) = 5.04$，京津冀最大熵为 $\log_2(34 \times 3) = 6.67$。地理—组织两维度层面，北京、天津和河北最大熵分别为 $\log_2(16 \times 9) = 7.17$、$\log_2(7 \times 9) = 5.98$、$\log_2(11 \times 9) = 6.63$，京津冀最大熵为 $\log_2(34 \times 9) = 8.26$。技术—组织两维度层面，北京、天津和河北最大熵均为 $\log_2(3 \times 9) = 4.76$，京津冀最大熵为 $\log_2(9 \times 9) = 6.34$。

（1）地理分布熵（H_g）。京津冀各区域内层面，2005 年，北京地理熵为 3.0132，相当于最大熵值 $\log_2(16) = 4$ 的 75.33%（或地理熵占比，参见附录 1）；天津地理熵为 2.0910，相当于最大熵值 $\log_2(7) = 2.8074$ 的 74.48%；河北地理熵为 3.0912，相当于最大熵值 $\log_2(11) = 3.4594$ 的 89.36%。2013 年，北京、天津和河北地理熵值分别为 2.9583、2.3197、2.9697，三地的地理熵占比分别为 73.96%、82.63%、85.84%；而且 2005~2013 年北京和河北地理熵占比呈减少趋势，天津地理熵占比呈增加趋势。这种情况可以理解为，河北地区经济活动较为分散，北京地区经济活动集中。京津冀区域间层面，2005 年地理熵值为 4.1585，相当于最大熵值 $\log_2(34) = 5.0875$ 的 81.74%；2013 年地理熵值为 3.9849，地理熵占比为 78.33%。这些说明 2005~2013 年京津冀地理熵呈下降趋势，京津冀经济活动逐渐呈集中发展趋势。此外，2005~2013 年，京津冀各区域内及区域间地理熵占比分布情况（见图 4-3）显示，2008 年是京津冀三地折线图的一个拐点，但从整体来看，北京、河北及京津冀区域经济活动变化情况并不大，天津地理熵占比呈波动性上升趋势，天津地区的经济活动由集中趋向分散。

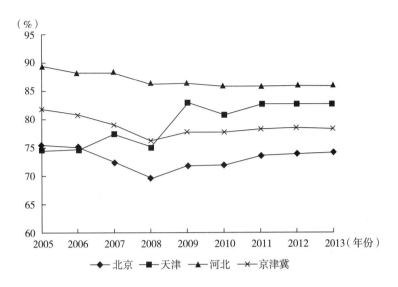

图 4-3　京津冀区域地理熵占比 [H_g/max (H_g)] 分布

资料来源：本书计算结果。

（2）技术分布熵（H_t）。京津冀各区域内层面，2005 年，北京技术熵值为 1.4858，相当于最大熵值 $\log_2(3) = 1.5850$ 的 89.88%（或技术熵占比，参见附录 1）；天津技术熵值为 1.5774，技术熵占比为 97.35%；河北技术熵值为 0.8631，技术熵占比为 61.77%。2013 年，北京、天津和河北技术熵值分别为 1.4246、1.5430、0.9790，技术熵占比分别为 89.88%、97.35%、61.77%。由此可知，河北地区技术熵值最低，表明技术熵偏态分布，存在相对更专业的产业结构，主要以中高技术制造业为主。而天津地区技术熵值最高，表明地区多样化产业结构，即高技术制造业、中高技术制造业和知识密集型服务业三类分布较为均等。在京津冀区域间层面，2005 年京津冀技术熵值最高，为 2.6087，信息熵相当于最大熵值 $\log_2(9) = 3.1699$ 的 82.30%；2013 年技术熵值最小为 2.4219，技术熵占比为 76.40%。京津冀技术熵值表明，技术产业结构逐渐倾向专业化发展。此外，2005～2013 年京津冀各区域内及区域间技术熵占比分布情况（见图 4-4）显示，除河北地区变化显著之外，其他地区波动情况并不大，这表明京津冀区域彼此之间的技术交互水平较低，但各地区技术分布存在差距，这也为京津冀区域间未来技术创新协同发展奠定了基础，从而创造更大的发展空间。

（3）组织分布熵（H_o）。京津冀各区域内层面，2005 年，北京组织熵值为 2.7594，相当于最大熵值 $\log_2(9) = 3.1699$ 的 87.05%（或组织熵占比，参见附录 1）；天津组织熵值为 2.7274，组织熵占比为 86.04%；河北组织熵值为 2.1880，组织熵占比为 69.02%。2013 年，北京、天津和河北组织熵值分别为 2.5387、3.4455、2.4116，组织熵占比分别为

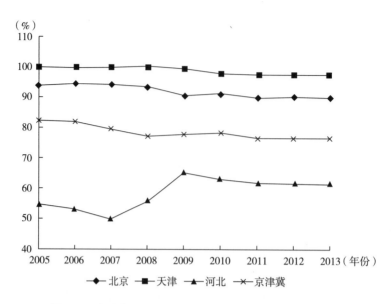

图 4-4 京津冀区域技术熵占比 [$H_t / max(H_t)$] 分布

资料来源: 本书计算结果。

80.09%、78.60%、76.08%。由各地组织熵占比可知,北京地区不同规模企业数更均等分布,而河北地区存在非对称分布,集中于大型企业。由于北京地区以知识密集型服务业为主,而河北地区以中高技术制造业为主,因此,河北地区企业员工数相对北京地区多,企业规模出现偏态分布,倾向于大型企业。京津冀区域间层面,2005 年京津冀组织熵值最高,3.9207 的信息熵相当于最大熵值 $\log_2(27)=4.7549$ 的 82.30%;2013 年组织熵值最小为 3.6156,组织熵占比为 76.04%。组织熵值表明,京津冀组织规模呈偏态分布,且出现越来越加剧的情况。此外,2005~2013 年,京津冀各区域内及区域间组织熵占比分布情况(见图 4-5)显示,2008 年出现极小值点,2010 年出现极大值点,从整体来看,组织分布波动性较大,但总体(除河北之外)更偏向于非对称分布。

(4)地理—技术联合熵(H_{gt})。京津冀各区域内层面,2005 年,北京地区的地理—技术联合熵为 3.7361,相当于最大熵值 $\log_2(16\times3)=5.5850$ 的 66.90%(地理—技术联合熵占比,参见附录 1);天津地区的地理—技术联合熵为 2.6924,相当于最大熵值 $\log_2(7\times3)=4.3923$ 的 61.30%;河北地区的地理—技术联合熵为 2.6106,相当于最大熵值 $\log_2(11\times3)=5.0444$ 的 51.75%。2013 年,北京地区的地理—技术联合熵为 3.9330,地理—技术联合熵占比为 70.42%;天津地区的地理—技术联合熵为 4.3923,地理—技术联合熵占比为 78.44%;河北地区的地理—技术联合熵为 2.9683,地理—技术联合熵占比为 58.84%。京津冀区域间层面,2005 年京津冀区域的地理—技术联合熵为 4.6042,相当于

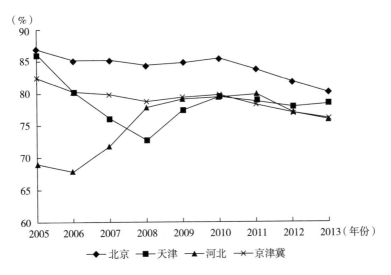

图 4-5　京津冀区域组织熵占比 $[H_o/max(H_o)]$ 分布

资料来源：本书计算结果。

最大熵值 $\log_2(34\times3)=6.6724$ 的 69%，2013 年京津冀区域的地理—技术联合熵为 4.7881，地理—技术联合熵占比为 71.76%。此外，2005～2013 年，京津冀各区域内及区域间地理—技术联合熵占比分布情况（见图 4-6）显示，2008 年出现一个极小值点，且天津地理—技术联合熵占比变化显著。因此可知，2008 年后天津与其他两地相比，地理—技术联合熵占比最高，表明企业地理和技术联合水平较高，地理和技术之间存在一个较弱的连接，因此企业之间存在更多跨子区域交互及知识探索需求，不同产业类型的企业更为分散，即存在多样性技术经济。然而，河北地区的地理—技术联合熵占比最低，表明技术型企业更多倾向于大城市（如石家庄），与经济和技术（大学）水平紧密相连。京津冀地理—技术联合熵表明区域间不同类型的技术企业分散于不同的区域。

（5）地理—组织联合熵 (H_{go})。京津冀各区域内层面，2005 年，北京地区的地理—组织联合熵为 5.3025，相当于最大熵值 $\log_2(16\times9)=7.1699$ 的 73.95%（地理—组织联合熵占比，参见附录 1）；天津地区的地理—组织联合熵为 4.1645，相当于最大熵值 $\log_2(7\times9)=5.9773$ 的 69.67%；河北地区的地理—组织联合熵为 4.4764，相当于最大熵值 $\log_2(11\times9)=6.6294$ 的 67.52%。2013 年，北京地区地理—组织联合熵为 5.3025，地理—组织联合熵占比为 72.45%；天津地区地理—组织联合熵为 4.1734，地理—组织联合熵占比为 69.82%；河北地区地理—组织联合熵为 4.6898，地理—组织联合熵占比为 70.74%。京津冀区域间层面，2005 年地理—组织联合熵为 6.2349，相当于最大熵值 $\log_2(34\times9)=8.2574$ 的 75.51%，2013 年京津冀区域地理—组织联合熵为

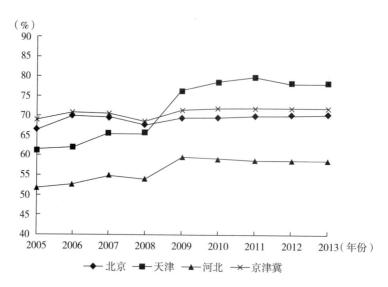

图 4-6　京津冀区域地理—技术熵占比［$H_{gt}/\max(H_{gt})$］分布

资料来源：本书计算结果。

6.0994，地理—组织联合熵占比为 73.87%。此外，2005~2013 年，京津冀各区域内及区域间地理—组织联合熵占比分布情况（见图 4-7）显示，北京相比天津和河北两地相比，地理—组织熵占比较高，且河北地区于 2008 年以后明显超过天津地区。因此可知，北京地区地理和组织联合水平最高，表明企业组织控制水平较高，且不同规模的企业分布于不同子区域之间；天津地区地理和组织联合水平最低，表明企业组织控制水平较低，企业规模与地理分布相关性较高。京津冀区域间地理—组织联合熵分布表明，不同规模的企业跨区域分布于三地区的各子区域内。

（6）技术—组织联合熵（H_{to}）。京津冀各区域内层面，2005 年，北京地区技术—组织联合熵为 3.9759，相当于最大熵值 $\log_2(3×9)=4.7549$ 的 83.62%（技术—组织联合熵占比，参见附录 1）；天津地区技术—组织联合熵为 3.1820，相当于最大熵值 $\log_2(3×9)=4.7549$ 的 66.92%；河北地区技术—组织联合熵为 2.2988，相当于最大熵值 $\log_2(3×9)=4.7549$ 的 48.35%。2013 年，北京地区技术—组织联合熵为 3.8522，技术—组织联合熵占比为 81.02%；天津地区技术—组织联合熵为 3.4557，技术—组织联合熵占比为 72.68%；河北地区技术—组织联合熵为 3.1616，技术—组织联合熵占比为 66.49%。京津冀区域间层面，2005 年京津冀区域技术—组织联合熵为 4.7971，相当于最大熵值 $\log_2(9×9)=6.3399$ 的 75.67%，2013 年京津冀区域技术—组织联合熵为 4.7511，技术—组织联合熵占比 74.94%。此外，2005~2013 年，京津冀各区域内及区域间技术—组织熵占比分布情况（见图 4-8）显示，北京地区与天津和河北相比，技

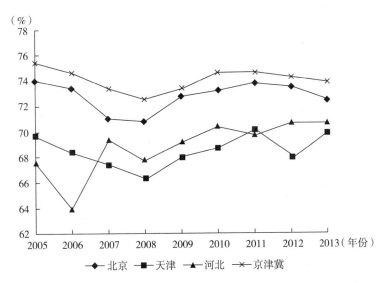

图 4-7 京津冀区域地理—组织熵占比［$H_{go} / max (H_{go})$］分布

资料来源：本书计算结果。

术—组织熵占比相对较高，河北地区相对较低但增速最快，三地差距逐渐缩小。因此，从数据结果可知，北京地区技术和组织专业化联合水平最高，表明企业知识利用水平高，而河北地区技术和组织专业化联合水平最低，即企业知识利用水平低。京津冀区域间企业规模和技术存在多样性，彼此之间跨区域交互存在较大的发展空间，这也为京津冀区域技术创新协同创造有利条件。

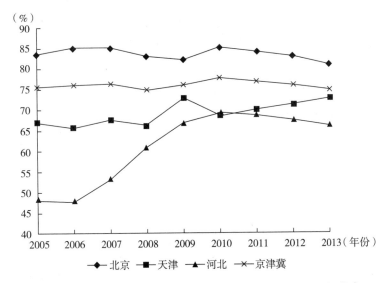

图 4-8 京津冀区域技术—组织熵占比［$H_{to} / max (H_{to})$］分布

资料来源：本书计算结果。

（7）地理—技术—组织联合熵（H_{gto}）。京津冀各区域内层面，2005年，北京地区地理—技术—组织联合熵值为5.2989，相当于最大熵值 $\log_2(16\times3\times9)=8.7549$ 的60.52%（地理—技术—组织联合熵占比，参见附录1）；天津地区地理—技术—组织联合熵值为3.5216，相当于最大熵值 $\log_2(7\times3\times9)=7.5622$ 的46.57%；河北地区地理—技术—组织联合熵值为3.5216，相当于最大熵值 $\log_2(11\times3\times9)=8.2143$ 的42.87%。2013年，北京地区地理—技术—组织联合熵值为5.8176，地理—技术—组织联合熵占比为66.45%；天津地区地理—技术—组织联合熵值为4.2099，地理—技术—组织联合熵占比55.67%；河北地区地理—技术—组织联合熵值为4.2545，地理—技术—组织联合熵占比为51.79%。京津冀区域间层面，2005年京津冀区域地理—技术—组织联合熵为5.9515，相当于最大熵值 $\log_2(34\times9\times3)=9.8424$ 的60.47%，2013年京津冀区域地理—技术—组织联合熵为6.4696，地理—技术—组织联合熵占比65.73%。此外，2005~2013年，京津冀各区域内及区域间地理—技术—组织熵占比分布情况（见图4-9）显示，北京地区远远超过天津和河北两地，但天津和河北两地波动性增速很快，由于北京企业数超过天津和河北两地数量总和，出现京津冀与北京地区的趋势线相似。此外，京津冀三地技术经济活动的交互水平与预期存在差距，尤其是天津和河北两地地理—技术—组织三螺旋交互发展有待进一步的提高。

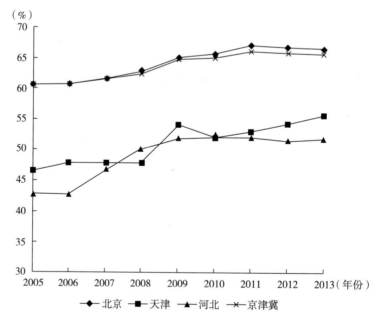

图4-9　京津冀区域地理—技术—组织熵占比 ［H_{gto}/max（H_{gto}）］ 分布

资料来源：本书计算结果。

由表 4-4 可知，2005~2013 年，京津冀子区域地理、技术和组织共信息分布，包括二维共信息（T_{gt}、T_{go}、T_{to}）和三维共信息（T_{gto}），以及协同效率（η_{gto}）、未利用能力（$R = H_{max} - H_s$）相对未利用能力（ν_{gto}）和传输能力（ζ_{gto}），从不同方面反映京津冀区域地理—技术—组织技术创新输入协同的概况。

表 4-4 京津冀区域地理、技术和组织共信息、协同效率、相对未利用能力及传输能力

区域	年份	T_{gt}	T_{go}	T_{to}	T_{gto}	H_{max}	η_{gto}	$R = H_{max} - H_s$	ν_{gto}	$\zeta_{gto} = \zeta_1$ ($= \zeta_2$)
北京	2005	0.7628	0.4701	0.2693	-0.4572	8.7549	0.6052	3.4560	0.3948	0.2333
	2006	0.5792	0.4344	0.1578	-0.7124	8.7549	0.6071	3.4401	0.3929	0.3782
	2007	0.4985	0.4973	0.1478	-0.5334	8.7549	0.6173	3.3504	0.3827	0.3181
	2008	0.4791	0.3810	0.2016	-0.3828	8.7549	0.6271	3.2646	0.3729	0.2650
	2009	0.4248	0.3444	0.2107	-0.3293	8.7549	0.6497	3.0667	0.3503	0.2515
	2010	0.4295	0.3273	0.0923	-0.4344	8.7549	0.6554	3.0167	0.3446	0.3385
	2011	0.4556	0.3051	0.0622	-0.3006	8.7549	0.6729	2.8639	0.3271	0.2675
	2012	0.4585	0.2756	0.0822	-0.3134	8.7549	0.6681	2.9058	0.3319	0.2775
	2013	0.4498	0.3026	0.1110	-0.2406	8.7549	0.6645	2.9373	0.3355	0.2179
天津	2005	0.9760	0.6539	1.1228	-0.1214	7.5622	0.4657	4.0406	0.5343	0.0423
	2006	0.9397	0.5399	0.9980	-0.1079	7.5622	0.4794	3.9372	0.5206	0.0417
	2007	0.8616	0.5494	0.7674	-0.3630	7.5622	0.4783	3.9454	0.5217	0.1428
	2008	0.7947	0.4417	0.7361	-0.3974	7.5622	0.4783	3.9454	0.5217	0.1677
	2009	0.5493	0.7175	0.5595	-0.4400	7.5622	0.5407	3.4735	0.4593	0.1941
	2010	0.3660	0.6810	0.8075	-0.5485	7.5622	0.5208	3.6235	0.4792	0.2283
	2011	0.3554	0.6170	0.7028	-0.6752	7.5622	0.5293	3.5593	0.4707	0.2873
	2012	0.4173	0.7294	0.6334	-0.4517	7.5622	0.5427	3.4583	0.4573	0.2024
	2013	0.4173	0.6378	0.5789	-0.5104	7.5622	0.5567	3.3524	0.4433	0.2380
河北	2005	1.3437	0.8027	0.7523	0.2781	8.2143	0.4287	4.6927	0.5713	0.0790
	2006	1.2237	0.9493	0.6995	0.3537	8.2143	0.4269	4.7074	0.5731	0.1009
	2007	1.0743	0.7355	0.5279	0.0662	8.2143	0.4690	4.3622	0.5310	0.0172
	2008	1.1374	0.9469	0.4441	0.3232	8.2143	0.5018	4.0924	0.4982	0.0784
	2009	1.0254	0.9132	0.3750	0.0210	8.2143	0.5176	3.9627	0.4824	0.0049

区域	年份	T_{gt}	T_{go}	T_{to}	T_{gto}	H_{max}	η_{gto}	$R=H_{max}-H_s$	ν_{gto}	$\zeta_{gto}=\zeta_1$ $(=\zeta_2)$
河北	2010	0.9740	0.8160	0.2146	−0.1654	8.2143	0.5254	3.8985	0.4746	0.0762
	2011	0.9804	0.8865	0.2521	−0.0838	8.2143	0.5213	3.9318	0.4787	0.0381
	2012	0.9804	0.7222	0.2096	−0.2405	8.2143	0.5157	3.9780	0.4843	0.1117
	2013	0.9804	0.6915	0.2291	−0.2048	8.2143	0.5179	3.9598	0.4821	0.0973
京津冀	2005	2.1630	1.8443	1.7324	1.0033	9.8424	0.6047	3.8908	0.3953	0.1686
	2006	1.9740	1.7655	1.5910	0.7751	9.8424	0.6067	3.8715	0.3933	0.1298
	2007	1.8355	1.7601	1.4725	0.7947	9.8424	0.6164	3.7758	0.3836	0.1310
	2008	1.7458	1.6297	1.4287	0.8757	9.8424	0.6239	3.7020	0.3761	0.1426
	2009	1.6638	1.6571	1.4019	0.9063	9.8424	0.6477	3.4677	0.3523	0.1422
	2010	1.6362	1.5893	1.3376	0.7337	9.8424	0.6503	3.4416	0.3497	0.1146
	2011	1.6179	1.5400	1.2688	0.8165	9.8424	0.6622	3.3250	0.3378	0.1253
	2012	1.6227	1.5181	1.2586	0.8075	9.8424	0.6585	3.3611	0.3415	0.1246
	2013	1.6187	1.5011	1.2863	0.8534	9.8424	0.6573	3.3727	0.3427	0.1319

注：T_{gt}、T_{go}、T_{to}分别表示地理—技术、地理—组织和技术—组织共信息，T_{gto}表示地理—技术—组织共信息，η_{gto}表示协同效率，R表示协同未利用能力（$R=H_{max}-H_s$），ν_{gto}表示协同相对未利用能力，ζ_{gto}表示协同传输能力。

资料来源：本书计算结果。

（8）地理—技术共信息（T_{gt}）。京津冀各区域内层面，2005年北京、天津和河北地理—技术共信息值分别为0.7628、0.9760、1.3437；2013年北京、天津和河北地理—技术共信息值分别为0.4498、0.4173、0.9804。京津冀区域间层面，2005年京津冀地理—技术共信息值最高为2.1630，2011年京津冀地理—技术共信息值最低为1.6179。由图4-10及统计结果分析可知，京津冀各区域内的地理—技术共信息值及发展趋势显示北京地区共信息值较低，表示多样化产业结构，企业预期偏向接近大城市，北京作为首都城市，为各区域内企业发展创造技术创新条件；河北地区共信息值较高，表示更专业的产业，技术产业结构单一。2005~2013年，京津冀地理—技术共信息值随时间呈下降趋势，这表明京津冀区域间技术产业结构由单一化向多样化发展，技术经济活动在技术方面地理集聚。

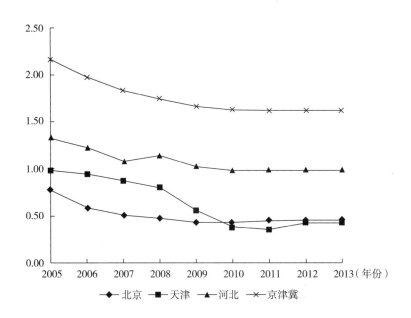

图 4-10 京津冀区域地理—技术共信息分布

资料来源：本书计算结果。

（9）地理—组织共信息（T_{go}）。京津冀各区域内层面，2005 年北京、天津和河北地理—组织共信息值分别为 0.4701、0.6539、0.8027；2013 年北京、天津和河北地区地理—组织共信息值分别为 0.3026、0.6378、0.6915。京津冀区域间层面，2005 年京津冀地理—组织共信息值为 1.8443，其值为最高，2013 年京津冀地理—组织共信息值为 1.5011，其值为最低。依据图 4-11 及统计分析结果可知，京津冀各区域内，北京地区共信息值最低，表明所有组织结构规模控制水平高；河北地区共信息值最高，表明组织规模地理偏态分布。京津冀区域间地理—技术共信息值随时间整体呈下降趋势，这表明不同组织结构规模的控制水平由低向高发展，技术经济活动在组织方面的地理集聚。

（10）技术—组织共信息（T_{to}）。京津冀各区域内层面，2005 年，北京、天津和河北技术—组织共信息值分别为 0.2693、1.1228、0.7523；2013 年，北京、天津和河北地区技术—组织共信息值分别为 0.1110、0.5789、0.2291。京津冀区域间层面，2005 年京津冀技术—组织共信息值为 1.7324，其值为最高，2013 年京津冀技术—组织共信息值为 1.2863，其值为最低。依据图 4-12 及统计分析结果可知，京津冀各区域内，北京地区共信息值最低，表明各区域内趋向低成熟的技术经济结构；天津地区共信息值最高，表明各区域内趋向相对过于成熟的技术经济结构。天津区域内小型企业数量较

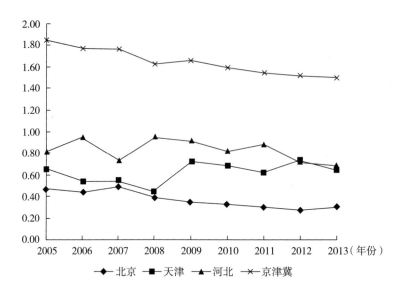

图 4-11   京津冀区域地理—组织共信息分布

资料来源：本书计算结果。

低。企业动态在各区域内已经改变了，因为区域经济测量有不同补贴和税款减免。天津子区域需要一个相对较大的公共组织（或政府资助的企事业单位）。京津冀区域间技术—组织共信息值随时间基本呈下降趋势，这表明京津冀区域间技术经济结构依然欠成熟。

（11）地理—技术—组织共信息（T_{gto}）。京津冀各区域内层面，2005 年，北京、天津和河北地区地理—技术—组织共信息值分别为-0.4572、-0.1214、0.2781。可见，三地的地理—技术—组织共信息值北京和天津是负值，河北地区则是正值（2005~2009 年均为正值），这表明河北地区整体不确定性较高，与期望相差较大，而北京和天津两地创新劳动力分工强度和生产力较高，两地相比，天津地区的创新期望组织拥有更多的创新资源。2013 年，北京、天津和河北地区地理—技术—组织共信息值分别为-0.2406、-0.5104、-0.2048。可见，三地的地理—技术—组织共信息值均为负值，天津地区共信息值最低，而河北地区共信息值最高，这表明三地系统不确定性降低，其中，河北地区的创新预期组织具有更多的创新资源。京津冀区域间层面，2005 年京津冀地理—技术—组织共信息值为1.0033，其值为最高，2010 年京津冀地理—技术—组织共信息值为0.7337，其值为最低。依据图 4-13 及统计分析结果可知，京津冀各区域内三地发展趋势呈波动性发展，但各地的差距较大，河北地区在 2005~2009 年是正值，而 2010~2013 年是负值，北京和天津地区均是负值。2005~2013 年，京津冀区域间地理—技术—组织共信息值均为正值，但整体呈波动性下降趋势，这表明京津冀区域系统不确定性降低并不理想，未来的技术创新协同发展需要给予高度关注。

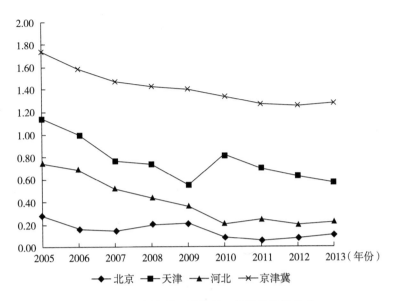

图 4-12　京津冀区域技术—组织共信息分布

资料来源：本书计算结果。

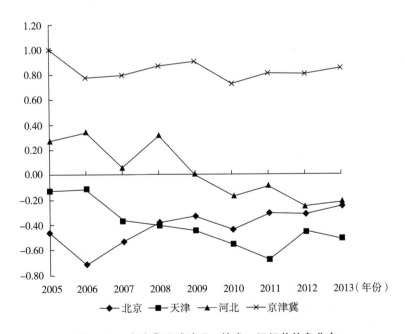

图 4-13　京津冀区域地理—技术—组织共信息分布

资料来源：本书计算结果。

（12）协同效率（η_{gto}）方面。京津冀各区域内层面，2005 年北京、天津和河北区域技术创新输入协同效率值分别为 0.6052、0.4657、0.4287；2013 年北京、天津和河北区域技术创新输入协同效率值分别为 0.6645、0.5567、0.5179。京津冀区域间层面，2005 年京津冀区域技术创新输入协同效率值为 0.6047，其值为最低，2011 年京津冀区域技术创新输入协同效率值为 0.6622，其值为最高。由图 4-14 及统计分析结果可知，从各区域效率值方面来看，北京和京津冀区域技术创新输入协同效率处于较高的水平，而天津和河北区域技术创新输入协同效率处于中等水平，其中京津冀各区域内最高的效率值为北京，最低的效率值为河北，这表明北京效率处于较高水平，天津和河北区域效率处于中等水平，北京、天津和河北三地区域效率呈渐增趋势。京津冀区域间曲线值与北京地区一致，表明北京在京津冀区域创新协同中发挥重要的作用，京津冀区域效率处于较高的水平，且呈逐渐递增趋势。

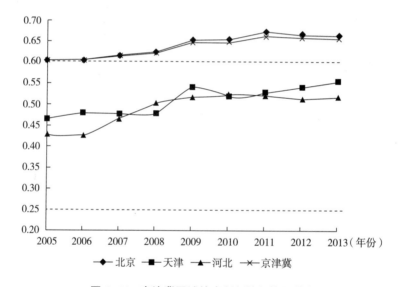

图 4-14　京津冀区域技术创新输入协同效率

资料来源：本书计算结果。

（13）协同相对未利用能力（ν_{gto}）方面。京津冀各区域内层面，2005 年北京、天津和河北区域技术创新输入协同相对未利用能力值分别为 0.3948、0.5343、0.5713；2013 年北京、天津和河北区域技术创新输入协同相对未利用能力值分别为 0.3355、0.4433、0.4821。京津冀区域间层面，2005 年京津冀区域技术创新输入协同相对未利用能力值为 0.3953，其值为最高，2013 年京津冀区域技术创新输入协同相对未利用能力值为 0.3378，其值为最低。由图 4-15 及统计分析结果可知，从各区域相对未利用能力值方面来看，京津冀区域技术创新输入协同相对未利用能力均处于中等水平，其中京津冀各区域内，北京地区相对未利用能力值最低，而河北地区相对未利用能力值最高；北京、天津和河北三地相对未利用能力均呈下降趋势，但三地相对未利用能力水平均处于中等水平。这表明北京地区相对天津和河北两地，它的未利用能力部分（或冗余）较低，而河北地区的有待发展空间更大。京津冀区域间未利用能力部分处于中等的水平，且呈逐渐递减的趋势，京津冀协同整体发展水平受北京地区主导。

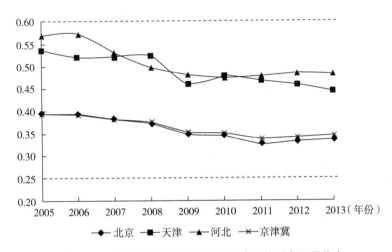

图 4-15　京津冀区域技术创新输入协同相对未利用能力

资料来源：本书计算结果。

（14）协同传输能力（ζ_{gto}）方面。京津冀各区域内层面，2005 年北京、天津和河北区域技术创新输入协同传输能力值分别为 0.2333、0.0423、0.0790，北京和河北区域技术创新输入协同传输能力水平较弱，而天津地区技术创新输入协同传输能力水平微不足道；2013 年北京、天津和河北区域技术创新输入协同传输能力值分别为 0.2179、0.2380、0.0973，三地区技术创新输入协同传输能力水平较弱。京津冀区域间层面，2005 年京津冀区域技术创新输入协同传输能力值为 0.1686，其值最高，2010 年京津冀区域技术创新输入协同传输能力值为 0.1146，这表明京津冀区域技术创新输入协同传输能力水平较弱。由图 4-16 及统计分析结果可知，京津冀区域技术创新输入协同传输能力发展差距较大，京津冀各区域内，北京地区技术创新输入协同传输能力呈波动性下降趋势，而天津和河北区域技术创新输入协同传输能力呈波动性上升趋势。京津冀区域间技术创新输入协同传输能力基本呈下降趋势，但波动性不大。因此，北京地区技术创新基础相对于其他区域较好，而河北地区的技术创新基础较为薄弱，天津地区的技术创新基础水平稳步提高，三地在未来的协同发展模式中，需要进一步分析各地的资源优势。

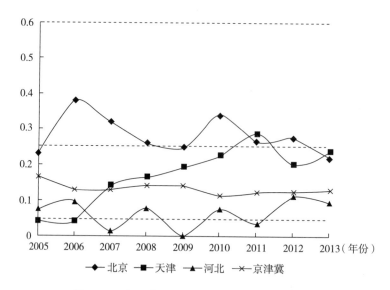

图4-16　京津冀区域技术创新输入协同传输能力

资料来源：本书计算结果。

三、测评结果进一步分析

在科学的文献中，将所定义的未利用能力的总量（quantity）称为冗余（redundancy），相对未利用能力称为相对冗余（Cover & Thomas, 2006; Mori, 2006; Yeung, 2001, 2008）。Leydesdorff（2010）、Leydesdorff 和 Ivanova（2013）将冗余描述为没有得到利用能力的部分；此外，他们认为这个定义可能似乎是反直观的（counterintuitive），因为冗余直觉地与重叠的信息相联系。文中认为，协同拥有的生产信息可以达到最大值（H_{max}）的能力，但在现实中并非尽善尽美，仅达到 H_s。Leydesdorff 和 Ivanova（2013）认为，冗余 $R = H_{max} - H_s$ 等于绝对规模中的传输。研究中为了进行对比分析，采用相对未利用能力进行分析，相对未利用能力是指协同中没有被应用于信息生产能力的部分。传输能力测量共信息的效率，表明信息流动或发挥在协同内部的控制的程度。

知识经济网络层面相互影响的指标提供了不确定性降低的定量分析，不确定性降低是构型的，地理、技术和组织三个主要维度测量创新协同共信息。技术创新不仅依赖于内部生产水平，也与外部环境相联系。地理经济演化的复杂性需要考虑当地协同的外部力量的作用（Martin & Sunley，2007）。值得注意的是，三螺旋指标是测量经济结构水平方面的协同，而不是知识创造或经济输出。产业结构、地理分布和技术能力协同对创新协同强度很关键，地理、技术和组织的三螺旋作为知识经济基础，对京津冀区域技术创新有显著影响。

通过地理—技术—组织三维度指标，分析京津冀技术创新三螺旋系统协同，反直观的结果为其测量提供一个衡量标准（Lengyel & Leydesdorff，2011），为京津冀区域技术创新协同测量的操作化和精度提供基础。研究发现，不同区域具有不同的发展模式。北京地区在促进京津冀知识经济协同发展过程中发挥关键作用，北京地区作为我国的首都，有着其他地区无可比拟的优势，各区域内技术经济活动较为集中，企业知识利用水平相对较高且技术经济多样性，技术型企业专业化水平相对较高，以知识密集型服务业为主，高技术制造业和中高技术制造业发展水平也在全国处于领先水平。各区域内重点大学及数量的优势为其技术创新提供发展基础，进一步促使不同的知识经济功能存在跨区域差异。相比而言，天津地区产业结构多样化，但企业组织控制水平较低，河北地区经济活动较为分散，技术水平相对较低且产业结构单一，企业知识利用水平低。尽管京津冀三地创新协同效率处于中等及以上的水平，北京地区技术利用能力较高，但河北地区技术利用能力相对较低，这也表明河北地区更急需技术引进。

京津冀区域间企业技术多样化，不同规模的企业跨区域分布于三地各子区域内，但技术经济活动交互水平低。然而，产业结构逐渐由单一的向多样化方式转变，京津冀区域间创新协同效率处于较高的水平，但未来区域协同中技术利用能力可以进一步提高，整体上京津冀区域技术创新协同水平相对较低。

从京津冀各区域内与区域间两者比较可知，京津冀区域间技术创新协同水平及能力高于各区域内的技术创新协同水平。基于资源基础观，区域技术创新发展受到资源限制，欠发达地区预期加强他们的知识基础设施，试图吸引高技术制造业和知识密集型服务业，如中技术制造业需要关注可维持的吸收能力，以便知识和技术的发展能适应特定环境。京津冀区域技术水平较低，但各地区技术分布存在差距，这也为京津冀区域间未来技术创新协同发展奠定了基础，从而创造更大的发展空间。因此，京津冀区域间技术创新协同可以利用优势互补的方式，各区域的协同可以扬长避短，充分利用自身的优势。此外，京津冀各区域内与区域间技术创新协同两者并非完全独立，两者彼此交互发展共同发挥作用。

第二节　京津冀区域技术创新过程协同度测评

一、技术创新过程协同指标及数据选取

（一）技术创新过程协同指标选取

从创新过程协同视角考虑，区域技术创新过程协同度测评可以首先构建测评指标体系，参考《世界竞争力年鉴》《全球竞争力报告》《全球创新指数》《创新型联盟指数》《欧洲创新记分牌》《国家创新指数》和《中国区域创新能力报告》等相关报告，由于这些报告在区域创新相关测评中占有较为重要的地位，被学术界给予充分的肯定，因此，可以借鉴报告中的相关理论，构建本书的区域技术创新过程协同度测评指标体系，具体可分为：区域技术创新驱动力、区域技术知识获取、区域企业技术创新和区域技术创新绩效等维度（见表4-5）。

表4-5　区域技术创新过程协同度研究的序参量选择

系统	子系统	序参量	数据来源
区域技术创新系统	区域技术创新驱动力 S_1	互联网上网人数/万人（e_{11}）	《中国统计年鉴》
		互联网上网人数增长率/%（e_{12}）	根据数据计算
		高等学校普通毕（结）业生数（大专及以上）/人（e_{13}）	《中国统计年鉴》
		研究与实验发展（R&D）经费内部支出/万元（e_{14}）	《中国科技统计年鉴》
		研究与实验发展（R&D）经费输入强度/%（e_{15}）	根据数据计算
		R&D活动人员折合全时当量/人年（e_{16}）	《中国高技术产业统计年鉴》
		星火计划落实资金/万元（e_{17}）	《中国科技统计年鉴》
		星火计划项目平均落实资金/（万元/项）（e_{18}）	根据数据计算
		火炬计划落实资金/万元（e_{19}）	《中国科技统计年鉴》
		火炬计划项目平均落实资金/（万元/项）（e_{110}）	根据数据计算

续表

系统	子系统	序参量	数据来源
区域技术创新系统	区域技术知识获取 S_2	技术市场交易金额（按流向）/万元（e_{21}）	《中国科技统计年鉴》
		技术市场企业平均交易额（按流向）/（万元/项）（e_{22}）	根据数据计算
		技术市场交易金额的增长率（按流向）/%（e_{23}）	根据数据计算
		大中型工业企业购买国内技术经费支出/万元（e_{24}）	《中国科技统计年鉴》
		大中型工业企业引进技术经费支出/万元（e_{25}）	《中国科技统计年鉴》
		研究开发机构 R&D 经费内部支出额中来自企业资金/万元（e_{26}）	《中国科技统计年鉴》
		研究开发机构 R&D 经费内部支出额中来自企业资金比例/%（e_{27}）	根据数据计算
		高等学校 R&D 经费内部支出额中来自政府的资金比重/万元（e_{28}）	根据数据计算
		高等学校 R&D 经费内部支出额中来自企业的资金比重/万元（e_{29}）	根据数据计算
	区域企业技术创新 S_3	高技术企业数/个（e_{31}）	《中国高技术产业统计年鉴》
		高技术企业数占企业数比重/%（e_{32}）	根据数据计算
		大中型工业企业研发机构数/个（e_{33}）	《中国科技统计年鉴》
		大中型工业企业 R&D 经费内部支出总额/亿元（e_{34}）	《中国科技统计年鉴》
		大中型工业企业技术改造经费支出/万元（e_{35}）	《中国科技统计年鉴》
		大中型工业企业新产品开发经费支出/万元（e_{36}）	《中国科技统计年鉴》
		大中型工业企业新产品销售收入/万元（e_{37}）	《中国科技统计年鉴》
		实用新型专利申请数/件（e_{38}）	《中国科技统计年鉴》
		外观设计专利申请数/件（e_{39}）	《中国科技统计年鉴》
	区域技术创新绩效 S_4	研究与开发机构 R&D 课题/项（e_{41}）	《中国科技统计年鉴》
		国内专利申请受理数/件（e_{42}）	《中国科技统计年鉴》
		国外主要检索工具（SCI、EI）收录科技论文篇数/篇（e_{43}）	《中国科技统计年鉴》
		地区财政收入/亿元（e_{44}）	《中国统计年鉴》
		地区生产总值比上年增长/%（e_{45}）	各地区统计年鉴
		第三产业增加值/亿元（e_{46}）	《中国统计年鉴》
		第三产业增加值占地区生产总值的比重/%（e_{47}）	根据数据计算
		高技术产业产值/亿元（e_{48}）	《中国高技术产业统计年鉴》
		高技术产业利税/人（e_{49}）	《中国高技术产业统计年鉴》

资料来源：根据本书研究内容绘制。

由于当前对于区域技术创新过程协同度的实证研究还有待深入研究，且关于区域技术创新过程的分析未形成一致观点，对各子系统序参量选择造成一定困难。书中为了全面反映区域技术创新过程内各个子系统的属性，选择序参量的情况如下（见表4-5）。

（1）区域技术创新驱动力子系统的序参量。它主要表现为区域技术创新的发展动力形式，涉及区域技术创新内部创新资本及国家宏观政策等驱动力。本书主要将互联网上网人数/万人（e_{11}）、互联网上网人数增长率/%（e_{12}）、高等学校普通毕（结）业生数（大专及以上）/人（e_{13}）、研究与实验（R&D）经费内部支出/万元（e_{14}）、研究与实验发展（R&D）经费输入强度/%（e_{15}）、R&D活动人员折合全时当量/人年（e_{16}）、星火计划落实资金/万元（e_{17}）、星火计划项目平均落实资金/（万元/项）（e_{18}）、火炬计划落实资金/万元（e_{19}）和火炬计划项目平均落实资金/（万元/项）（e_{110}）等指标作为区域技术创新驱动力子系统的序参量。

（2）区域技术知识获取子系统的序参量。将知识作为区域技术创新的主要来源，而技术知识获取可以反映区域技术创新能力。本书主要选取技术市场交易金额（按流向）/万元（e_{21}）、技术市场企业平均交易额（按流向）/（万元/项）（e_{22}）、技术市场交易金额的增长率（按流向）/%（e_{23}）、大中型工业企业购买国内技术经费支出/万元（e_{24}）、大中型工业企业引进技术经费支出/万元（e_{25}）、研究开发机构R&D经费内部支出额中来自企业的资金/万元（e_{26}）、研究开发机构R&D经费内部支出额中来自企业的资金比例/%（e_{27}）、高等学校R&D经费内部支出额中来自政府的资金比重/万元（e_{28}）和高等学校R&D经费内部支出额中来自企业的资金比重/万元（e_{29}）等指标作为区域技术知识获取子系统的序参量。

（3）区域企业技术创新子系统的序参量。企业作为区域技术创新的关键创新主体，在区域创新中发挥重要的作用。本书主要选取高技术企业数/个（e_{31}）、高技术企业数占企业数比重/%（e_{32}）、大中型工业企业研发机构数/个（e_{33}）、大中型工业企业R&D经费内部支出总额/亿元（e_{34}）、大中型工业企业技术改造经费支出/万元（e_{35}）、大中型工业企业新产品开发经费支出/万元（e_{36}）、大中型工业企业新产品销售收入/万元（e_{37}）、实用新型专利申请数/件（e_{38}）和外观设计专利申请数/件（e_{39}）等指标作为区域企业技术创新子系统的序参量。

（4）区域技术创新绩效子系统的序参量。技术创新绩效作为对创新能力及状态结果的测评方式之一，可从另一面反映区域技术创新的水平。本书主要选取研究与开发机构R&D课题/项（e_{41}）、国内专利申请受理数/件（e_{42}）、国外主要检索工具（SCI、EI）收录科技论文篇数/篇（e_{43}）、地区财政收入/亿元（e_{44}）、地区生产总值比上年增长/%（e_{45}）、第三产业增加值/亿元（e_{46}）、第三产业增加值占地区生产总值的比重/%（e_{47}）、高技术产业产值/亿元（e_{48}）和高技术产业利税/人（e_{49}）等指标作为区域技术创新绩效子系统的序参量。

（二）数据选取

本书以《中国科技统计年鉴》《中国统计年鉴》和《中国高技术产业统计年鉴》等统计年鉴的数据为依据，经过对数据的处理，最终形成 2005~2013 年京津冀区域技术创新过程各子系统序参量的数值。

二、技术创新过程协同度测评结果

由于各序参量的观测标准不统一，为消除量纲之间数量级较大差异的影响，本书将原始数据通过标准化处理后代入式（3-28），得到区域技术创新驱动力子系统（s_1）、区域技术知识获取子系统（s_2）、区域企业技术创新子系统（s_3）和区域企业技术创新绩效子系统（s_4）等各子系统序参量的有序度（数据结果参见附录 2 至附录 5）。值得注意，书中序变量下限值和上限值分别取 2005~2013 年极小值和极大值的 110%。

将序变量有序度的数据代入式（3-29），得到京津冀区域技术创新过程各子系统的有序度，并以 2005 年的有序度为基准年，将各个子系统的有序度数据代入式(3-30)，从而得到京津冀区域技术创新过程协同度（C）（具体结果如表 4-6 所示）。

表 4-6　京津冀区域技术创新过程子系统有序度及系统协同度

地区	年份	s_1	s_2	s_3	s_4	C
北京	2005	0.1841	0.1445	0.1006	0.0780	0.0000
	2006	0.1737	0.1739	0.2179	0.2445	-0.0494
	2007	0.4982	0.1900	0.3282	0.4324	0.1843
	2008	0.2518	0.1459	0.3365	0.4353	0.0534
	2009	0.1324	0.4266	0.3260	0.3087	-0.1659
	2010	0.3305	0.3235	0.4124	0.3970	0.2260
	2011	0.4132	0.6359	0.4345	0.4249	0.3379
	2012	0.4428	0.4842	0.4950	0.4478	0.3365
	2013	0.3795	0.4321	0.4751	0.5258	0.3116

地区	年份	s_1	s_2	s_3	s_4	C
天津	2005	0.0989	0.1712	0.1160	0.0965	0.0000
	2006	0.1413	0.2935	0.2384	0.1804	0.0854
	2007	0.1577	0.3820	0.2965	0.2160	0.1279
	2008	0.3952	0.4260	0.3695	0.2284	0.2242
	2009	0.3477	0.3354	0.2568	0.1656	0.1412
	2010	0.2306	0.2466	0.4960	0.2592	0.1574
	2011	0.4624	0.2400	0.2524	0.4452	0.1857
	2012	0.5773	0.1891	0.4012	0.5628	0.1838
	2013	0.4770	0.1394	0.3701	0.5831	−0.1963
河北	2005	0.1063	0.1543	0.0461	0.1192	0.0000
	2006	0.1466	0.2019	0.0808	0.2175	0.0506
	2007	0.1277	0.3581	0.1494	0.3171	0.0972
	2008	0.3572	0.2093	0.2193	0.3109	0.1463
	2009	0.2851	0.2423	0.2891	0.2403	0.1467
	2010	0.5053	0.3086	0.3739	0.3919	0.2724
	2011	0.3830	0.3019	0.3163	0.4469	0.2453
	2012	0.4743	0.4773	0.6326	0.5244	0.4100
	2013	0.1809	0.4094	0.8799	0.5294	0.2841
京津冀	2005	0.1132	0.1422	0.0987	0.0723	0.0000
	2006	0.1251	0.2878	0.2121	0.2066	0.0691
	2007	0.2339	0.4475	0.3272	0.3335	0.2082
	2008	0.3679	0.4157	0.3948	0.3652	0.2651
	2009	0.2214	0.4231	0.3240	0.2076	0.1669
	2010	0.4518	0.3056	0.5351	0.3872	0.2683
	2011	0.3459	0.4343	0.4114	0.5030	0.2955
	2012	0.4836	0.4693	0.5318	0.6320	0.3971
	2013	0.2171	0.3487	0.5389	0.7652	0.2667

注：s_1、s_2、s_3、s_4分别表示区域技术创新驱动力、区域技术知识获取、区域企业技术创新和区域技术创新绩效四个子系统有序度。

资料来源：本书计算结果。

由表4-6可知，2005~2013年，区域技术创新驱动力子系统有序度、区域技术知识获取子系统有序度、区域企业技术创新子系统有序度和区域技术创新绩效子系统有序度呈现增长的趋势。这表明，随着全球市场竞争的加剧，京津冀各地区对技术创新越来越重视，通过区域技术创新驱动力、技术创新知识获取、企业技术创新和区域技术创新绩效方面，提高区域整体创新水平，从而确立京津冀区域的竞争优势。

三、测评结果进一步分析

从上面的测评结果可以发现，京津冀区域技术创新驱动力子系统、区域技术知识获取子系统、区域企业技术知识子系统和区域技术创新绩效子系统的有序度影响区域技术创新过程协同度的水平。因此，进一步分析四个子系统的有序度及技术创新过程协同度。

（一）京津冀区域技术创新驱动力子系统有序度呈现波动性趋势

在京津冀各区域内，2005年，北京、天津和河北区域技术创新驱动力子系统有序度值分别为0.1841、0.0989、0.1063；2013年，北京、天津和河北区域技术创新驱动力子系统有序度值分别为0.3795、0.4770、0.1809。在京津冀区域间，2005年京津冀区域间技术创新驱动力子系统有序度值为0.1132，2013年京津冀区域间技术创新驱动力子系统有序度值为0.2171。如图4-17所示，从总体上看，京津冀的区域技术创新驱动力子系统有序度波动性较大，但总体呈上升趋势。2008年，三地区域技术创新过程中的技术创新驱动力子系统波动性较大，由于受全球经济危机的影响，各区域有序度均呈现下降趋势。尤其是，北京市的技术创新驱动力子系统有序度曲线震荡明显。而后，技术创新驱动力子系统有序度有显著提升。除了2009~2011年，京津冀区域间与各区域内技术创新驱动力子系统有序度发展趋势相似。

从原始数据中发现，2012~2013年，京津冀区域技术创新驱动力子系统有序度均呈下降趋势。其中，随着网络的普及，互联网已成为社会所必需的一种技能，三地互联网上网人数增长率较上年明显下降。国家产业化计划项目落实资金大幅减少，河北省国家产业计划项目落实资金较上一年降低了61.48%（星火计划）和61.66%（火炬计划），政府对京津冀区域技术创新协同的促进作用得到充分体现。河北区域技术创新驱动力子系统的序参量明显低于京津两地的水平。例如，各地不断加大科技投入力度，但各地区研究与实验发展（R&D）经费投入强度差距较大，2005~2013年三地平均经

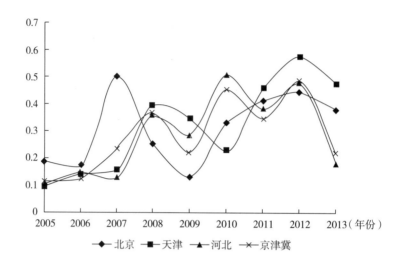

图 4-17 京津冀区域技术创新驱动力子系统有序度

资料来源：本书计算结果。

费投入强度分别为 5.6452%（北京）、2.4591%（天津）和 0.7618%（河北）。相对于研究与实验发展（R&D）经费内部支出，以 2013 年为例，河北省 R&D 经费支出仅为北京的 23.78%、天津的 65.84%，反映出河北区域技术创新投入水平较低，而 R&D 经费内部支出成为推动京津冀各区域技术创新的主要驱动力之一。

（二）京津冀区域技术知识获取子系统有序度发展差异较大

在京津冀各区域内，2005 年，北京、天津和河北区域技术知识获取子系统有序度值分别为 0.1445、0.1712、0.1543；2013 年，北京、天津和河北区域技术知识获取子系统有序度值分别为 0.4321、0.1394、0.4094。在京津冀区域间，2005 年京津冀区域间技术知识获取子系统有序度值为 0.1422，2013 年京津冀区域间技术知识获取子系统有序度值为 0.3487。如图 4-18 所示，京冀两地区域技术知识获取子系统有序度呈现波动上升趋势，2009~2012 年，北京区域技术知识获取子系统有序度高于河北地区，总体上升趋势明显快于河北；2012~2013 年，京津区域技术知识获取有序度相近。然而，天津区域技术知识获取子系统有序度出现不同的发展态势；2005~2008 年，技术知识获取子系统有序度呈上升趋势，2008~2013 年，技术知识获取子系统有序度呈下降趋势。整体上，京津冀区域间技术知识获取子系统有序度与天津和河北两地发展趋势相似，部分地区与北京地区发展存在差异。

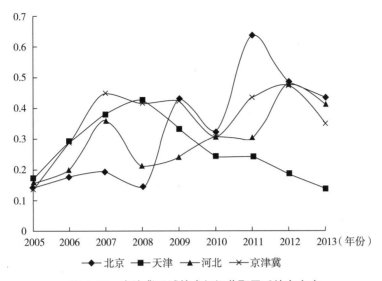

图 4-18　京津冀区域技术知识获取子系统有序度

资料来源：本书计算结果。

从原始数据中发现，2005～2013 年，京津冀三地技术市场交易金额年均值分别为 549200 万元、1216814 万元和 774807 万元，显然，北京地区技术市场较其他两地活跃。大中型工业企业购买国内技术经费支出方面，京冀两地的经费支出虽高于天津地区，但各区域内部经费支出却存在波动。大中型工业企业引进技术经费支出方面，2005～2008 年，天津区域企业技术引进经费支出分别是北京的 7.99 倍（2005 年）、11.89 倍（2006 年）、14.57 倍（2007 年）、11.53 倍（2008 年），河北的 132.2 倍（2005 年）、357.6 倍（2006 年）、583.7 倍（2007 年）、447.3 倍（2008 年）。这些反映了技术市场交易成为获取技术知识的一种快速有效手段，区域创新主体可以在交易中获得所需的技术及知识，但京津冀区域技术市场并不完善，无法充分满足各地创新主体的发展要求。企业对 R&D 机构和高等学校的资金支持均存在波动，特别是在 2008 年，受全球经济危机的影响，京冀两地企业对 R&D 机构的资金支持分别下降 49.81% 和 38.93%。随后，经过各创新主体的不断调整，在 2010 年，京津冀三个区域技术知识获取子系统有序度差异达到最小。这些反映出京津冀区域技术创新协同发展的市场环境不稳定，创新机制有待进一步完善，需要通过政府的调节作用，进一步促进企业成为区域创新的主体，力求创新引领产业竞争力，带动产业甚至是整体区域的协同发展。

（三）京津冀区域企业技术创新子系统有序度呈波动趋势，但总体发展缓慢

在京津冀各区域内，2005 年，北京、天津和河北区域企业技术创新子系统有序度值分别为 0.1006、0.1160、0.0461；2013 年，北京、天津和河北区域企业技术创新子系统有序度值分别为 0.4751、0.3701、0.8799。在京津冀区域间，2005 年京津冀区域间企业技术创新子系统有序度值为 0.0987，2013 年京津冀区域间企业技术创新子系统有序度值为 0.5389。如图 4-19 所示，京津冀三个区域企业技术创新子系统有序度整体发展缓慢，除 2011~2013 年，河北地区企业技术创新子系统有序度发展快速上升，反映出河北地区企业技术创新发展潜力的空间巨大。整体上，京津冀区域间与各区域内企业技术创新子系统有序度发展趋势相似，河北地区发展差距则较大。

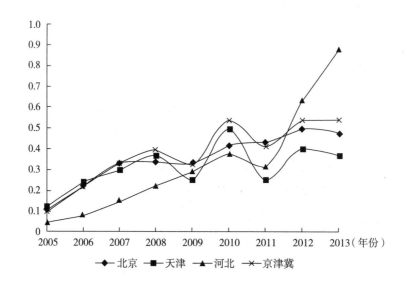

图 4-19　京津冀区域企业技术创新子系统有序度

资料来源：本书计算结果。

从原始数据中发现，高技术企业数、高技术企业数占企业数比重、大中型工业企业技术改造经费支出和大中型工业企业新产品销售收入均呈现波动性增长趋势。2009~2011 年，京津区域企业技术创新子系统有序度曲线于 2010 年出现极大值点。2010 年，京津地区高技术企业数达到最大（仅在 2005~2013 年），相对于 2011 年，京津地区高技术企业个数较上年增加率分别为-33.18% 和-39.17%。2011~2013 年，北京地区大中型企业技术改造经费支出较上一年增加率分别为 149.82%、-22.65% 和-31.45%；天津地区大中型企业技术改造经费支出较上一年增加率分别为-31.32%、-54.71% 和-83.80%；河北地区大中型企业技术改造经费支出较上一年增加率分别为-7.17%、38.60% 和 26.70%。2011~2013 年，北京地区大中型工业企业新产品销售收入较上一年增加率分别为-2.27%、-15.31% 和 24.79%；天津地区大中型工业企业新产品销售收入较上一年增加率分别为-12.23%、44.15%和59.63%；河北地区大中型工业企业新产品销售收入较上一年增加率分别为-0.49%、103.48%和28.83%。这一方面反映了企业技术创新子系统有序度依赖于对于企业技术的投入，另一方面也反映出企业可以通过新产品收入更好地从事进一步的技术创新活动。

（四）京津冀区域技术创新绩效子系统有序度整体呈上升趋势

在京津冀各区域内，2005年，北京、天津和河北区域技术创新绩效子系统有序度值分别为0.0780、0.0965、0.1192；2013年，北京、天津和河北区域技术创新绩效子系统有序度值分别为0.5258、0.5831、0.5294。在京津冀区域间，2005年京津冀区域间区域技术创新绩效子系统有序度值为0.0723；2013年京津冀区域间区域技术创新绩效子系统有序度值为0.7652。如图4-20所示，京津冀三个区域技术创新绩效子系统有序度发展趋势基本一致，除2008~2009年下降之外，均呈上升趋势。全球金融危机的冲击是造成此态势的一个重要原因，而2009~2013年，京津冀区域通过调整各自区域的发展及对危机的应对策略，三地区域技术创新绩效子系统有序度发展快速，尤其是天津地区。京津冀区域协同创新发展战略为三地的发展提供了机会，尤其为天津和河北两地带来巨大的发展及利益。京津冀区域间与各区域内技术创新绩效子系统有序度发展态势一致，2010~2013年，京津冀区域间上升速度超过各区域内的发展趋势。

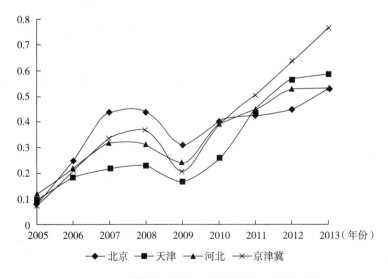

图4-20　京津冀区域技术创新绩效子系统有序度

资料来源：本书计算结果。

从原始数据中发现,2009~2013 年,研究与开发机构 R&D 课题、地区财政收入、第三产业增加值、高技术产业增加值和高技术产业利税呈波动性增长趋势,产业技术水平大幅提高,但各项指标的增长率却明显不同。以 2012 年为例,京津冀区域研究与开发机构 R&D 课题较上年增长率分别为 12.84%、19.79%和 15.99%;京津冀地区财政收入较上年增长率分别为 10.27%、20.95%和 19.94%;京津冀地区第三产业增加值较上年增长率分别为 10.57%、16.08%和 10.63%;京津冀地区高技术产业产值较上年增长率分别为 7.32%、30.75%和 15.66%;京津冀地区高技术产业利税较上年增长率分别为 2.59%、59.44%和 2.21%。天津地区技术创新产出增速较快,而北京地区的发展增速相对津冀两地区缓慢。这一方面反映出区域技术创新绩效可以从高技术产业和第三产业产值等衡量;另一方面,从宏观角度来看,企业和研发机构等创新主体的技术创新可以促进地区财政收入的增加,反过来又可以有更多的资本来增加对区域技术创新的投入,从而最终促进区域技术创新过程的协同发展。

(五) 京津冀区域技术创新过程协同度较低,且呈波动性发展趋势

在京津冀各区域内,2006 年,北京、天津和河北区域技术创新过程协同度值分别为-0.0494、0.0854、0.0506;2013 年,北京、天津和河北区域技术创新过程协同度值分别为 0.3116、-0.1963、0.2841。在京津冀区域间,2005 年京津冀区域技术创新过程协同度值为 0.0691,2013 年京津冀区域技术创新过程协同度值为 0.2667。京津冀区域技术创新过程协同度呈现波动性增长的趋势,即区域技术创新驱动力、区域技术知识获取、区域企业技术创新和区域技术创新绩效协同发展的总体上提高(见图 4-21)。2009~2011 年,北京区域技术创新过程协同度明显呈上升趋势,2012~2013 年增速缓慢。2006~2011 年,天津区域技术创新过程协同发展缓慢,2012~2013 年,天津区域技术创新过程协同发展波动性较大,且呈急速下降趋势。这主要是由于区域技术创新驱动力子系统、区域技术知识获取子系统、区域企业技术创新子系统和区域技术创新绩效子系统的有序度呈波动性提高,从而导致整个系统的协同度波动性提高。特别是天津区域技术知识获取子系统有序度急剧下降,其他子系统有序度虽然增加,但天津区域技术创新过程协同度下降。2006~2009 年,京津冀区域间技术创新过程协同发展趋势与天津和河北两地相似,2010~2013 年,京津冀区域间技术创新过程协同发展趋势与河北相似。整体上来看,京津冀区域间技术创新过程协同度略高于京津冀各区域内各地的协同度。这表明,京津冀各区域内及区域间技术创新过程协同发展的程度不高,未来还需要大力的鼓励与扶持。各区域内部技术创新过程协同度的提高并不仅是一两个因素的提高,而是系统整体之间的相互提升,促使京津冀区域技术创新过程协同发展,才能最终达成整个系统协同。

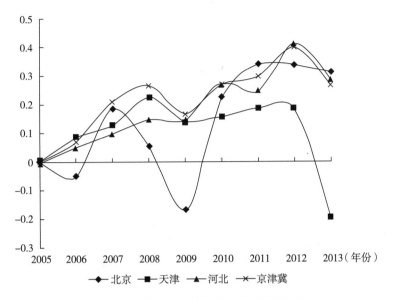

图4-21 京津冀区域技术创新过程协同度

资料来源:本书计算结果。

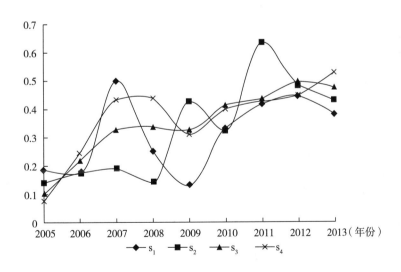

图4-22 北京区域技术创新过程子系统有序度

注:s_1、s_2、s_3、s_4分别表示区域技术创新驱动力、区域技术知识获取、区域企业技术创新和区域技术创新绩效四个子系统有序度。

资料来源:本书计算结果。

从京津冀区域技术创新过程各子系统的发展来看，各区域技术创新过程协同度受四个子系统发展的一致性影响。从图 4-22 中可知，北京区域技术创新过程各子系统有序度发展态势存在差距，2005~2007 年和 2009~2013 年，区域技术创新驱动力、区域技术知识获取、区域企业技术创新和区域技术创新绩效四大子系统有序度发展趋势相近，而且比较接近，使得北京区域技术创新过程协同度逐渐提高。而 2007~2009 年，四个子系统有序度的发展趋势差异较大，因此致使北京区域技术创新过程协同度呈下降趋势。整体上来看，四个子系统有序度的发展差异致使北京区域企业技术创新过程协同度波动性较大。

从图 4-23 中可知，天津区域技术创新过程各子系统有序度发展态势局部存在差异，2005~2013 年，区域技术创新驱动力子系统、区域技术知识获取子系统、区域企业技术创新子系统和区域技术创新绩效子系统有序度波动水平较高，其中，区域技术创新驱动力子系统和区域技术创新绩效子系统有序度发展非常相似且呈上升趋势，区域技术知识获取子系统有序度呈先上升后下降的趋势，区域企业技术创新子系统有序度波动性较大，但总体上升水平不高。然而，2005~2011 年，各子系统有序度发展整体一致性较强，促使天津区域技术创新过程协同度呈平稳的趋势。2012~2013 年，四个子系统有序度的发展趋势差异较大，特别是区域技术知识获取子系统的发展趋势，因此，致使天津区域技术创新过程协同度呈集聚下降趋势。

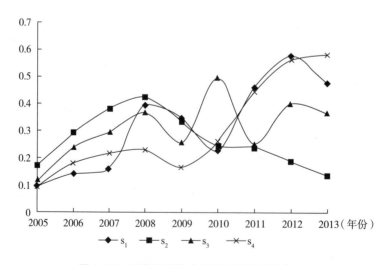

图 4-23　天津区域技术创新过程子系统有序度

注：s_1、s_2、s_3、s_4 分别表示区域技术创新驱动力、区域技术知识获取、区域企业技术创新和区域技术创新绩效四个子系统有序度。

资料来源：本书计算结果。

从图4-24中可知，河北区域技术创新过程各子系统有序度发展态势基本一致，2005~2013年，区域技术创新驱动力子系统、区域技术知识获取子系统、区域企业技术创新子系统和区域技术创新绩效子系统有序度呈波动缓慢上升趋势。其中，除2012~2013年，各子系统有序度的发展趋势差异均较小，特别是区域技术知识获取子系统和区域企业技术创新子系统有序度发展趋势更为相似，且一致性强，因此，致使河北区域技术创新过程协同度呈平稳上升趋势。

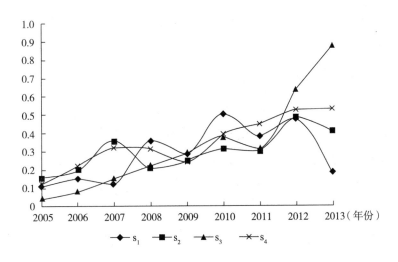

图4-24 河北区域技术创新过程子系统有序度

注：s_1、s_2、s_3、s_4分别表示区域技术创新驱动力、区域技术知识获取、区域企业技术创新和区域技术创新绩效四个子系统有序度。

资料来源：本书计算结果。

京津冀区域间技术创新过程各子系统有序度发展态势，如图4-25所示，2005~2009年，四个子系统有序度的发展趋势一致，2009~2010年，除区域技术知识获取子系统之外，区域技术创新驱动力子系统、区域企业技术创新子系统和区域技术创新绩效子系统有序度发展趋势一致，2011~2013年，区域技术创新驱动力子系统、区域技术知识获取子系统和区域企业技术创新子系统发展趋势一致，然而，2009年之后，区域技术创新绩效子系统有序度增速较快，与其他三个子系统有序度发展差距越来越大。因此，致使京津冀区域间技术创新过程协同度呈波动性上升趋势。

综上所述可知，京津冀各区域内与区域间的技术创新过程协同发展存在差距。各区域内部子系统水平较高可以对区域协同产生影响，但并非最终决定区域协同的水平，区域协同水平最终是受到四个子系统综合的影响，即区域技术创新驱动力子系统、区

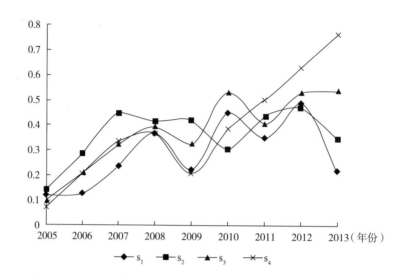

图 4-25　京津冀区域技术创新过程子系统有序度

注：s_1、s_2、s_3、s_4 分别表示区域技术创新驱动力、区域技术知识获取、区域企业技术创新和区域技术创新绩效四个子系统有序度。

资料来源：本书计算结果。

域技术知识获取子系统、区域企业技术创新子系统和区域技术创新绩效子系统有序度影响技术创新过程协同度。总体上看，创新系统的发展过程中，京津冀区域间技术创新过程协同度略高于京津冀各区域内各地的协同度，因此，京津冀区域间的子系统发展水平相对于各区域内而言，处于相对较高的水平。

第三节　京津冀区域技术创新输出协同度测评

一、技术创新输出样本数据采集整理及分布概况

（一）样本数据采集整理

依据专利权人（申请人）性质，在数据检索时关注企业、大学、机构团体、其他

几种类型（庄涛、吴洪，2013）。首先对国家知识产权局 SIPO 数据库进行检索，然后进行人工分类，具体检索分类原则如下（温芳芳，2012）：

（1）若申请人机构名称中包含"公司""企业""厂""集团"等字段，则将其判定为企业（或产业）；

（2）若申请人机构名称中包含"大学""学院""学校"等字段，则将其判定为大学（或大专院校）；

（3）若申请人机构名称中包含"部""委"等字段，则将其判定为政府；

（4）若同个申请人机构名称中同时含有企业（或公司、集团和厂）和大学（或学院和学校）等字段，则将该类判定为校办企业，在此将其归为企业；

（5）若两个及以上的申请人机构名称中同时含有企业（或公司、集团和厂）和大学（或学院和学校）等字段，则将该类判定为企业与大学共同合作完成；

（6）若两个及以上的申请人机构名称中同时含有企业（或公司、集团和厂）和部（或委）等字段，则将该类判定为企业与政府（机关团体）共同合作完成；

（7）若两个及以上的申请人机构名称中同时含有大学（或学院和学校）和部（或委）等字段，则将该类判定为大学与政府（机关团体）共同合作完成；

（8）除上述企业、大学和政府等主体之外，还涉及医院和部队等，将其归类为政府（或机关团体）。

本书选取 2005~2013 年北京、天津和河北三地 390881 条专利数据作为统计对象。采用数理统计分析方法，从大学、企业和政府等主体协同研究等方面对京津冀三地专利协同情况进行统计分析，主要从技术创新输出方面研究 2005~2013 年京津冀区域创新输出协同的特征与规律。

（二）技术创新输出分布概况

随着国家对科技及创新的重视，以及中国发展战略的转变，各地区专利申请量不断增加。专利为技术发展和创新活动提供了重要的信息源，区域技术创新能力得到极大的提高。作为专利申请量迅速增长的关键创新主体，企业、大学和政府发挥了重要的作用。表 4-7、图 4-26、图 4-27 和图 4-28 报告了 2005~2013 年京津冀区域不同主体的专利研究分布情况。

表 4-7　京津冀区域大学、企业和政府专利所占比例　　　　单位：%

年份	北京			天津			河北		
	大学	企业	政府	大学	企业	政府	大学	企业	政府
2005	30.01	68.51	1.48	21.04	78.62	0.34	27.42	68.67	3.92
2006	28.14	70.77	1.09	21.50	77.87	0.63	30.58	68.21	1.21
2007	29.79	69.08	1.13	21.74	77.32	0.95	33.60	65.13	1.27
2008	23.04	75.68	1.28	21.67	77.29	1.04	28.11	70.32	1.58
2009	28.10	70.32	1.58	31.48	67.35	1.17	25.80	72.01	2.18
2010	30.04	68.50	1.47	28.29	70.77	0.94	22.42	76.36	1.22
2011	27.24	70.82	1.94	26.95	71.78	1.27	22.44	75.96	1.60
2012	25.11	73.33	1.56	24.49	73.83	1.68	19.88	78.17	1.95
2013	13.85	84.75	1.39	10.36	88.20	1.44	15.69	82.47	1.84

资料来源：本书计算结果。

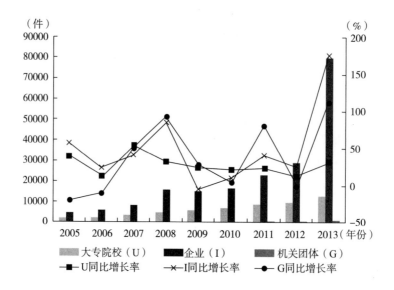

图 4-26　北京地区大学、企业和机关团体专利数及同比增长率

资料来源：本书计算结果。

　　从北京、天津和河北三个区域分布来看：①北京区域。2005 年，企业作为专利申请主体的专利申请量为 4911 件，到 2013 年已增加到 79698 件，年均增长 50.11%；①

----

　　①　本节增长率计算采用几何平均。

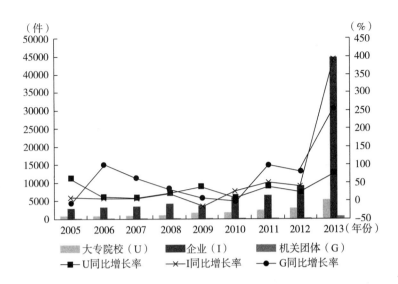

图 4-27 天津地区大学、企业和机关团体专利数及同比增长率

资料来源：本书计算结果。

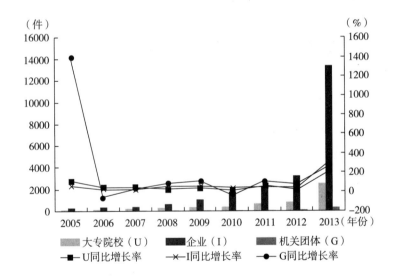

图 4-28 河北地区大学、企业和机关团体专利数及同比增长率

资料来源：本书计算结果。

2005 年，大学作为专利申请主体的专利申请量为 2151 件，到 2013 年已增加到 13028 件，年均增长 27.33%；2005 年，政府作为专利申请主体的专利申请量为 106 件，到 2013 年已增加到 1308 件，年均增长 36.33%。②天津区域，企业作为专利申请主体的专利申请量为 3008 件，到 2013 年已增加到 44746 件，年均增长 59.33%；大学作为专利申请主体的专利申请量为 805 件，到 2013 年已增加到 5255 件，年均增长 31.78%；政府作为专利申请主体的专利申请量为 13 件，到 2013 年已增加到 731 件，年均增长 69.33%。③河北区域，企业作为专利申请主体的专利申请量为 263 件，到 2013 年已增加到 13380 件，年均增长 76.56%；大学作为专利申请主体的专利申请量为 105 件，到 2013 年已增加到 2546 件，年均增长 62.56%；政府作为专利申请主体的专利申请量为 15 件，到 2013 年已增加到 299 件，年均增长 221.56%。通过三地数据可知，2005~2013 年，京津冀三地专利申请量均得到较大幅度的提高，北京地区的专利申请量远远超过天津和河北两地，区域技术创新活动依时间向北京地区集聚趋势仍然非常明显。

从主体总量上来看，大学、企业和政府作为专利申请的主体，2005 年，北京、天津和河北地区各创新主体的专利申请量之比分别为 20.29∶46.33∶1.00、61.92∶231.38∶1.00 和 7∶17.53∶1.00，各主体具体比例为（30.01%、68.51%、1.48%）、（21.04%、78.62%、0.34%）和（27.42%、68.67%、3.92%）（见表 4-7）；2013 年，北京、天津和河北地区各创新主体的专利申请量之比分别为 9.96∶60.93∶1.00、7.19∶61.21∶1.00 和 8.52∶44.75∶1.00，各主体具体比例为（13.85%、84.75%、1.39%）、（10.36%、88.20%、1.44%）和（15.69%、82.47%、1.84%）。可见，2005~2013 年，大学、企业和政府作为京津冀三地专利研究的主体，企业的主导作用尤为突出，政府的作用相对较小。

依据表 4-8，从区域主体协同分布来看，大学—企业协同研究方面，2005 年，北京、天津和河北地区专利申请量分别为 706 件、62 件和 7 件，2013 年，北京、天津和河北地区专利申请量分别为 2248 件、156 件和 67 件；大学—政府协同研究方面，2005 年，北京、天津和河北地区专利申请量分别为 4 件、1 件和 0 件，2013 年，北京、天津和河北地区专利申请量分别为 67 件、10 件和 2 件；企业—政府协同研究方面，2005 年，北京、天津和河北地区专利申请量分别为 22 件、0 件和 3 件，2013 年，北京、天津和河北地区专利申请量分别为 155 件、6 件和 0 件；大学—企业—政府协同研究方面，2005 年，北京、天津和河北地区三地专利申请量均为 0 件，2013 年，北京、天津和河北地区专利申请量分别为 4 件、1 件和 1 件。由此可知，2005~2013 年，京津冀区域专利研究协同分布主要集中于大学—企业协同研究，其中，京津冀三地专利申请量基本上呈逐年上升趋势，且北京地区专利申请量远远超过其他两地。其次是企业—政府协同研究和大学—政府协同研究，而大学—企业—政府协同研究基本不存在。

表4-8 京津冀区域大学、企业和政府专利研究协同分布数

年份	大学—企业				大学—政府				企业—政府				大学—企业—政府			
	北京	天津	河北	京津冀	北京	天津	河北	京津冀	北京	天津	河北	京津冀	北京	天津	河北	京津冀
2005	706	62	7	775	4	1	0	5	22	0	3	25	0	0	0	0
2006	1027	44	17	1088	4	0	0	4	17	5	0	22	0	0	0	0
2007	1236	62	11	1309	9	0	0	9	18	0	2	20	5	0	0	5
2008	1483	72	32	1587	8	0	0	8	218	10	0	228	2	0	0	2
2009	1696	176	68	1940	22	5	0	27	96	11	2	109	3	1	0	4
2010	1854	245	71	2170	16	9	0	25	127	5	0	132	2	0	0	2
2011	1990	239	92	2321	25	0	0	25	367	13	6	386	10	0	0	10
2012	2086	220	154	2460	30	3	3	36	154	40	6	200	16	4	0	20
2013	2248	255	156	2659	67	10	2	79	155	6	0	161	4	1	1	6

注：大学—企业，表示大学与企业之间研究协同；大学—政府，表示大学与政府之间研究协同；企业—政府，表示企业与政府之间研究协同；大学—企业—政府，表示大学、企业、政府之间研究协同。

资料来源：根据国家知识产权局SIPO数据库的检索结果整理所得。

二、技术创新输出协同度测评结果

在大学（U）、企业（I）和政府（G）三螺旋系统内，利用式（3-31）至式（3-37）得到一维的、二维的和三维的熵（具体结果如表4-9所示），利用式（3-41）至式（3-43）及式（3-45）得到二维的和三维的共信息，利用式（3-49）至式（3-51）得到技术系统效率、系统未利用能力和传输能力（具体结果如表4-10所示），衡量出双边和三边关系，即大学—企业（UI）、大学—政府（UG）、企业—政府（IG）和大学—企业—政府（UIG）关系，进而分析京津冀区域技术创新输出协同度。

表4-9　京津冀区域大学、企业和政府熵

区域	年份	H_u	H_i	H_g	H_{ui}	H_{ug}	H_{ig}	$H_s = H_{uig}$
北京	2005	0.9445	0.8638	0.1225	1.3303	1.0534	0.9704	1.3614
	2006	0.9410	0.8280	0.0929	1.3281	1.0238	0.9075	1.3501
	2007	0.9443	0.8569	0.0973	1.3146	1.0276	0.9405	1.3385
	2008	0.8540	0.7694	0.1518	1.1604	0.9930	0.9130	1.2387
	2009	0.9180	0.8480	0.1402	1.2719	1.0408	0.9717	1.3184
	2010	0.9333	0.8707	0.1364	1.2830	1.0541	0.9949	1.3315
	2011	0.8950	0.8451	0.1922	1.2300	1.0663	1.0247	1.3175
	2012	0.8667	0.8157	0.1388	1.1628	0.9897	0.9361	1.2062
	2013	0.6320	0.6079	0.1177	0.8277	0.7406	0.6930	0.8513
天津	2005	0.7660	0.7426	0.0344	0.8799	0.7969	0.7689	0.8828
	2006	0.7656	0.7578	0.0629	0.8787	0.8259	0.8114	0.8916
	2007	0.7748	0.7669	0.0763	0.9225	0.8475	0.8228	0.9225
	2008	0.7721	0.7669	0.0943	0.9233	0.8619	0.8456	0.9419
	2009	0.9224	0.8995	0.1090	1.1612	1.0163	0.9958	1.1921
	2010	0.8944	0.8580	0.0889	1.1314	0.9685	0.9314	1.1528
	2011	0.8660	0.8479	0.1048	1.0808	0.9639	0.9352	1.0953
	2012	0.8233	0.8212	0.1422	1.0305	0.9536	0.9421	1.0650
	2013	0.4946	0.5223	0.1103	0.6298	0.6008	0.5877	0.6338

区域	年份	H_u	H_i	H_g	H_{ui}	H_{ug}	H_{ig}	$H_s = H_{uig}$
河北	2005	0.8622	0.8877	0.2683	1.1732	1.1077	1.1143	1.2335
	2006	0.9137	0.8901	0.0917	1.1534	0.9986	0.9617	1.1534
	2007	0.9307	0.9264	0.1155	1.1177	1.0366	1.0318	1.1460
	2008	0.8867	0.8650	0.1140	1.1421	0.9926	0.9511	1.1421
	2009	0.8694	0.8373	0.1533	1.1841	1.0117	0.9441	1.1978
	2010	0.8151	0.7742	0.0925	1.0529	0.9026	0.8411	1.0529
	2011	0.8072	0.7825	0.1269	1.0488	0.9269	0.8668	1.0686
	2012	0.7746	0.7427	0.1465	1.0460	0.9164	0.8380	1.0675
	2013	0.6464	0.6663	0.1325	0.8258	0.7751	0.7509	0.8278
京津冀	2005	0.8992	0.8308	0.1030	1.2092	0.9969	0.9006	1.2337
	2006	0.9015	0.8115	0.0843	1.2208	0.9816	0.8690	1.2396
	2007	0.9142	0.8405	0.0931	1.2355	1.0037	0.9061	1.2545
	2008	0.8414	0.7727	0.1404	1.1237	0.9747	0.8484	1.1899
	2009	0.9166	0.8574	0.1355	1.2521	1.0457	0.9464	1.2945
	2010	0.9215	0.8636	0.1256	1.2459	1.0406	0.9451	1.2878
	2011	0.8847	0.8420	0.1723	1.1929	1.0474	0.9431	1.2641
	2012	0.8520	0.8121	0.1401	1.1303	0.9869	0.9018	1.1705
	2013	0.5942	0.5890	0.1170	0.7721	0.7095	0.6586	0.7880

注：H_u、H_i、H_g分别表示大学、企业和政府熵，H_{ui}、H_{ug}、H_{ig}分别表示大学—企业、大学—政府和企业—政府熵，H_{uig}表示大学—企业—政府熵，H_s表示大学—企业—政府真实熵（$H_s = H_{uig}$）。

资料来源：本书计算结果。

由表4-9可知，2005~2013年京津冀区域大学、企业和政府的不确定性分布，其中，一维熵（H_u、H_i、H_g）、二维熵（H_{ui}、H_{ug}、H_{ig}）和三维熵（H_{uig}）从不同方面反映京津冀区域大学—企业—政府创新分布的概况。大学—企业—政府三维度系统最大熵为$H_{max} = \log_2(7) = 2.8074$。

由测评结果及图4-29可知，北京区域内，2005年大学、企业和政府一维熵分别为0.9445、0.8638、0.1225，大学熵最高、政府熵最低；大学—企业、大学—政府和企业—政府二维熵分别为1.3303、1.0534、0.9704，大学—企业熵最高、企业—政府熵最低；大学—企业—政府三维熵为1.3614。2013年大学、企业和政府一维熵分别为

0.6320、0.6079、0.1177，大学熵最高、政府熵最低；大学—企业、大学—政府和企业—政府二维熵分别为 0.8277、0.7406、0.6930，大学—企业熵最高、企业—政府熵最低；大学—企业—政府三维熵为 0.8513。可见，一维度层面，大学、企业和政府分布存在差距，大学在技术创新研究方面的作用较为突出，政府在技术创新研究协同方面的作用远远低于大学和企业，原因是政府在技术创新研究方面的作用更倾向于支持的作用，如财政支持、政策支持等，大学则掌握较为先进的技术知识，在技术创新研究中具有决定性优势。二维度层面，大学—企业协同研究程度较高，而企业—政府协同研究程度相对较低，由于大学和企业两个主体在技术创新协同中是较为匹配的合作者，大学掌握先进的技术知识，但研究资金欠缺，然而，企业具有雄厚的资金支持优势，但技术研发水平有待提高，因此，大学—企业协同研究可以实现彼此优势互补，并快速实现研究成果商业化。三维度层面，大学—企业—政府协同研究发展趋势主要与大学—企业协同研究发展趋势相似，这也是由于大学—企业协同研究具有绝对优势的原因。

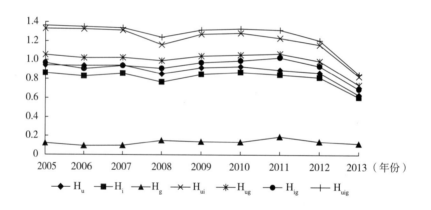

图 4-29　北京区域大学、企业和政府三维度熵分布

注：H_u、H_i、H_g 分别表示大学、企业和政府熵，H_{ui}、H_{ug}、H_{ig} 分别表示大学—企业、大学—政府和企业—政府熵，H_{uig} 表示大学—企业—政府熵。

资料来源：本书计算结果。

由测评结果及图 4-30 可知，天津区域内，2005 年大学、企业和政府一维熵分别为 0.7660、0.7426、0.0344，大学熵最高、政府熵最低；大学—企业、大学—政府和企业—政府二维熵分别为 0.8799、0.7969、0.7689，大学—企业熵最高、大学—政府熵最低；大学—企业—政府三维熵为 0.8828。2013 年大学、企业和政府一维熵分别为

0.4946、0.5223、0.1103，企业熵最高、政府熵最低；大学—企业、大学—政府和企业—政府二维熵分别为 0.6298、0.6008、0.5877，大学—企业熵最高、企业—政府熵最低；大学—企业—政府三维熵为 0.6338。可见，一维度层面，大学和企业在技术创新研究方面的作用较为突出，而且大学和企业的技术创新研究发展趋势较为相似，而政府在技术创新研究方面的作用远远低于大学和企业。二维度层面，大学—企业协同研究程度较高，而大学—政府协同研究和企业—政府协同研究这两个程度差距较小。三维度层面，大学—企业—政府协同研究发展趋势与大学—企业协同研究发展趋势一致，且趋势线极为相似。

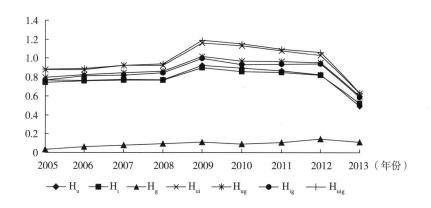

图 4-30　天津区域大学、企业和政府三维度熵分布

注：H_u、H_i、H_g 分别表示大学、企业和政府熵，H_{ui}、H_{ug}、H_{ig} 分别表示大学—企业、大学—政府和企业—政府熵，H_{uig} 表示大学—企业—政府熵。

资料来源：本书计算结果。

由测评结果及图 4-31 可知，河北区域内，2005 年大学、企业和政府一维熵分别为 0.8622、0.8877、0.2683，企业熵最高、政府熵最低；大学—企业、大学—政府和企业—政府二维熵分别为 1.1732、1.1077、1.1143，大学—企业熵最高、大学—政府熵最低；大学—企业—政府三维熵为 1.2335。2013 年大学、企业和政府一维熵分别为 0.6464、0.6663、0.1325，企业熵最高、政府熵最低；大学—企业、大学—政府和企业—政府二维熵分别为 0.8258、0.7751、0.7509，大学—企业熵最高、企业—政府熵最低；大学—企业—政府三维熵为 0.8278。可见，一维度层面，企业在技术创新研究方面的作用较为突出，大学与企业相比差距较小且发展趋势较为相似，而政府在技术创新研究方面的作用远远低于大学和企业。二维度层面，大学—企业协同研究程度较高，企业—政府协同研究程度较低，大学—政府协同研究与企业—政府协同研究这两个程度差距较小。三维度层面，大学—企业—政府协同研究发展趋势与大学—企业协同研究发展趋势一致。

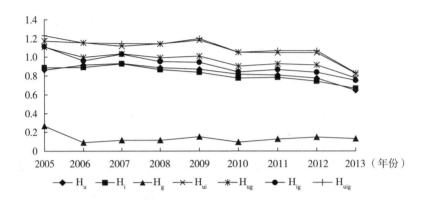

图 4-31　河北区域大学、企业和政府三维度熵分布

注：H_u、H_i、H_g 分别表示大学、企业和政府熵，H_{ui}、H_{ug}、H_{ig} 分别表示大学—企业、大学—政府和企业—政府熵，H_{uig} 表示大学—企业—政府熵。

资料来源：本书计算结果。

由测评结果及图 4-32 可知，京津冀区域间，2005 年大学、企业和政府一维熵分别为 0.8992、0.8308、0.1030，大学熵最高、政府熵最低；大学—企业、大学—政府和企业—政府二维熵分别为 1.2092、0.9969、0.9006，大学—企业熵最高、企业—政府熵最低；大学—企业—政府三维熵为 1.2337。2013 年大学、企业和政府一维熵分别为 0.5942、0.5890、0.1170，大学熵最高、政府熵最低；大学—企业、大学—政府和企业—政府二维熵分别为 0.7721、0.7095、0.6586，大学—企业熵最高、企业—政府熵最低；大学—企业—政府三维熵为 0.7880。可见，一维度层面，大学在技术创新研究方面的作用较为突出，企业与大学相比尽管存在差距，但发展趋势相似，而政府在技术创新研究方面的作用远远低于大学和企业，说明在京津冀各区域内，大学是跨区域协同发展的关键创新主体，政府的作用更多是间接的作用。二维度层面，大学—企业协同研究程度较高，企业—政府协同研究程度较低，跨区域协同研究中，与政府相关的协同研究程度较低，存在相对更多的障碍。三维度层面，大学—企业—政府协同研究发展趋势与大学—企业协同研究发展趋势一致，由于大学—企业跨区域协同具有绝对的优势。

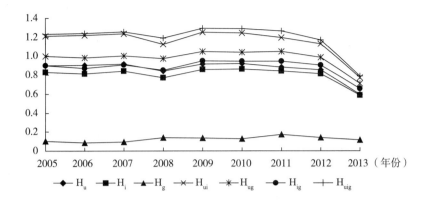

图 4-32　京津冀区域大学、企业和政府三维度熵分布

注：H_u、H_i、H_g 分别表示大学、企业和政府熵，H_{ui}、H_{ug}、H_{ig} 分别表示大学—企业、大学—政府和企业—政府熵，H_{uig} 表示大学—企业—政府熵。

资料来源：本书计算结果。

由表 4-10 可知，2005~2013 年，京津冀区域大学—企业—政府共信息（T_{ui}、T_{ug}、T_{ig}、T_{uig}），以及协同效率（η_{uig}）、未利用能力（$R = H_{max} - H_s$）相对未利用能力（ν_{uig}）和传输能力（ζ_{uig}），从不同方面反映京津冀区域大学—企业—政府技术创新输出协同的概况。

表 4-10　京津冀区域大学、企业和政府的共信息、协同效率、未利用能力及传输能力

区域	年份	T_{ui}	T_{ug}	T_{ig}	T_{uig}	η_{uig}	$R = H_{max} - H_s$	ν_{uig}	$\zeta_{uig} = \zeta_1$
北京	2005	0.4779	0.0136	0.0159	-0.0619	0.4849	1.4460	0.5151	0.1087
	2006	0.4408	0.0100	0.0133	-0.0475	0.4809	1.4573	0.5191	0.0928
	2007	0.4866	0.0141	0.0138	-0.0457	0.4768	1.4689	0.5232	0.0816
	2008	0.4630	0.0128	0.0083	-0.0524	0.4412	1.5687	0.5588	0.0977
	2009	0.4941	0.0173	0.0164	-0.0600	0.4696	1.4890	0.5304	0.1020
	2010	0.5209	0.0155	0.0121	-0.0603	0.4743	1.4759	0.5257	0.0990
	2011	0.5102	0.0210	0.0127	-0.0710	0.4693	1.4898	0.5307	0.1155
	2012	0.5196	0.0158	0.0184	-0.0611	0.4297	1.6011	0.5703	0.0994
	2013	0.4122	0.0091	0.0327	-0.0524	0.3032	1.9561	0.6968	0.1035

区域	年份	T_{ui}	T_{ug}	T_{ig}	T_{uig}	η_{uig}	$R = H_{max} - H_s$	ν_{uig}	$\zeta_{uig} = \zeta_1$
天津	2005	0.6287	0.0035	0.0081	−0.0199	0.3144	1.9246	0.6856	0.0302
	2006	0.6447	0.0027	0.0094	−0.0381	0.3176	1.9158	0.6824	0.0548
	2007	0.6192	0.0035	0.0204	−0.0524	0.3286	1.8849	0.6714	0.0753
	2008	0.6157	0.0045	0.0156	−0.0556	0.3355	1.8655	0.6645	0.0804
	2009	0.6608	0.0150	0.0127	−0.0503	0.4246	1.6152	0.5754	0.0681
	2010	0.6211	0.0149	0.0156	−0.0370	0.4106	1.6545	0.5894	0.0538
	2011	0.6331	0.0068	0.0174	−0.0660	0.3902	1.7120	0.6098	0.0912
	2012	0.6140	0.0119	0.0213	−0.0745	0.3794	1.7423	0.6206	0.1032
	2013	0.3871	0.0041	0.0450	−0.0573	0.2257	2.1736	0.7743	0.1162
河北	2005	0.5767	0.0227	0.0417	−0.1435	0.4394	1.5738	0.5606	0.1829
	2006	0.6504	0.0068	0.0201	−0.0648	0.4109	1.6539	0.5891	0.0874
	2007	0.7394	0.0096	0.0101	−0.0674	0.4082	1.6614	0.5918	0.0816
	2008	0.6096	0.0081	0.0280	−0.0779	0.4068	1.6653	0.5932	0.1077
	2009	0.5226	0.0111	0.0465	−0.0821	0.4267	1.6096	0.5733	0.1240
	2010	0.5363	0.0050	0.0256	−0.0620	0.3751	1.7544	0.6249	0.0985
	2011	0.5409	0.0072	0.0427	−0.0572	0.3806	1.7388	0.6194	0.0883
	2012	0.4714	0.0047	0.0512	−0.0691	0.3802	1.7399	0.6198	0.1158
	2013	0.4868	0.0038	0.0479	−0.0789	0.2949	1.9795	0.7051	0.1278
京津冀	2005	0.5207	0.0052	0.0332	−0.0401	0.4395	1.5736	0.5605	0.0669
	2006	0.4922	0.0043	0.0268	−0.0344	0.4416	1.5677	0.5584	0.0617
	2007	0.5192	0.0036	0.0275	−0.0429	0.4469	1.5528	0.5531	0.0724
	2008	0.4904	0.0071	0.0646	−0.0025	0.4238	1.6175	0.5762	0.0044
	2009	0.5219	0.0064	0.0466	−0.0402	0.4611	1.5129	0.5389	0.0653
	2010	0.5392	0.0064	0.0441	−0.0332	0.4587	1.5196	0.5413	0.0533
	2011	0.5339	0.0096	0.0712	−0.0203	0.4503	1.5433	0.5497	0.0319
	2012	0.5337	0.0051	0.0504	−0.0444	0.4170	1.6368	0.5830	0.0700
	2013	0.4111	0.0016	0.0474	−0.0520	0.2807	2.0193	0.7193	0.1015

注：T_{ui}、T_{ug}、T_{ig}分别表示大学—企业、大学—政府和企业—政府共信息，T_{uig}表示大学—企业—政府共信息，η_{uig}表示协同效率，R 表示协同未利用能力（$R = H_{max} - H_s$），ν_{uig}表示协同相对未利用能力，ζ_{uig}表示协同传输能力。

资料来源：本书计算结果。

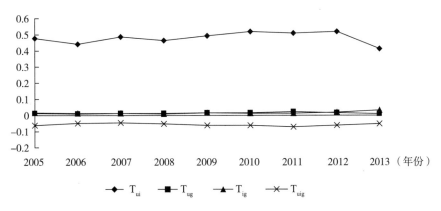

图 4-33 北京区域大学、企业和政府共信息分布

注：T_{ui}、T_{ug}、T_{ig} 分别表示大学—企业、大学—政府和企业—政府共信息，T_{uig} 表示大学—企业—政府共信息。

资料来源：本书计算结果。

由测评结果及图 4-33 可知，北京区域内，2005 年大学—企业、大学—政府和企业—政府二维共信息分别为 0.4779、0.0136、0.0159，大学—企业共信息最高、大学—政府共信息最低；大学—企业—政府三维共信息为 -0.0619。2013 年大学—企业、大学—政府和企业—政府二维共信息分别为 0.4122、0.0091、0.0327，大学—企业共信息最高、大学—政府共信息最低；大学—企业—政府三维共信息为 -0.0524。北京区域二维共信息均为正值，其中，大学—企业共信息呈波动性发展，而大学—政府和企业—政府共信息呈稳定性发展趋势；大学—企业—政府三维共信息均为负值，大学—企业—政府三维共信息呈稳定性发展趋势。可见，二维共信息中企业—大学协同研究较多，而政府参与的协同研究较低，表明企业作为大学—企业—政府协同的关键创新主体，由于企业在一定程度上承担了部分政府的角色，国有企业在全国占比较高，政企分离较晚。大学掌握先进的技术知识，作为技术创新知识的来源地，因此企业与大学合作相对较多。在三维共信息中，表明自组织能力发展缓慢，技术创新的自我更新及驱动发展水平低。

由测评结果及图 4-34 可知，天津区域内，2005 年大学—企业、大学—政府和企业—政府二维共信息分别为 0.6287、0.0035、0.0081，大学—企业共信息最高、大学—政府共信息最低；大学—企业—政府三维共信息为 -0.0199。2013 年大学—企业、大学—政府和企业—政府二维共信息分别为 0.3871、0.0041、0.0450，大学—企业共信息最高、大学—政府共信息最低；大学—企业—政府三维共信息为 -0.0573。天津区域（地区）二维共信息均为正值，其中，大学—企业共信息发展较为稳定（除 2013 年之外），大学—政府共信息呈波动性上升趋势，企业—政府共信息呈波动性发展趋势；大学—企业—政府三维共信息均为负值，大学—企业—政府三维共信息呈波动性下降趋势。可见，二维共信息中企业—大学协同研究较多，而政府参与的协同研究较低，表明企业作为大学—企业—政府协同的关键创新主体，企业与大学合作相对较为活跃。在三维共信息中，自组织能力增强，三螺旋交互密切，技术创新的自我更新及驱动发展得到提高，形成大学—企业—政府持续创新协同模式。

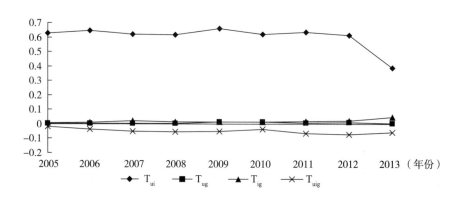

图 4-34　天津区域大学、企业和政府共信息分布

注：T_{ui}、T_{ug}、T_{ig} 分别表示大学—企业、大学—政府和企业—政府共信息，T_{uig} 表示大学—企业—政府共信息。

资料来源：本书计算结果。

由测评结果及图 4-35 可知，河北区域内，2005 年大学—企业、大学—政府和企业—政府二维共信息分别为 0.5767、0.0227、0.0417，大学—企业共信息最高、大学—政府共信息最低；大学—企业—政府三维共信息为 -0.1435。2013 年大学—企业、大学—政府和企业—政府二维共信息分别为 0.4868、0.0038、0.0479，大学—企业共信息最高、大学—政府共信息最低；大学—企业—政府三维共信息为 -0.0789。河北区域二维共信息均为正值，其中，大学—企业和大学—政府共信息均呈波动性下降趋势，企业—政府共信息呈波动性上升趋势；大学—企业—政府三维共信息均为负值，大学—企业—政府三维共信息呈波动性上升趋势。可见，二维共信息中企业—大学协同研究较为活跃，但研究合作程度降低，企业—政府协同尽管较低，但协同程度得到提高，政府与企业之间的交互趋于紧密。在三维共信息中，三螺旋系统自组织能力降低，有待进一步提高三方交互创新协同。

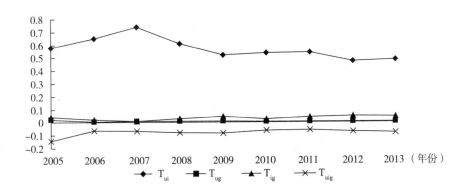

图4-35　河北区域大学、企业和政府共信息分布

注：T_{ui}、T_{ug}、T_{ig}分别表示大学—企业、大学—政府和企业—政府共信息，T_{uig}表示大学—企业—政府共信息。

资料来源：本书计算结果。

由测评结果及图4-36可知，京津冀区域间，2005年大学—企业、大学—政府和企业—政府二维共信息分别为0.5207、0.0052、0.0332，大学—企业共信息最高、大学—政府共信息最低；大学—企业—政府三维共信息为-0.0401。2013年大学—企业、大学—政府和企业—政府二维共信息分别为0.4111、0.0016、0.0474，大学—企业共信息最高、大学—政府共信息最低；大学—企业—政府三维共信息为-0.0520。京津冀区域间二维共信息均为正值，其中，大学—企业共信息呈波动性下降趋势，大学—政府共信息呈下降趋势且发展相对缓慢，企业—政府共信息呈波动性上升趋势；大学—企业—政府三维共信息均为负值，大学—企业—政府三维共信息呈波动性下降趋势。可见，二维共信息中企业—大学协同研究较为活跃，但研究合作程度降低，政府与大学或企业的合作越来越紧密，从间接支持转向直接参与到研究中。在三维共信息中，系统自组织能力增强，三方交互创新协同发展得到改进。

为了进一步对京津冀区域技术创新输出协同度分析，分别从区域技术创新输出协同效率（η_{uig}）、相对未利用能力（ν_{uig}）和传输能力（ζ_{uig}）三方面对京津冀各区域内和京津冀区域间两层面进行研究。[①]

---

① η、ν、τ测评标准：范围［0，1］；小于0.05，表示0或微不足道的；0.05~0.25，表示低（弱）的；0.25~0.6，表示中等的（适度的）；大于0.6，表示较高（强）的。

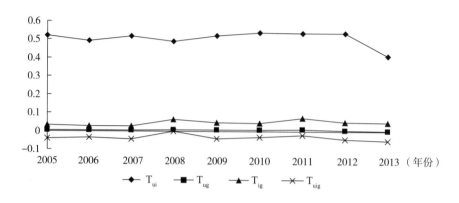

图 4-36　京津冀区域大学、企业和政府共信息分布

注：T_{ui}、T_{ug}、T_{ig} 分别表示大学—企业、大学—政府和企业—政府共信息，T_{uig} 表示大学—企业—政府共信息。

资料来源：本书计算结果。

由测评结果及图 4-37 可知，协同效率（η_{uig}）方面，京津冀各区域内层面，2005年北京、天津和河北区域技术创新输出协同效率值分别为 0.4849、0.3144、0.4394；2013 年北京、天津和河北区域技术创新输出协同效率值分别为 0.3032、0.2257、0.2949。京津冀区域间层面，2005 年京津冀区域技术创新输出协同效率值为 0.4395，2013 年京津冀区域技术创新输出协同效率值为 0.2807。可见，从整体上来看，京津冀区域技术创新输出协同效率均处于中等水平，而且发展趋势增速缓慢；在京津冀各区域内，北京区域技术创新输出协同效率相对最高，天津区域技术创新输出协同效率相对最低；京津冀区域间技术创新输出协同效率发展趋势与北京区域技术创新输出协同效率发展趋势相似。因此，北京地区相比其他区域具有明显的技术创新优势，京津冀区域间技术创新输出协同发展中出现以北京地区为中心的技术集聚效应。天津和河北两地技术创新资源相对欠缺，向区域外寻求发展是提高区域技术创新的最优方法，这也为京津冀区域技术创新协同发展提供机会。

由测评结果及图 4-38 可知，协同相对未利用能力（ν_{uig}）方面，京津冀各区域内层面，2005 年北京、天津和河北区域技术创新输出协同相对未利用能力值分别为 0.5151、0.6856、0.5606；2013 年北京、天津和河北区域技术创新输出协同相对未利用能力值分别为 0.6968、0.7743、0.7051。京津冀区域间层面，2005 年京津冀区域技术创新输出协同相对未利用能力值为 0.5605，2013 年京津冀区域技术创新输出协同相对未利用能力值为 0.7193。可见，从整体上来看，京津冀区域技术创新输出协同相对未利用能力呈上升趋势，各地区技术创新输出协同发展趋势较为相似，且各地区技

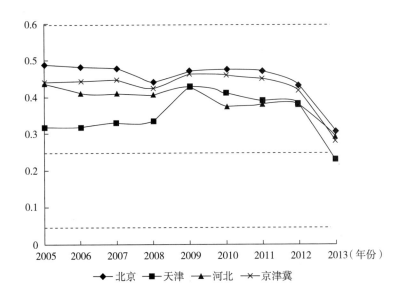

图 4-37　京津冀区域技术创新输出协同效率

资料来源：本书计算结果。

术创新输出协同相对未利用能力均处于中等及以上的水平。因此可知，京津冀各区域内，各地区掌握的技术创新能力明显呈增加的趋势，但在协同发展模式中，协同未利用能力水平较高，京津冀区域技术创新协同发展潜能较大，尤其是天津地区的创新发展潜力，在未来京津冀区域技术创新协同发展中，可以利用各地资源优势差异，从整体上提升京津冀区域技术创新协同发展水平。

由测评结果及图 4-39 可知，协同传输能力（ζ_{uig}）方面，京津冀各区域内层面，2005 年北京、天津和河北区域技术创新输出协同传输能力值分别为 0.1087、0.0302、0.1829；2013 年北京、天津和河北区域技术创新输出协同传输能力值分别为 0.1035、0.1162、0.1278。京津冀区域间层面，2005 年京津冀区域技术创新输出协同传输能力值为 0.0669，2013 年京津冀区域技术创新输出协同传输能力值为 0.1015。可见，整体上来看，京津冀各区域技术创新输出协同传输能力发展趋势存在差异，且各地趋势线波动性均较大，但从各区域内及区域间两者对比来看，区域间技术创新输出协同传输能力发展趋势波动性显然更大；从传输能力水平方面来看，京津冀各区域技术创新输出协同传输能力均处于较弱的水平，尤其是京津冀区域间的协同传输能力更为偏低。综上可知，京津冀各区域内技术创新输出协同传输能力水平明显高于区域间技术创新输出协同传输能力水平，各地区内部协同发展障碍明显小于区域间的协同发展，然而，

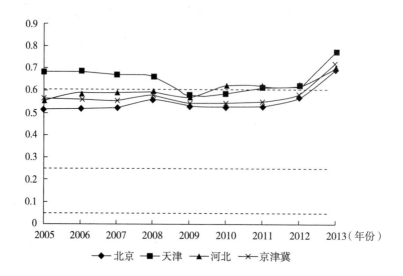

图 4-38　京津冀区域技术创新输出协同相对未利用能力

资料来源：本书计算结果。

跨区域协同发展模式是未来区域技术创新的较优选择之一，需要打破区域间边界限制的僵局，促进彼此之间的进一步交互和融合。

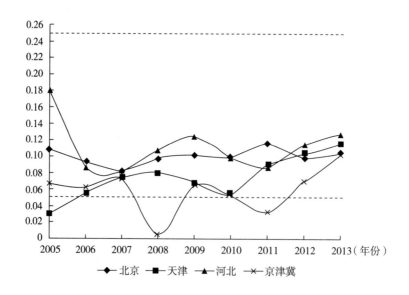

图 4-39　京津冀区域技术创新输出协同传输能力

资料来源：本书计算结果。

三、测评结果进一步分析

随着我国经济的飞速发展，京津冀区域专利申请量也显著增加。北京区域专利申请量相对于天津和河北两区域，成为京津冀区域技术创新输出的重要输出地。如北京区域，2005 年专利申请量为 7168 件，2013 年专利申请量为 94034 件；天津区域，2005 年专利申请量为 3826 件，2013 年专利申请量为 50732 件；河北区域（地区），2005 年专利申请量为 383 件，2013 年专利申请量为 16225 件。2005 年京津冀区域专利申请量具体比例为 18.72∶9.99∶1.00，2013 年京津冀区域专利申请量具体比例为 5.80∶3.13∶1.00。可见，三地区专利申请量的差距在逐渐缩小，但河北专利申请量仍然相对较少。

上述结果的原因在于京津冀三地科技研发资源存在差距，北京作为中国的首都，全国的优秀科技人员向北京区域的集聚，以及经济、教育资源等方面的优势毫无疑问为科学技术的发展提供了重要驱动力。内部经济发展也形成核心—边缘分布格局，核心区域可通过规模经济和集聚经济获得发展，造成集聚区和非集聚区发展差距增加的局面。此外，京津冀三地产业结构差异较大，北京处于产业链的高端，集中于科技和现代服务业的发展，天津处于产业链的中端，集中于战略新兴产业过渡中，河北则处于产业链的低端，以传统产业占主导。因此造成北京区域技术创新输出量高于天津和河北两个区域，河北处于末端。

然而，由于京津冀三地的区域合作协议及项目增加，不断探索建立区域合作创新机制，促使三个区域创新资源流动加速。如 2015 年《京津冀协同发展规划纲要》，推动京津冀区域协同发展成为国家战略，作为国家大力支持发展的高级区域规划，这将会改变京津冀当前的格局，整体上提升区域协同效率。因此，京津冀三地的区域技术创新输出量差距不断缩小，天津和河北两地区域技术创新活动赢得了一个重要的发展机会。

值得关注的是，协同专利申请量并没有像急剧增加的专利申请量一样增加，甚至出现了负增长的情况。京津区域技术创新输出协同及增长率于 2009 年开始出现下降的趋势，河北区域技术创新输出协同及增长率波动性较大，但总体呈前升后降趋势。对于区域专利研究协同，协同模式从多主体合作向交换模式转变，协同模式更倾向于单个主体的专利研究。

大学、企业和政府三个主体相比较，企业成为关键主体，而且其重要性呈逐年递增趋势。企业，尤其是高科技企业，除了具备科技研究的资本，还能快速掌握满足市场发展的产品（或专利）。政府专利申请量较低，作用相对企业和大学最低，主要是由于政府各部门主要从事行政事务，而不是专门从事科研项目的机构。尽管政府专利申请量少，但却发挥着重要的作用，如政府试图做到正确的初始条件、完善的制度、适时过程管理，能为区域技术创新输出提供一个机会。

第四节　京津冀区域技术创新协同度综合测评

一、技术创新协同度综合测评指标及数据选取

京津冀区域技术创新协同度综合测评主要依据第三章所构建的区域技术创新协同度测评体系，从技术创新输入协同、技术创新过程协同和技术创新输出协同三个视角对区域技术创新协同度进行测评。技术创新输入协同，包括地理—技术—组织三螺旋系统共信息（T_{gto}）和协同传输能力（ζ_{gto}）。技术创新过程协同，主要是区域技术创新过程协同度（C）。技术创新输出协同，包括大学—企业—政府三螺旋系统共信息（T_{uig}）和协同传输能力（ζ_{uig}）。因此，京津冀区域技术创新协同度测评样本主要来源于上面所述的技术创新输入协同、技术创新过程协同和技术创新输出协同三视角的指标及2005~2013年的测评结果。

二、技术创新协同度综合测评结果

依据因子分析方法的原理，利用 SPSS 软件对五个指标的样本数据进行因子分析。得到各因子解释的总方差和旋转成分矩阵（见表4-11和表4-12），自动生成相关主成分的因子得分（见表4-13）。

由表4-11可知，第一主成分、第二主成分和第三主成分的特征值分别为2.214、1.387、0.915，且三者方差累计贡献率为90.333%，提取原始数据绝大部分的信息，因此可以提取三个主成分作为区域技术创新协同度综合测评的主要指标，从而对京津冀区域技术创新协同度进行测评分析。

表 4-11 京津冀区域技术创新协同度解释的总方差

成分	合计	初始特征值		合计	提取平方和载入		合计	旋转平方和载入	
		方差（%）	累积（%）		方差（%）	累积（%）		方差（%）	累积（%）
1	2.214	44.287	44.287	2.214	44.287	44.287	2.013	40.253	40.253
2	1.387	27.747	72.034	1.387	27.747	72.034	1.498	29.955	70.208
3	0.915	18.299	90.333	0.915	18.299	90.333	1.006	20.125	90.333
4	0.433	8.662	98.995						
5	0.05	1.005	100						

资料来源：本书计算结果。

主成分主要是由线性组合的几个原来指标的含义决定，由表 4-12 可知，第一主成分包括大学—企业—政府共信息（T_{uig}）和传输能力（ζ_{uig}），成分载荷系数较高，主要反映区域技术创新输出协同的情况，称为技术创新输出协同因子。第二主成分包括地理—技术—组织共信息（T_{gto}）和传输能力（ζ_{gto}），成分载荷系数较高，主要反映区域技术创新输入协同的情况，称为技术创新输入协同因子。第三主成分是区域技术创新过程协同度（C），主要反映区域技术创新过程协同的情况，称为技术创新过程协同因子。这三个主成分的提取对前面的创新输入协同、创新过程协同和创新输出协同三个视角的理论进行验证。

表 4-12 京津冀区域技术创新协同度旋转成分矩阵

成分	1	2	3	变量
T_{gto}	0.319	**−0.8000**	0.1240	技术创新输入协同度
ζ_{gto}	0.105	**0.9080**	−0.0290	
C	0.051	−0.0960	**0.9930**	技术创新过程协同度
T_{uig}	**0.985**	0.0010	0.0440	技术创新输出协同度
ζ_{uig}	**−0.962**	0.1550	−0.0410	

注：T_{uig} 表示大学—企业—政府共信息，ζ_{uig} 表示大学—企业—政府系统传输能力，T_{gto} 表示地理—技术—组织共信息，ζ_{gto} 表示地理—技术—组织系统传输能力，C 表示区域技术创新过程协同度。

资料来源：本书计算结果。

综合各主成分构造综合测评模型，基于主成分分析基础之上，选取三个主成分，并以其方差贡献率（旋转后的）40.25%、29.96%和20.13%为权重构造京津冀区域技术创新协同度综合测评函数如下：

$$F = (0.4025 \times F_1 + 0.2996 \times F_2 + 0.20.13 \times F_3) / 0.9033 \qquad (4-1)$$

其中，F_1（技术创新输出协同度）、F_2（技术创新输入协同度）和 F_3（技术创新过程协同度）为各主成分得分，F（技术创新协同度）为综合得分，具体得分如表 4-13 所示。

表 4-13　京津冀区域技术创新协同度综合测评得分

年份	北京				天津			
	F_1	F_2	F_3	F	F_1	F_2	F_3	F
2005	-0.3938	0.8180	-1.0091	-0.1290	1.4558	-0.6537	-1.3403	0.1332
2006	0.3634	2.0934	-1.2420	0.5795	0.6608	-0.6983	-0.6937	-0.0917
2007	0.4253	1.6415	0.3223	0.8058	0.1452	0.2077	-0.2528	0.0773
2008	0.0212	1.0340	-0.6257	0.2129	-0.0001	0.4523	0.4585	0.2522
2009	-0.1498	0.7360	-2.1694	-0.3061	0.3625	0.6495	-0.1187	0.3505
2010	-0.1235	1.6496	0.6689	0.6411	0.9000	1.0534	0.0010	0.7507
2011	-0.7328	1.0508	1.4137	0.3370	-0.2327	1.4775	0.3327	0.4605
2012	-0.2607	1.1709	1.3847	0.5808	-0.6968	0.6429	0.2550	-0.0404
2013	-0.2040	0.7173	1.1482	0.4029	-0.3396	0.8161	-2.3772	-0.4104
	河北				京津冀			
2005	-3.4268	-1.2940	-1.0087	-2.1809	0.8216	-0.9411	-1.1670	-0.2061
2006	-0.2429	-0.8622	-0.8219	-0.5774	0.9085	-0.9276	-0.7278	-0.0651
2007	-0.3999	-1.1511	-0.5785	-0.6889	0.5200	-0.8965	0.2718	-0.0051
2008	-0.9053	-0.9882	-0.1337	-0.7609	2.4343	-0.7014	0.5596	0.9768
2009	-1.3985	-1.2188	-0.1742	-1.0662	0.7327	-0.9390	-0.0206	0.0104
2010	-0.5349	-0.3970	0.7326	-0.2068	0.9642	-0.8800	0.6458	0.2817
2011	-0.3150	-0.7340	0.4860	-0.2755	1.5868	-0.8190	0.8077	0.6154
2012	-0.9515	-0.0316	1.7645	-0.0412	0.4517	-0.8563	1.5910	0.2718
2013	-1.3211	-0.2748	0.8886	-0.4818	-0.1245	-0.9466	0.7288	-0.2070

注：F_1、F_2、F_3 分别表示技术创新输出协同度、技术创新输入协同度和技术创新过程协同度的各主成分得分，F 表示技术创新协同度的综合得分。

资料来源：本书计算结果。

表 4-13 是 2005~2013 年京津冀区域技术创新输入协同度、区域技术创新过程协同度、区域技术创新输出协同度得分及区域技术创新协同度综合得分，从总体上看，京津冀区域技术创新协同水平普遍偏低，且区域技术创新输出协同度在区域技术创新协

同度综合测评中处于重要的地位。

由图 4-40 及测评结果可知，京津冀各区域内，2005 年北京、天津和河北区域技术创新输入协同度分别为 0.8180、-0.6537、-1.2940；2013 年北京、天津和河北区域技术创新输入协同度分别为 0.7173、0.8161、-0.2748；而且 2005~2013 年的数据显示，北京区域技术创新输入协同水平呈小幅下降趋势，天津和河北区域技术创新输入协同水平呈上升趋势。京津冀区域间，2005 年京津冀区域技术创新输入协同度为 1.8442；2013 年京津冀区域技术创新输入协同度为 1.2721；而且 2005~2013 年的数据显示，京津冀区域间技术创新输入协同水平呈小幅下降趋势。

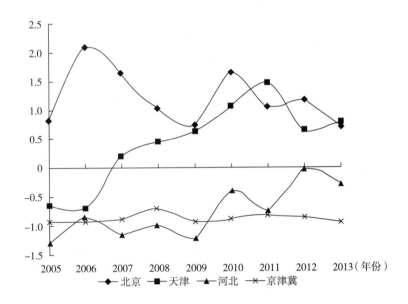

图 4-40　京津冀区域技术创新输入协同度水平

资料来源：本书计算结果。

此外，2005~2013 年，北京和天津（除 2005 年、2006 年之外）区域技术创新输入协同度均为正值，河北区域和京津冀区域间技术创新输入协同度均为负值。因此，京津冀各区域内与区域间技术创新输入协同水平差距较大，北京区域技术创新输入协同水平最高，而河北区域技术创新输入协同水平最低，天津区域技术创新输入协同水平初期较低，但增长速度较快。这表明，北京地区技术创新基础较好，而天津地区的技术创新基础水平逐渐提高，河北地区的技术创新基础薄弱，三地的基础水平差距较大，但北京区域内的资源开始不能充分满足区域发展需求，天津和河北区域内的资源越来越得到较大的利用，但由于自身持有资源有限的限制，为了能促进整体水平的提升，需要开展跨区域协同发展模式。

、　　由图 4-41 及测评结果可知，京津冀各区域内，2005 年北京、天津和河北区域技术创新过程协同度分别为 -1.0091、-1.3403、-1.0087；2013 年北京、天津和河北区域技术创新过程协同度分别为 1.1482、-2.3772、0.8886；而且 2005~2013 年的数据显示，北京和河北区域技术创新过程协同水平呈上升趋势，天津区域技术创新输入协同水平呈下降趋势。京津冀区域间，2005 年京津冀区域间技术创新过程协同度为 -1.1670；2013 年京津冀区域间技术创新过程协同度为 0.7288；而且 2006~2013 年的数据显示，京津冀区域间技术创新过程协同水平呈上升趋势。

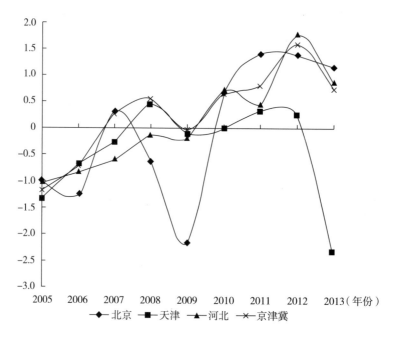

图 4-41　京津冀区域技术创新过程协同度水平

资料来源：本书计算结果。

此外，2005~2009 年，京津冀各区域技术创新过程协同度大部分为负值，2010 年之后京津冀各区域技术创新过程协同度均为正值（除 2013 年的天津之外）。据此可得，京津冀各区域内及区域间技术创新过程协同水平逐渐得到提高，在区域技术创新过程协同发展过程中，尽管初始时期区域技术创新过程协同发展水平较低，但随着协同发展得到不断的改进，因此区域技术创新过程协同度稳步提高。特别是，京津冀区域间技术创新过程协同度的水平相对较高，这表明，京津冀区域间技术创新过程协同水平开始超过各区域内的水平，京津冀区域技术创新过程协同逐渐关注跨区域创新协同发展模式。

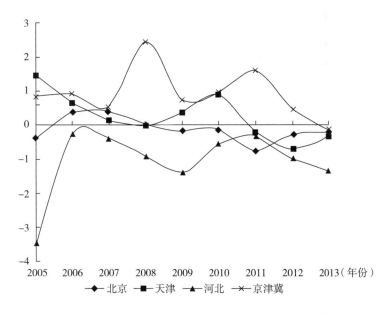

图 4-42 京津冀区域技术创新输出协同度水平

资料来源：本书计算结果。

由图 4-42 及测评结果可知，京津冀各区域内，2005 年北京、天津和河北区域技术创新输出协同度分别为 -0.3938、1.4558、-3.4268；2013 年北京、天津和河北区域技术创新输出协同度分别为 -0.2040、-0.3396、-1.3211；而且 2005~2013 年的数据显示，北京区域技术创新输出协同度呈小幅上升趋势，天津区域技术创新输出协同度呈下降趋势，河北区域技术创新输出协同度呈上升趋势。京津冀区域间，2005 年京津冀区域间技术创新输出协同度为 0.8216，2013 年京津冀区域间技术创新输出协同度为 -0.9217；而且 2006~2013 年的数据显示，京津冀区域间技术创新输出协同度呈下降趋势。

此外，2005~2013 年，北京区域（除 2006~2008 年之外）技术创新输出协同度均为负值，天津区域（除 2008 年、2011~2013 年之外）技术创新输出协同度均为正值，河北区域技术创新输出协同度均为负值，京津冀区域间（除 2013 年之外）技术创新输出协同度均为正值。可知，北京和天津区域（地区）技术创新输出协同水平相对较高，但随着区域融合的发展，三地区的技术创新输出协同水平差距开始缩小，京津冀区域间技术创新输出协同水平高于京津冀各区域内的水平。区域技术创新输出协同水平的高低关键取决于各区域内的技术研究水平，由于区域技术创新输出主要是关于专利研究协同的，因此，北京地区的技术研究水平在全国居于前列，区域技术创新输出协同水平处于最高的位置，河北地区技术研究水平相对较低，技术创新的发展需要依赖外部的力量，且处于相对较低的位置。此外，北京和天津区域技术创新输出协同水平随时间而降低，表明各区域内技术创新输出协同的进一步发展，需要注入外部资源和驱动力量。

由图4-43及测评结果可知，京津冀各区域内，2005年北京、天津和河北区域技术创新协同度分别为-0.1290、0.1332、-2.1809；2013年北京、天津和河北区域技术创新协同度分别为0.4029、-0.4104、-0.4818；而且2005~2013年的数据显示，北京区域技术创新协同度呈上升趋势，天津区域技术创新协同水平呈下降的趋势，河北区域技术创新协同水平呈上升趋势。京津冀区域间，2005年京津冀区域间技术创新协同度为-0.2061，2013年京津冀区域间技术创新协同度为-0.2070；而且2006~2013年的数据显示，京津冀区域间技术创新协同水平呈小幅下降趋势。

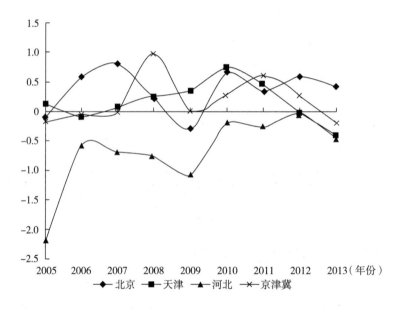

图4-43　京津冀区域技术创新协同度综合测评水平

资料来源：本书计算结果。

此外，2005~2013年，北京区域（除2005年、2009年之外）技术创新协同度均为正值，天津（除2006年、2012年、2013年之外）区域技术创新协同度均为正值，河北技术创新协同度均为负值，京津冀区域间（除2005~2007年、2013年之外）技术创新协同度均为正值。可知，北京区域技术创新协同度相对高于其他区域，河北区域技术创新协同度显然较低，但从总体上来看，京津冀各区域内及区域间技术创新协同度不高。此外，由于区域技术创新协同水平取决于技术创新输入协同、技术创新过程协同和技术创新输出协同三方面的水平，因此结合三方面的分析可知，京津冀区域技术创新协同发展需要重点关注各区域内与区域间相结合的发展，两者的发展相互影响。

三、测评结果进一步分析

综上可知，京津冀各区域内技术创新协同度进行相比，北京、天津和河北区域技术创新协同度均不高，各区域内部技术创新发展到一定程度会遇到屏障，外部资源或力量为区域技术创新的进一步发展提供机会。因此，跨区域技术创新协同发展模式不仅能促进区域间的技术创新协同发展，还可以提高各区域内及整体的技术创新协同水平。由于京津冀区域技术创新协同度由技术创新输入、创新系统和创新输出三方面的协同因素构成，因此，为了进一步分析京津冀区域技术创新协同发展程度，需要针对京津冀各区域内及区域间的技术创新输入协同度、技术创新过程协同度、技术创新输出协同度和技术创新协同度等因素进行分析。从整体上看，技术创新输出协同度对京津冀区域技术创新协同度的测评影响最大，其次是技术创新输入协同度和技术创新过程协同度。

在北京区域技术创新协同发展过程中，技术创新过程协同因素的作用逐渐凸显，而技术创新输出协同因素的作用逐渐减弱，技术创新输入协同因素的作用始终处于低水平。因此，为了能更好地促进北京区域技术创新协同发展水平，需要继续保持技术创新过程协同的发展趋势，增加对技术创新输出协同和技术创新输入协同的关注力度，特别是要大大提高技术创新输入协同因素的作用。

在天津区域技术创新协同发展中，技术创新过程协同因素的作用增强，技术创新输入协同因素的作用显著增强，技术创新输出协同因素的作用变化较大，但作用减小相对明显。因此，为了能更好地促进天津区域技术创新协同发展水平，需要继续保持技术创新输入协同和技术创新过程协同的发展趋势，加大对技术创新输出协同因素的关注度。

在河北区域技术创新协同发展中，技术创新输入协同和技术创新过程协同因素的作用逐渐凸显，且呈越来越显著的趋势，技术创新输出协同因素的影响作用减小。由于在河北区域内，技术创新资源欠缺是其协同发展的主要局限之一。因此，为了能更好地促进河北区域技术创新协同发展水平，需要继续保持技术创新输入协同和技术创新过程协同的发展趋势，加大对技术创新输入协同和技术创新输出协同因素的关注度，尤其是加大技术创新输出协同因素的发展。

在京津冀区域间技术创新协同发展中，技术创新输入协同处于较低的水平，技术创新过程协同发展水平提升速度较快，技术创新输出协同发展变化较大。因此，为了能更好地促进京津冀区域间技术创新协同发展水平，需要继续保持技术创新输出协同和技术创新过程协同的发展趋势，加大对技术创新输入协同因素的关注。特别是技术研究协同作为技术创新输出协同的代表，所以促进技术研究协同是京津冀区域技术创新协同发展水平提升的有效方法之一。

总之，北京区域内技术创新输出协同水平相对较高，天津区域内技术创新输入协同水平相对较高，河北区域内技术创新过程协同水平相对较高，因此，从对比可知，京津冀各区域内，不同的区域拥有不同的技术创新协同发展优势。然而，由于技术创新资源的限制，各区域内部创新协同发展到一定程度之后，开始转向寻求外部创新的驱动力，跨区域技术创新协同发展模式是提升区域整体水平的最优选择。

本章小结

本章利用第三章所构建的区域技术创新协同度测评体系，从创新输入协同、创新过程协同和创新输出协同三个视角分别对京津冀区域技术创新协同度进行测评，得到京津冀区域技术创新输入协同度、京津冀区域技术创新过程协同度和京津冀区域技术创新输出协同度，进而对其进行综合测评，最终得到京津冀区域技术创新协同度综合测评结果。本章对京津冀区域技术创新协同度进行测评，一方面可以验证第三章所构建的京津冀区域技术创新协同度测评体系，另一方面可以据此分析京津冀区域技术创新协同问题成因。

本章测评结果显示：从创新输入协同视角来看，京津冀各区域内与区域间技术创新输入协同度差距较大，北京的协同度最高，而河北的协同度最低，天津的协同度初期较低，但增长速度较快；从创新过程协同视角来看，京津冀区域技术创新过程协同度整体上不高，其中京津冀区域间技术创新协同度略高于京津冀各区域内的协同度；从创新输出协同视角来看，企业作为关键创新主体，企业—大学协同是最为常见的协同模式，政府侧重于宏观指导和政策支持等，京津冀区域间技术创新输出协同度高于京津冀各区域内的协同度；从综合测评水平来看，北京区域技术创新协同度相对高于其他两个区域，但总体上京津冀各区域内及区域间技术创新协同度均不高。

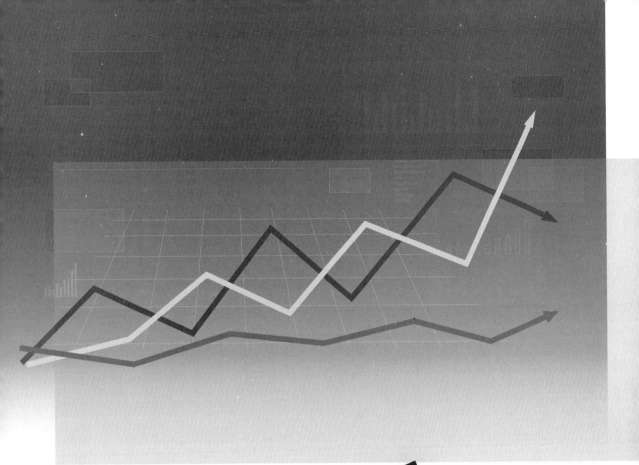

第五章

京津冀—长三角区域技术创新协同度测评比较

　　为了进一步对京津冀区域技术创新协同度测评进行深入研究，本章引入比较研究法，出于长三角区域集聚性较好及数据可获得性等方面的考虑，选取了长三角区域，进而对京津冀—长三角区域技术创新协同度测评进行比较分析。

第一节　京津冀—长三角区域技术创新输入协同度比较

一、长三角区域技术创新输入协同度测评

（一）技术创新输入协同样本数据及统计描述

　　本书对长三角区域技术创新输入协同度的测评，主要选取来自 Wind 数据库中2005~2013 年全部上市公司的相关数据，长三角三地搜索出 7524 条记录，具体包含有效的公司地址、行业分类和企业规模（企业员工数）的数据为 5953 条，有效率为79.12%（见图 5-1）。

　　地理维度方面，样本数据来自长三角各区域内的 41 个子区域的信息，其中包括上海地区的 17 个子区域、江苏地区的 13 个子区域和浙江地区的 11 个子区域。通过这些数据信息发现，2005~2013 年，长三角三地企业均等分布，所占比重分别为 34.17%、31.95%、33.88%（见表 5-1）。

　　组织维度方面，企业规模分布为九类（见表 5-2），样本中所包含的企业规模样本及所占的比重分别为微型企业（0.68%）、小型企业（12.50%）、中型企业（31.58%）、大型企业（55.23%）。研究样本中微型企业样本相对较少，且以大中型企业样本为主。

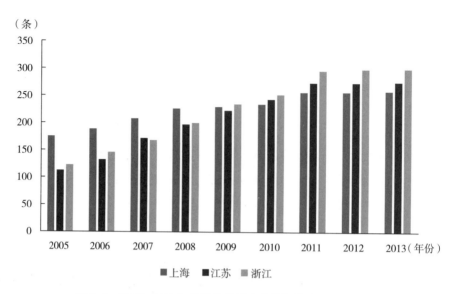

图 5-1　2005~2013 年长三角区域企业数据分布（N=5953）

资料来源：根据 Wind 数据库数据绘制。

表 5-1　2005~2013 年长三角地理区位分布

区域	子区域	企业数（粗）	企业占比（%）
上海	17	2034	34.17
江苏	13	1902	31.95
浙江	11	2017	33.88
长三角	41	5953	100

资料来源：根据 Wind 数据库数据绘制。

表 5-2　2005~2013 年长三角区域企业规模员工数方面分类

编码	分类	2005 年	2006 年	2007 年	2008 年	2009 年	2010 年	2011 年	2012 年	2013 年	合计	占比（%）
1	0~9	1	1	0	2	2	1	1	0	0	8	0.13
2	10~19	2	3	5	4	3	6	4	3	3	33	0.55
3	20~29	26	30	28	35	32	24	21	9	5	210	3.53
4	100~299	34	45	67	70	78	66	67	56	51	534	8.97
5	300~499	31	38	51	70	85	85	86	80	75	601	10.10
6	500~999	82	95	119	143	142	152	192	188	166	1279	21.48
7	1000~1999	88	86	95	115	143	163	190	175	201	1256	21.10
8	2000~4999	103	121	122	118	128	144	161	195	203	1295	21.75
9	≥5000	45	49	62	67	74	88	103	121	128	737	12.38
	合计	412	468	549	624	687	729	825	827	832	5953	100.00

资料来源：根据 Wind 数据库数据绘制。

技术维度方面，研究中选择高技术制造业、中高技术制造业和知识密集型服务业三类。从各地区行业分布来看（见表5-2和图5-2），2005~2013年，上海高技术制造业、中高技术制造业和知识密集型服务业三类行业所占相对比重分别为19.21%、39.80%和40.99%，江苏三类行业所占比重分别为24.98%、62.19%和12.83%，浙江三类行业所占比重分别为25.33%、54.41%和20.26%。2005~2013年长三角高技术制造业为810家（或23.29%），中高技术制造业为1823家（或52.42%），知识密集型服务业为845家（或24.30%）。统计数据说明，从长三角各地区具体行业分类来看，上海以知识密集型服务业和中高技术制造业为主，高技术制造业相对较低，但各区域内三类企业总量相对差距较小，尤其是中高技术制造业和知识密集型服务业两者之间；江苏以中高技术制造业为主，高技术制造业次之，最低为知识密集型服务业；浙江以中高技术制造业为主，次之为高技术制造业，知识密集型服务业最低。从长三角区域间来看，上海地区知识密集型服务业相对较高，江苏和浙江地区高技术制造业和中高技术制造业相对较高，长三角区域在三类行业中存在差距，长三角区域彼此间合作成为必然。

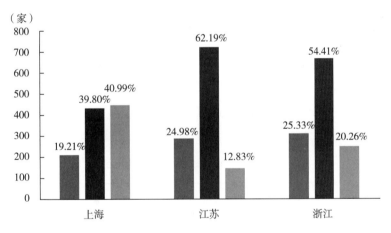

图5-2　2005~2013年长三角区域行业分类（N=3478）

资料来源：根据Wind数据库数据计算结果绘制。

（二）技术创新输入协同度测评结果

在地理、技术和组织三螺旋系统内，利用式（3-8）至式（3-14）得到一维的、二维的和三维的熵（具体结果见表4-3），利用式（3-18）至式（3-20）及式（3-22）得到二维的和三维的共信息，利用式（3-24）至式（3-27）的技术协同效率、协同未利用能力和传输能力（具体结果见表 5-3 和表 5-4），衡量出双边和三边关系，即地理—技术、地理—组织、技术—组织和地理—技术—组织关系，进而对长三角区域技术创新输入协同度测评。

长三角区域三螺旋系统最大熵由 41 个子区域、3 种行业类型和 9 种企业分类决定，即 $H_{max} = \log_2(41 \times 9 \times 3) = 10.11$。长三角各区域内，上海区域三螺旋系统 $H_{max} = \log_2(17 \times 9 \times 3) = 8.84$，江苏区域三螺旋系统 $H_{max} = \log_2(13 \times 9 \times 3) = 8.46$，浙江区域三螺旋系统 $H_{max} = \log_2(11 \times 9 \times 3) = 8.21$。地理维度层面，上海、江苏和浙江最大熵分别为 $\log_2(17) = 4.09$、$\log_2(13) = 3.70$、$\log_2(11) = 3.46$，长三角最大熵为 $\log_2(41) = 5.36$。技术维度层面，上海、江苏和浙江最大熵均为 $\log_2(3) = 1.59$，长三角最大熵为 $\log_2(9) = 3.17$。组织维度层面，上海、江苏和浙江最大熵均为 $\log_2(9) = 3.17$，长三角最大熵为 $\log_2(27) = 4.76$。地理—技术两维度层面，上海、江苏和浙江最大熵分别为 $\log_2(17 \times 3) = 5.67$、$\log_2(13 \times 3) = 5.29$、$\log_2(11 \times 3) = 5.04$，长三角最大熵为 $\log_2(41 \times 3) = 6.94$。地理—组织两维度层面，上海、江苏和浙江最大熵分别为 $\log_2(17 \times 9) = 7.26$、$\log_2(13 \times 9) = 6.87$、$\log_2(11 \times 9) = 6.63$，长三角最大熵为 $\log_2(41 \times 9) = 8.53$。技术—组织两维度层面，上海、江苏和浙江最大熵分别为 $\log_2(3 \times 9) = 4.76$，长三角最大熵为 $\log_2(9 \times 9) = 6.34$。

根据表 5-3 显示，2005~2013 年，长三角子区域地理、技术或（和）组织不确定性分布，其中，一维熵（H_g、H_t、H_o）、二维熵（H_{gt}、H_{go}、H_{to}）和三维熵（H_{gto}）从不同方面表示长三角地理—技术—组织创新分布的概况。

表 5-3　长三角区域地理、技术和组织熵

区域	年份	H_g	H_t	H_o	H_{gt}	H_{go}	H_{to}	$H_{gto} = H_s$
上海	2005	2.7290	1.5607	2.7174	3.8276	5.0626	3.8447	5.1653
	2006	2.8482	1.5345	2.7829	3.9837	5.2247	3.9276	5.3576
	2007	2.9965	1.5178	2.8126	4.1746	5.3321	4.0027	5.4417
	2008	3.0660	1.5093	2.8780	4.3020	5.4713	4.0932	5.7809
	2009	3.1053	1.5118	2.8734	4.3943	5.4653	4.0858	5.8382
	2010	3.1032	1.5052	2.8454	4.3797	5.4350	4.0980	5.8949
	2011	3.2035	1.4989	2.7840	4.4468	5.5081	4.1082	6.0865
	2012	3.2035	1.4989	2.6850	4.4905	5.4336	4.0230	6.0786
	2013	3.2021	1.4959	2.6471	4.4828	5.4708	3.9368	6.0426

续表

区域	年份	H_g	H_t	H_o	H_{gt}	H_{go}	H_{to}	$H_{gto} = H_s$
江苏	2005	2.8685	1.3249	2.3997	4.0404	4.8743	3.1537	5.0647
	2006	2.9083	1.3766	2.4419	4.1692	5.0035	3.3385	5.3134
	2007	2.8642	1.2923	2.5874	4.0634	5.1161	3.5574	5.6290
	2008	2.8207	1.3564	2.5814	4.0538	5.1073	3.7870	5.7963
	2009	2.8865	1.3155	2.6330	4.0875	5.2882	3.8057	5.9512
	2010	2.9535	1.2873	2.5301	4.1482	5.2102	3.6513	5.8651
	2011	2.9652	1.2891	2.5193	4.1202	5.2599	3.6851	5.9309
	2012	2.9639	1.2763	2.4593	4.0250	5.2118	3.6886	5.8508
	2013	2.9736	1.2763	2.3832	4.0250	5.2019	3.6255	5.8943
浙江	2005	2.8063	1.4766	2.5788	3.9448	5.0036	3.6254	5.4587
	2006	2.8341	1.5214	2.5895	3.9593	5.0415	3.6904	5.3282
	2007	2.7781	1.5138	2.6023	3.9356	5.0885	3.7082	5.4930
	2008	2.8136	1.4871	2.6305	3.9034	5.2061	3.8328	5.7128
	2009	2.8356	1.4720	2.5749	4.0004	5.2440	3.8853	5.9952
	2010	2.8264	1.4586	2.5272	3.9774	5.2076	3.8179	5.9391
	2011	2.8721	1.3878	2.4708	3.9050	5.2255	3.7572	5.9121
	2012	2.8683	1.3945	2.4095	4.0246	5.1574	3.7022	5.9387
	2013	2.8636	1.3811	2.3846	4.0202	5.1561	3.6530	5.9481
长三角	2005	4.3471	3.0401	4.1456	5.5019	6.5507	5.1485	6.8071
	2006	4.4289	3.0624	4.1940	5.6067	6.6728	5.2535	6.9123
	2007	4.4661	3.0288	4.2557	5.6437	6.7678	5.3484	7.1008
	2008	4.4895	3.0371	4.2869	5.6703	6.8533	5.4892	7.3469
	2009	4.5271	3.0147	4.2784	5.7346	6.9173	5.5037	7.5145
	2010	4.5422	2.9942	4.2152	5.7391	6.8662	5.4253	7.4820
	2011	4.5882	2.9626	4.1664	5.7109	6.9070	5.4101	7.5460
	2012	4.5860	2.9610	4.0936	5.7367	6.8425	5.3676	7.5269
	2013	4.5872	2.9557	4.0479	5.7326	6.8512	5.3031	7.5348

注：H_g、H_t、H_o 分别表示地理、技术和组织熵，H_{gt}、H_{go}、H_{to} 分别表示地理—技术、地理—组织和技术—组织熵，H_{gto} 表示地理—技术—组织熵，H_s 表示地理—技术—组织的真实熵（$H_s = H_{gto}$）。

资料来源：本书计算结果。

（1）地理分布熵（H_g）。长三角各区域内层面，2005年，上海区域地理熵为2.7290，相当于最大熵值$\log_2(17)=4.0875$的66.76%（或地理熵占比，比值见附录6）；江苏区域地理熵为2.8685，相当于最大熵值$\log_2(13)=3.70$的77.52%；浙江区域地理熵为2.8063，相当于最大熵值$\log_2(11)=3.46$的81.12%。2013年，上海、江苏和浙江地理熵值分别为3.2021、2.9736、2.8636，三地的地理熵占比分别为78.34%、80.36%、82.78%；而且按2005~2013年各区域地理熵值占比增加的趋势，其中由高到低依次为浙江、江苏和上海。这种情况可以理解为，浙江地区经济活动较为分散，上海地区经济活动较为集中，且区域经济活动渐趋向分散。长三角区域间层面，2005年地理熵为4.3471，相当于最大熵值$\log_2(41)=5.3576$的81.14%；2013年地理熵值为4.5872，地理熵占比为85.62%。这些说明，2005~2013年长三角地理熵呈上升趋势，长三角经济活动逐渐呈分散发展趋势。此外，2005~2013年长三角各区域内及区域间地理熵占比分布情况显示（见图5-3），长三角各区域内及区域间均呈上升趋势，尤其是上海区域上升速度最快，说明区域经济活动均渐趋分散发展趋势。

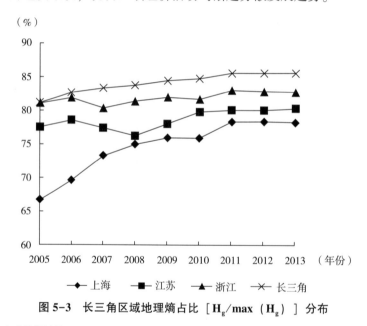

图5-3　长三角区域地理熵占比 [$H_g/\max(H_g)$] 分布

资料来源：本书计算结果。

（2）技术分布熵（H_t）。长三角各区域内层面，2005年，上海技术熵值为1.5607，相当于最大熵值$\log_2(3)=1.5850$的98.47%（或技术熵占比）；江苏技术熵值为1.3249，技术熵占比为83.59%；浙江技术熵值为1.4766，技术熵占比为93.16%。2013年，上海、江苏、浙江技术熵值分别为1.4959、1.2763、1.3811，技术熵占比分别为94.38%、80.52%、87.14%。由此可知，江苏地区技术熵值最低，表明技术熵偏态分布，存在相对更专业（单一）的产业结构，主要以中高技术制造业为主。而上海地区技术熵值最高，表明地区多样化产业结构，即高技术制造业、中高技术制造业和知识密集型服务业三类分布相对均等。长三角区域间层面，2005年长三角技术熵值为3.0401，相当于最大熵值 $\log_2(9)=3.1699$ 的95.90%；2013年技术熵值为2.9557，技术熵占比为93.24%。长三角区域技术熵值表明，技术产业结构倾向多样化发展。此外，2005~2013年长三角各区域内及区域间技术熵占比分布情况显示（见图5-4），上海和长三角区域地理熵占比变化相对平缓，江苏呈波动性下降趋势，浙江呈显著下降趋势，这表明江苏和浙江区域产业结构单一，上海产业结构多样化，长三角区域间技术交互水平相对较高，促使技术企业协同发展。

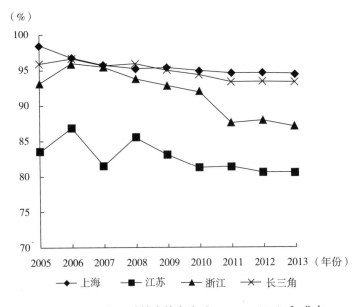

图5-4 长三角区域技术熵占比 [$H_t/\max(H_t)$] 分布

资料来源：本书计算结果。

（3）组织分布熵（H_o）。长三角各区域内层面，2005年上海组织熵值为2.7174，相当于最大熵值 $\log_2(9)=3.1699$ 的85.73%（或组织熵占比）；江苏组织熵值为2.3997，组织熵占比为75.70%；浙江组织熵值为2.5788，组织熵占比为81.35%。2013年，上海、江苏和浙江组织熵值分别为2.6471、2.3832、2.3846，组织熵占比分别为83.51%、75.18%、75.23%。由各地组织熵及占比可知，上海地区不同规模企业数更均等分布，而江苏和浙江地区存在非对称分布。长三角区域间层面，2005年长三角组织熵值为 4.1456，相当于最大熵值 $\log_2(27) = 4.7549$ 的 87.19%；2013 年组织熵值为 4.0479，组织熵占比为 85.13%。组织熵值表明，长三角组织规模呈相对均等分布。此外，2005~2013 年长三角各区域内及区域间组织熵占比分布情况显示（见图 5-5），长三角区域均呈先上升后下降趋势，2008 年是一个极大值点，但整体上越来越呈下降的趋势，说明上海和长三角区域组织分布相对均等，而江苏和浙江呈偏向非对称分布，区域的企业主要集中于大型企业。由于上海地区知识密集型服务业与高技术制造业和中高技术制造业均衡分布，而江苏和浙江地区以中高技术制造业为主，因此可知，江苏和浙江企业规模相对较大，且呈偏态分布。

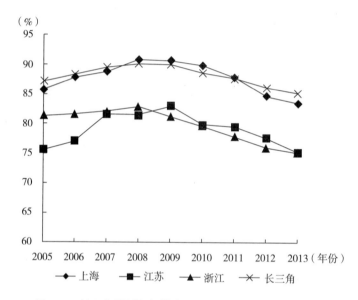

图 5-5　长三角区域组织熵占比 [$H_o/\max(H_o)$] 分布

资料来源：本书计算结果。

（4）地理—技术联合熵（H_{gt}）。长三角各区域内层面，2005 年上海地区的地理—技术联合熵为 3.8276，相当于最大熵值 $\log_2(17\times3) = 5.6724$ 的 67.48%（地理—技术联合熵占比）；江苏地区的地理—技术联合熵为 4.0404，相当于最大熵值 $\log_2(13\times3) = 5.2854$ 的 76.45%；浙江地区的地理—技术联合熵为 3.9448，相当于最大熵值 $\log_2(11\times3) = 5.0444$ 的 78.20%。2013 年，上海地区的地理—技术联合熵为 4.4828，地理—技术联合熵占比为 79.03%；江苏地区的地理—技术联合熵为 4.0250，地理—技术联合熵占比为 76.15%；浙江地区的地理—技术联合熵为 4.0202，地理—技术联合熵占比为 79.70%。长三角区域间层面，2005 年长三角区域的地理—技术联合熵为 5.5019，相当于最大熵值 $\log_2(41\times3) = 6.9425$ 的 79.25%，2013 年长三角区域的地理—技术联合熵为

5.7326，地理—技术联合熵占比为82.57%。此外，2005～2013年长三角各区域内及区域间地理—技术联合熵占比分布情况显示（见图5-6），上海和长三角区域地理—技术联合熵占比呈上升趋势，且上海的增速显著，江苏和浙江区域地理—技术联合熵占比呈波动性发展，但整体上趋于平缓。此外，长三角区域间处于最高的水平，表明长三角区域间的地理—技术联合熵较高，地理和技术之间存在一个较弱的连接，区域间不同类型的技术企业分散于不同的区域，因此，企业之间存在更多跨子区域交互及知识探索需求，不同产业类型的企业更为分散，即存在多样性技术经济。然而，上海处于最低水平，但于2011年后超过江苏，表明技术型企业更多倾向于浦东新区，与经济和技术（大学）水平紧密相连。

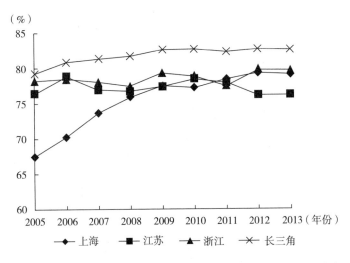

图5-6　长三角区域地理—技术熵占比 $[H_{gt}/max(H_{gt})]$ 分布

资料来源：本书计算结果。

（5）地理—组织联合熵（H_{go}）。长三角各区域内层面，2005年上海地理—组织联合熵为5.0626，相当于最大熵值 $\log_2(17\times9)=7.2574$ 的69.76%（地理—组织联合熵占比）；江苏地理—组织联合熵为4.8743，相当于最大熵值 $\log_2(13\times9)=6.8704$ 的70.95%；浙江地理—组织联合熵为5.0036，相当于最大熵值 $\log_2(11\times9)=6.6294$ 的75.48%。2013年上海地理—组织联合熵为5.4708，地理—组织联合熵占比为75.38%；江苏地理—组织联合熵为5.1415，地理—组织联合熵占比为75.72%；浙江地理—组织联合熵为5.1561，地理—组织联合熵占比为77.78%。长三角区域间层面，2005年地理—组织联合熵为6.5507，相当于最大熵值 $\log_2(41\times9)=8.5275$ 的76.82%，2013年长三角地理—组织联合熵为6.8512，地理—组织联合熵占比为80.34%。此外，2005～

2013年长三角各区域内及区域间地理—组织熵占比分布情况显示（见图5-7），长三角地理—组织联合熵占比均呈上升趋势，且长三角地理—组织联合熵占比最高，上海地理—组织联合熵占比最低。因此，长三角地区地企业组织控制水平较高，且不同规模的企业分布于不同子区域之间；上海地区企业组织控制水平较低，企业规模与地理分布相关性较高。

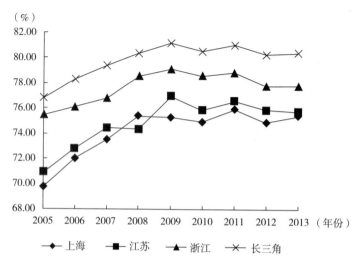

图5-7　长三角区域地理—组织联合熵占比 $[H_{go}/\max(H_{go})]$ 分布

资料来源：本书计算结果。

（6）技术—组织联合熵（H_{to}）。长三角各区域内层面，2005年上海地区技术—组织联合熵为3.8447，相当于最大熵值 $\log_2(3\times9)=4.7549$ 的80.86%（技术—组织联合熵占比）；江苏地区技术—组织联合熵为3.1537，相当于最大熵值 $\log_2(3\times9)=4.7549$ 的66.32%；浙江地区技术—组织联合熵为3.6254，相当于最大熵值 $\log_2(3\times9)=4.7549$ 的76.25%。2013年，上海地区技术—组织联合熵为3.9368，技术—组织联合熵占比为82.79%；江苏地区技术—组织联合熵为3.6255，技术—组织联合熵占比为76.25%；浙江地区技术—组织联合熵为3.6530，技术—组织联合熵占比为76.83%。长三角区域间层面，2005年长三角区域技术—组织联合熵为5.1485，相当于最大熵值 $\log_2(9\times9)=6.3399$ 的81.21%，2013年长三角区域技术—组织联合熵为5.3031，技术—组织联合熵占比为83.65%。此外，2005~2013年，长三角各区域内及区域间技术—组织联合熵占比分布情况显示（见图5-8），长三角区域技术—组织联合熵占比均呈先上升后下降的趋势，其中2009年是其一个极大值点，上海地区与江苏和浙江相比，技术—组织熵占比相对较高，江苏地区占比相对较低但增速最快，三地差距逐渐缩小。因此可知，上海地区技术和组织专业化联合水平最高，表明企业知识利用水平高，而江苏地区技术和组织专业化联合水平最低，即企业知识利用水平低。长三角区域间企业规模和技术存在多样性，彼此之间跨区域交互存在较大的发展空间，这也为长三角区域技术创新协同创造了有利条件。

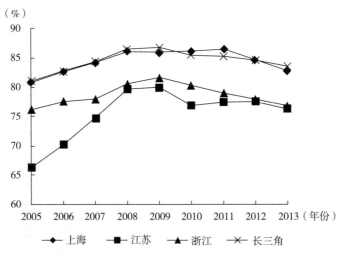

图 5-8　长三角区域地理—组织熵占比 [H_{to}/max（H_{to}）] 分布

资料来源：本书计算结果。

（7）地理—技术—组织联合熵（H_{gto}）。长三角各区域内层面，2005 年上海地区地理—技术—组织联合熵值为 5.1653，相当于最大熵值 $\log_2(17 \times 3 \times 9) = 8.8424$ 的 58.42%（地理—技术—组织联合熵占比）；江苏地区地理—技术—组织联合熵值为 5.0647，相当于最大熵值 $\log_2(13 \times 3 \times 9) = 8.4553$ 的 59.90%；浙江地区地理—技术—组织联合熵值为 5.4587，相当于最大熵值 $\log_2(11 \times 3 \times 9) = 8.2143$ 的 66.45%。2013 年，上海地区地理—技术—组织联合熵值为 6.0426，地理—技术—组织联合熵占比为 68.34%；江苏地区地理—技术—组织联合熵值为 5.8943，地理—技术—组织联合熵占比为 69.71%；浙江地区地理—技术—组织联合熵值为 5.9481，地理—技术—组织联合熵占比为 72.41%。长三角区域间层面，2005 年长三角区域地理—技术—组织联合熵为 6.8071，相当于最大熵值 $\log_2(41 \times 9 \times 3) = 10.1124$ 的 67.31%，2013 年长三角区域地理—技术—组织联合熵为 7.5348，地理—技术—组织联合熵占比为 74.51%。此外，2005~2013 年长三角各区域内及区域间地理—技术—组织联合熵占比分布情况显示（见图 5-9），各区域地理—技术—组织联合熵占比均呈上升趋势，且趋势线非常相似，由高到低依次是长三角、浙江、江苏、上海。因此可知，长三角区域技术经济活动的交互水平与预期存在差距，尤其是上海地区的三螺旋交互发展潜力有待进一步提高。

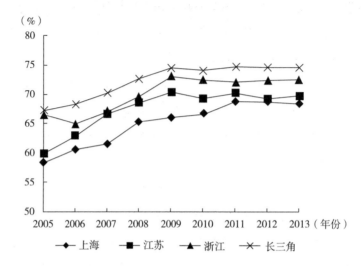

图 5-9　长三角区域地理—技术—组织熵占比 ［H_{gto}/max（H_{gto}）］分布

资料来源：本书计算结果。

由表 5-4 可知，2005～2013 年，长三角子区域地理、技术和组织共信息分布，包括二维共信息（T_{gt}、T_{go}、T_{to}）和三维共信息（T_{gto}），以及协同效率（η_{gto}）、相对未利用能力（ν_{gto}）和传输能力（ζ_{gto}），从不同方面反映长三角地理—技术—组织创新协同的概况。

表 5-4　长三角区域地理、技术和组织共信息、效率、相对未利用能力及传输能力

区域	年份	T_{gt}	T_{go}	T_{to}	T_{gto}	H_{max}	η	$R = H_{max} - H_s$	ν_{gto}	$\zeta_{gto} = \zeta_1$（$= \zeta_2$）
上海	2005	0.4621	0.3839	0.4334	-0.5625	8.8424	0.5842	3.6770	0.4158	0.3054
	2006	0.3991	0.4065	0.3898	-0.6127	8.8424	0.6059	3.4848	0.3941	0.3389
	2007	0.3397	0.4770	0.3277	-0.7408	8.8424	0.6154	3.4007	0.3846	0.3929
	2008	0.2733	0.4727	0.2941	-0.6323	8.8424	0.6538	3.0615	0.3462	0.3781
	2009	0.2228	0.5135	0.2994	-0.6167	8.8424	0.6603	3.0042	0.3397	0.3732
	2010	0.2287	0.5136	0.2526	-0.5640	8.8424	0.6667	2.9474	0.3333	0.3618
	2011	0.2556	0.4794	0.1746	-0.4903	8.8424	0.6883	2.7558	0.3117	0.3502
	2012	0.2119	0.4549	0.1609	-0.4811	8.8424	0.6874	2.7637	0.3126	0.3676
	2013	0.2152	0.3784	0.2063	-0.5027	8.8424	0.6834	2.7997	0.3166	0.3859

续表

区域	年份	T_{gt}	T_{go}	T_{to}	T_{gto}	H_{max}	η	$R = H_{max} - H_s$	ν_{gto}	$\zeta_{gto} = \zeta_1$ $(= \zeta_2)$
江苏	2005	0.1530	0.3940	0.5709	-0.4106	8.4553	0.5990	3.3906	0.4010	0.2686
	2006	0.1157	0.3467	0.4800	-0.4710	8.4553	0.6284	3.1420	0.3716	0.3332
	2007	0.0931	0.3355	0.3224	-0.3640	8.4553	0.6657	2.8264	0.3343	0.3265
	2008	0.1233	0.2947	0.1508	-0.3933	8.4553	0.6855	2.6591	0.3145	0.4088
	2009	0.1145	0.2314	0.1428	-0.3951	8.4553	0.7038	2.5041	0.2962	0.4471
	2010	0.0926	0.2734	0.1661	-0.3737	8.4553	0.6937	2.5902	0.3063	0.4126
	2011	0.1341	0.2246	0.1233	-0.3607	8.4553	0.7014	2.5244	0.2986	0.4280
	2012	0.2151	0.2114	0.0470	-0.3751	8.4553	0.6920	2.6046	0.3080	0.4420
	2013	0.2249	0.1549	0.0340	-0.3250	8.4553	0.6971	2.5611	0.3029	0.4399
浙江	2005	0.3382	0.3816	0.4301	-0.2533	8.2143	0.6645	2.7556	0.3355	0.1805
	2006	0.3962	0.3821	0.4204	-0.4180	8.2143	0.6487	2.8861	0.3513	0.2585
	2007	0.3564	0.2919	0.4079	-0.3451	8.2143	0.6687	2.7214	0.3313	0.2463
	2008	0.3972	0.2379	0.2847	-0.2985	8.2143	0.6955	2.5015	0.3045	0.2450
	2009	0.3072	0.1665	0.1616	-0.2519	8.2143	0.7298	2.2191	0.2702	0.2839
	2010	0.3075	0.1459	0.1678	-0.2518	8.2143	0.7230	2.2753	0.2770	0.2884
	2011	0.3549	0.1174	0.1014	-0.2449	8.2143	0.7197	2.3022	0.2803	0.2992
	2012	0.2383	0.1205	0.1019	-0.2730	8.2143	0.7230	2.2756	0.2770	0.3721
	2013	0.2245	0.0920	0.1127	-0.2520	8.2143	0.7241	2.2663	0.2759	0.3699
长三角	2005	1.8853	1.9420	2.0371	1.1388	10.1124	0.6731	3.3053	0.3269	0.1673
	2006	1.8846	1.9502	2.0028	1.0645	10.1124	0.6835	3.2002	0.3165	0.1540
	2007	1.8512	1.9539	1.9361	1.0914	10.1124	0.7022	3.0117	0.2978	0.1537
	2008	1.8563	1.9231	1.8348	1.1476	10.1124	0.7265	2.7655	0.2735	0.1562
	2009	1.8072	1.8882	1.7894	1.1792	10.1124	0.7431	2.5979	0.2569	0.1569
	2010	1.7973	1.8911	1.7841	1.2029	10.1124	0.7399	2.6305	0.2601	0.1608
	2011	1.8399	1.8476	1.7190	1.2352	10.1124	0.7462	2.5665	0.2538	0.1637
	2012	1.8103	1.8371	1.6869	1.2206	10.1124	0.7443	2.5856	0.2557	0.1622
	2013	1.8104	1.7839	1.7004	1.2387	10.1124	0.7451	2.5777	0.2549	0.1644

注：T_{gt}、T_{go}、T_{to}分别表示地理—技术、地理—组织和技术—组织共信息，T_{gto}表示地理—技术—组织共信息，η_{gto}表示协同效率，ν_{gto}表示协同相对未利用能力，ζ_{gto}表示协同传输能力。

资料来源：本书计算结果。

（8）地理—技术共信息（T_{gt}）。长三角各区域内层面，2005年上海、江苏和浙江地理—技术共信息值分别为0.4621、0.1530、0.3382；2013年，上海、江苏和浙江地区地理—技术共信息值分别为0.2152、0.2249、0.2245。长三角区域间层面，2005年长三角地理—技术共信息值为1.8853，2013年长三角地理—技术共信息值为1.8104。由图5-10及统计结果分析可知，长三角各区域内三地的地理—技术共信息值及发展趋势显示，三地共信息发展趋向一致，且值水平均相对较低，表示区域具有多样化的产业结构。长三角地理—技术共信息呈缓慢发展趋势，其值相对较高，这表明长三角区域间技术产业结构偏向于专业化发展，经济活动在技术方面地理集聚。

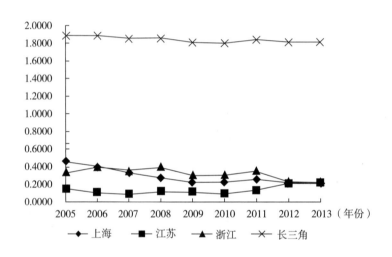

图5-10　长三角区域地理—技术共信息分布

资料来源：本书计算结果。

（9）地理—组织共信息（T_{go}）。长三角各区域内层面，2005年上海、江苏和浙江地理—组织共信息值分别为0.3839、0.3940、0.3816；2013年上海、江苏和浙江地理—组织共信息值分别为0.3784、0.1549、0.0920。长三角区域间层面，2005年长三角地理—组织共信息值最高为1.9420，2013年长三角地理—组织共信息值最低为1.7839。由图5-11及统计分析结果可知，长三角各区域内三地的共信息值均相对较低，表明所有组织结构规模控制水平高；长三角区域间地理—技术共信息值相对较高，且随时间呈下降趋势，表明组织规模地理偏态分布，不同组织结构规模的控制水平由低向高发展，经济活动在组织方面地理集聚。

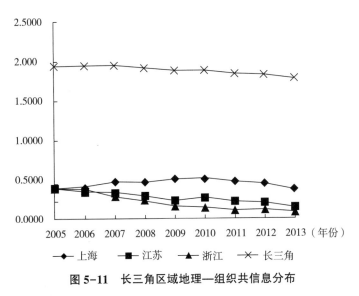

图 5-11　长三角区域地理—组织共信息分布

资料来源：本书计算结果。

（10）技术—组织共信息（T_{to}）。长三角各区域内层面，2005 年上海、江苏和浙江技术—组织共信息值分别为 0.4334、0.5709、0.4301；2013 年上海、江苏和浙江地区技术—组织共信息值分别为 0.2063、0.0340、0.1127。长三角区域间层面，2005 年长三角技术—组织共信息值为 2.0371，2013 年长三角技术—组织共信息值为 1.7004。由图 5-12 及统计分析结果可知，长三角各区域内三地共信息值均相对较低，呈下降趋势且三地趋势线非常相似，表明各区域内趋向低成熟的技术经济结构；长三角区域间技术—组织共信息值相对较高，随时间基本呈下降趋势，这表明长三角区域间技术经济结构欠成熟，区域需要一个相对较大的公共组织（或政府资助的企事业）。

（11）地理—技术—组织共信息（T_{gto}）。长三角各区域内层面，2005 年上海、江苏和浙江地理—技术—组织共信息值分别为 -0.5625、-0.4106、-0.2533。2013 年上海、江苏和浙江地区地理—技术—组织共信息值分别为 -0.5027、-0.3250、-0.2520。可见，三地的地理—技术—组织共信息值均为负值，这表明区域创新劳动力分工强度和生产力较高，三地相比，上海地区的创新期望组织拥有更多的创新资源。长三角区域间层面，2005 年长三角地理—技术—组织共信息值为 1.1388，2013 年长三角地理—技术—组织共信息值为 1.2387。可见，长三角地理—技术—组织共信息值均为正值，这表明长三角区域整体不确定性较高，与期望相差较大，跨区域协同发展需要给予高度关注。由图 5-13 及统计分析结果可知，长三角各区域内三地发展趋势呈波动性发展，且发展趋势非常相似；长三角区域间呈缓慢上升趋势，长三角区域系统不确定性较高。

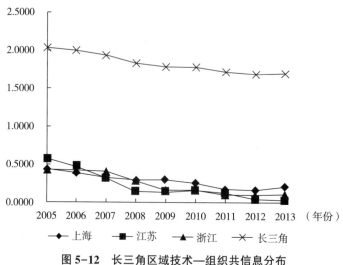

图 5-12　长三角区域技术—组织共信息分布

资料来源：本书计算结果。

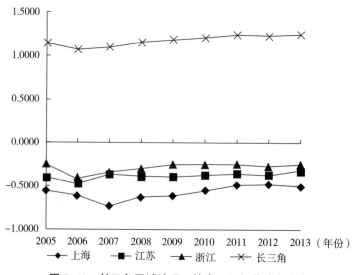

图 5-13　长三角区域地理—技术—组织共信息分布

资料来源：本书计算结果。

（12）协同效率（η_{gto}）方面。长三角各区域内层面，2005 年上海、江苏和浙江区域技术创新输入协同效率值分别为 0.5842、0.5990、0.6645；2013 年上海、江苏和浙江区域技术创新输入协同效率值分别为 0.6834、0.6971、0.7241。长三角区域间层面，2005 年长三角区域技术创新输入协同效率值为 0.6731，2013 年长三角区域技术创新输入协同效率值为 0.7451。由图 5-14 及统计分析结果可知，长三角区域技术创新输入协同效率均处于较高水平，且协同效率值由高到低依次为长三角区域间、浙江、江苏和上海，此外，长三角区域技术创新输入协同效率均呈逐渐递增趋势。

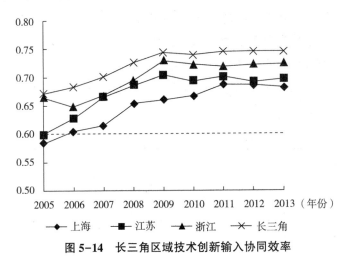

图 5-14　长三角区域技术创新输入协同效率

资料来源：本书计算结果。

（13）协同相对未利用能力（ν_{gto}）方面。长三角各区域内层面，2005 年上海、江苏和浙江区域技术创新输入协同相对未利用能力值分别为 0.4158、0.4010、0.3355；2013 年上海、江苏和浙江区域技术创新输入协同相对未利用能力值分别为 0.3166、0.3029、0.2759。长三角区域间层面，2005 年长三角区域技术创新输入协同相对未利用能力值为 0.3269，2013 年长三角区域技术创新输入协同相对未利用能力值为 0.2549。由图 5-15 及统计分析结果可知，长三角区域技术创新输入协同相对未利用能力均处于中等水平，相对未利用能力值由高到低依次为上海、江苏、浙江和长三角区域间；长三角区域技术创新输入协同相对未利用能力均呈下降趋势，这表明区域未利用能力部分（或冗余）较低，相比较而言，上海地区的系统有待发展空间更大。

（14）协同传输能力（ζ_{gto}）方面。长三角各区域内层面，2005 年上海、江苏和浙江区域技术创新输入协同传输能力值分别为 0.3054、0.2686、0.1805，表明上海区域技术创新输入协同传输能力处于中等水平，江苏和浙江区域技术创新输入协同传输能力水平较弱；2013 年上海、江苏和浙江区域技术创新输入协同传输能力值分别为 0.3859、0.4399、0.3699，三地区协同传输能力处于中等水平。长三角区域间层面，2005 年长三角区域技术创新输入协同传输能力值为 0.1673，2013 年长三角区域技术创新输入协同传输能力值为 0.1644，这表明长三角区域协同传输能力水平较弱。由图 5-16 及统计分析结果可知，长三角各区域内各地区域技术创新输入协同传输能力均呈波动性上升趋势，而长三角区域间协同传输能力基本呈平稳发展趋势。

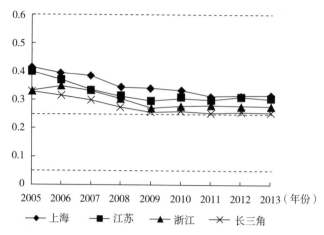

图 5-15　长三角区域技术创新输入协同相对未利用能力

资料来源：本书计算结果。

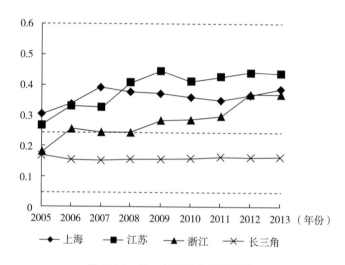

图 5-16　长三角区域协同传输能力

资料来源：本书计算结果。

　　综上所述，利用地理—技术—组织三维度指标，测评长三角区域技术创新输入协同度。研究发现，长三角各区域内，上海地区经济活动较为集中，产业结构多样化，系统未利用能力水平较高，显然，上海区域内可开发的资源空间很大；而江苏地区产业结构单一，偏向于中高技术制造业；上海、江苏和浙江各区域内的创新劳动分工强度和生产力均相对较高，尤其是上海地区的发展模式；长三角区域间层面，经济活动相对分散，企业规模与技术存在多样性，系统对资源利用能力的水平相对较高，长三角跨区域协同发展模式取得一定的成果，然而，由于三地的创新模式相似，致使系统交互水平与预期还存在差距，有待进一步开发更适合当地区域的跨区域协同发展模式。

二、京津冀—长三角区域技术创新输入协同度测评结果比较

（一）各区域内技术创新输入协同度对比

由表5-5可知，在京津冀各区域内，北京和河北地区的经济活动分散，天津地区经济活动集中；在长三角各区域内，上海、江苏和浙江地区的经济活动均相对分散。2005～2013年，京津冀各区域内河北地理熵最高，年均值为3.004，长三角各区域内上海地理熵最高，年均值为3.0508，高于河北地区的熵值。京津冀各区域内天津地理熵最低，年均值为2.2230，长三角各区域内浙江地理熵最低，年均值为2.8331，高于天津地区的熵值。北京地理熵年均值为2.9209，江苏地理熵年均值为2.9116，低于北京地区的熵值。可见，除天津地区之外，京津冀和长三角各区域内的经济活动均相对分散，尤其是上海地区的经济活动更为分散。

表5-5　京津冀—长三角各区域内地理、技术和组织一维熵

年份	北京	天津	河北	上海	江苏	浙江
H_g						
2005	3.0132	2.091	3.0912	2.729	2.8685	2.8063
2006	2.9968	2.0875	3.0437	2.8482	2.9083	2.8341
2007	2.8876	2.1713	3.059	2.9965	2.8642	2.7781
2008	2.7839	2.1044	2.9793	3.066	2.8207	2.8136
2009	2.8733	2.327	2.9847	3.1053	2.8865	2.8356
2010	2.8766	2.2664	2.9694	3.1032	2.9535	2.8264
2011	2.9453	2.3197	2.9697	3.2035	2.9652	2.8721
2012	2.9535	2.3197	2.9697	3.2035	2.9639	2.8683
2013	2.9583	2.3197	2.9697	3.2021	2.9736	2.8636
均值	2.9209	2.2230	3.0040	3.0508	2.9116	2.8331
H_t						
2005	1.4858	1.5774	0.8631	1.5607	1.3249	1.4766
2006	1.4989	1.5794	0.8366	1.5345	1.3766	1.5214

续表

年份	北京	天津	河北	上海	江苏	浙江
H_t						
2007	1.4925	1.5799	0.7871	1.5178	1.2923	1.5138
2008	1.4803	1.5799	0.8813	1.5093	1.3564	1.4871
2009	1.4322	1.5743	1.0434	1.5118	1.3155	1.472
2010	1.4422	1.5546	0.9997	1.5052	1.2873	1.4586
2011	1.4221	1.543	0.979	1.4989	1.2891	1.3878
2012	1.4313	1.543	0.979	1.4989	1.2763	1.3945
2013	1.4246	1.543	0.979	1.4959	1.2763	1.3811
均值	1.4567	1.5638	0.9276	1.5148	1.3105	1.4548
H_o						
2005	2.7594	2.7274	2.188	2.7174	2.3997	2.5788
2006	2.703	2.5436	2.1454	2.7829	2.4419	2.5895
2007	2.7014	2.407	2.2774	2.8126	2.5874	2.6023
2008	2.6707	2.3026	2.4665	2.878	2.5814	2.6305
2009	2.692	2.4537	2.5161	2.8734	2.633	2.5749
2010	2.7029	2.5208	2.5167	2.8454	2.5301	2.5272
2011	2.6471	2.4906	2.5367	2.784	2.5193	2.4708
2012	2.5939	2.4729	2.4405	2.685	2.4593	2.4095
2013	2.5387	2.4915	2.4116	2.6471	2.3832	2.3846
均值	2.6677	2.4900	2.3888	2.7806	2.5039	2.5298

注：H_g、H_t、H_o 分别表示地理熵、技术熵和组织熵。

资料来源：本书计算结果。

在京津冀各区域内，北京和天津地区的产业结构多样化，河北地区产业结构单一；在长三角各区域内，上海、江苏和浙江地区的产业结构均呈多样化，尤其是上海地区产业结构更为均等分布。2005～2013 年，京津冀各区域内天津技术熵最高，年均值为 1.5638，长三角各区域内上海技术熵最高，年均值为 1.5148，低于天津地区的熵值。京津冀各区域内河北技术熵最低，年均值为 0.9276，长三角各区域内江苏技术熵最低，年均值为 1.3105，高于河北地区的熵值。北京技术熵年均值为 1.4567，浙江技术熵年均值为 1.4548，低于北京地区的熵值。可见，天津、上海、北京和浙江地区的产业结构呈多样化分布，而河北和江苏两地的产业结构呈单一化分布。

在京津冀各区域内，北京地区所有规模的企业更为均等分布，天津和河北呈非对称分布；在长三角各区域内，上海、江苏和浙江地区所有规模的企业均等分布。2005~2013 年，京津冀各区域内北京组织熵最高，年均值为 2.6677，长三角各区域内上海组织熵最高，年均值为 2.7806，高于北京地区的熵值。京津冀各区域内河北组织熵最低，年均值为 2.3888，长三角各区域内江苏组织熵最低，年均值为 2.5039，高于河北地区的熵值。天津组织熵年均值为 2.4900，浙江组织熵年均值为 2.5298，高于天津地区。可见，除北京地区之外，长三角各区域内的熵值均高于京津冀各区域内，长三角各区域内所有规模企业较为均等分布，而京津冀各区域内的不同规模企业偏态分布。

由表 5-6 可知，在京津冀各区域内，北京和天津技术活动呈地理集聚；在长三角各区域内，上海、江苏和浙江地区的知识探索程度高。2005~2013 年，京津冀各区域内北京地理—技术联合熵最高，年均值为 3.8734，天津地理—技术联合熵年均值为 3.1560，河北地理—技术联合熵最低，年均值为 2.8517；长三角各区域内上海地理—技术联合熵最高，年均值为 4.2758，江苏地理—技术联合熵年均值为 4.0814，浙江地理—技术联合熵最低，年均值为 3.9634。可见，长三角各区域内各区域的地理—技术联合熵年均值均高于京津冀各区域内的熵值，长三角各区域内地理和技术连接性较弱，且各区域内的知识探索水平高。

表 5-6　京津冀—长三角各区域内地理、技术和组织二维联合熵

年份	北京	天津	河北	上海	江苏	浙江
H_{gt}						
2005	3.7361	2.6924	2.6106	3.8276	4.0404	3.9448
2006	3.9164	2.7272	2.6566	3.9837	4.1692	3.9593
2007	3.8815	2.8895	2.7719	4.1746	4.0634	3.9356
2008	3.7851	2.8895	2.7232	4.302	4.0538	3.9034
2009	3.8807	3.352	3.0027	4.3943	4.0875	4.0004
2010	3.8893	3.455	2.9951	4.3797	4.1482	3.9774
2011	3.9118	3.5074	2.9683	4.4468	4.1202	3.905
2012	3.9263	3.4455	2.9683	4.4905	4.025	4.0246
2013	3.933	3.4455	2.9683	4.4828	4.025	4.0202
均值	3.8734	3.1560	2.8517	4.2758	4.0814	3.9634

年份	北京	天津	河北	上海	江苏	浙江
H_{go}						
2005	5.3025	4.1645	4.4764	5.0626	4.8743	5.0036
2006	5.2654	4.0911	4.2398	5.2247	5.0035	5.0415
2007	5.0917	4.0289	4.601	5.3321	5.1161	5.0885
2008	5.0736	3.9653	4.4989	5.4713	5.1073	5.2061
2009	5.2208	4.0632	4.5876	5.4653	5.2882	5.244
2010	5.2522	4.1062	4.6701	5.435	5.2102	5.2076
2011	5.2872	4.1933	4.6198	5.5081	5.2599	5.2255
2012	5.2719	4.0632	4.6879	5.4336	5.2118	5.1574
2013	5.1944	4.1734	4.6898	5.4708	5.2019	5.1561
均值	5.2177	4.0943	4.5635	5.3782	5.1415	5.1478
H_{to}						
2005	3.9759	3.182	2.2988	3.8447	3.1537	3.6254
2006	4.044	3.125	2.2826	3.9276	3.3385	3.6904
2007	4.0461	3.2195	2.5366	4.0027	3.5574	3.7082
2008	3.9494	3.1463	2.9037	4.0932	3.787	3.8328
2009	3.9134	3.4686	3.1846	4.0858	3.8057	3.8853
2010	4.0528	3.2679	3.3018	4.098	3.6513	3.8179
2011	4.007	3.3308	3.2636	4.1082	3.6851	3.7572
2012	3.943	3.3826	3.2099	4.023	3.6886	3.7022
2013	3.8522	3.4557	3.1616	3.9368	3.6255	3.653
均值	3.9760	3.2865	2.9048	4.0133	3.5881	3.7414

注：H_{gt}、H_{go}、H_{to}分别表示地理—技术熵、地理—组织熵和技术—组织熵。

资料来源：本书计算结果。

在京津冀各区域内，北京地区组织控制水平较高，且所有规模的企业分散于各区域内；在长三角各区域内，上海地区组织控制水平较高。2005～2013 年，京津冀各区域内北京地理—组织联合熵最高，年均值为 5.2177，长三角各区域内上海地理—组织联合熵最低，年均值为 5.3782，高于北京地区的熵值。京津冀各区域内天津地理—技术联合熵最低，年均值为 4.0943，长三角各区域内江苏地理—技术联合熵最低，年均值为 5.1415，高于天津地区的熵值。河北地理—技术联合熵年均值为

4.5635，浙江地理—技术联合熵年均值为 5.1478，高于河北地区的熵值。可见，上海、北京、浙江和江苏地区的组织控制水平相对较高，而河北和天津地区的组织控制水平较低。

在京津冀各区域内，北京地区技术产业结构多样化，企业知识利用水平高；在长三角各区域内，上海和浙江地区企业知识利用水平较高。2005～2013 年，京津冀各区域内北京技术—组织联合熵最高，年均值为 3.9760，长三角各区域内上海技术—组织联合熵最高，年均值为 4.0133，高于北京地区的熵值。京津冀各区域内河北技术—组织联合熵最低，年均值为 2.9048，长三角各区域内江苏技术—组织联合熵最低，年均值为 3.5881，高于河北地区的熵值。天津技术—组织联合熵年均值为 3.2865，浙江技术—组织联合熵年均值为 3.7414，高于天津地区的熵值。可见，上海、北京、浙江和江苏地区企业知识利用水平较高，而天津和河北地区的企业知识利用水平相对较低。

由表 5-7 可知，在京津冀各区域内，北京地区技术经济活动交互水平较高；在长三角各区域内，浙江和上海地区技术经济活动交互水平较高。2005～2013 年，京津冀各区域内北京地区地理—技术—组织联合熵最高，年均值为 5.6103，长三角各区域内浙江地理—技术—组织联合熵最高，年均值为 5.7473，高于北京地区熵值。京津冀各区域内天津地区地理—技术—组织联合熵最低，年均值为 3.8583，长三角各区域内浙江地理—技术—组织联合熵最低，年均值为 5.6995，高于天津地区熵值。河北地理—技术—组织联合熵年均值为 4.0382，上海地理—技术—组织联合熵年均值为 5.7429，高于河北地区熵值。可见，长三角各区域内地理—技术—组织联合熵均高于京津冀各区域内的熵值，长三角各区域内技术经济活动交互水平均较高。

表 5-7　京津冀—长三角各区域内地理、技术和组织三维联合熵

年份	北京	天津	河北	上海	江苏	浙江
H_{gto}						
2005	5.2989	3.5216	3.5216	5.1653	5.0647	5.4587
2006	5.3148	3.625	3.5069	5.3576	5.3134	5.3282
2007	5.4045	3.6169	3.8522	5.4417	5.629	5.493
2008	5.4903	3.6169	4.1219	5.7809	5.7963	5.7128
2009	5.6882	4.0888	4.2516	5.8382	5.9512	5.9952
2010	5.7382	3.9387	4.3158	5.8949	5.8651	5.9391

年份	北京	天津	河北	上海	江苏	浙江
H_{gto}						
2011	5.891	4.0029	4.2825	6.0865	5.9309	5.9121
2012	5.8491	4.1039	4.2364	6.0786	5.8508	5.9387
2013	5.8176	4.2099	4.2545	6.0426	5.8943	5.9481
均值	5.6103	3.8583	4.0382	5.7429	5.6995	5.7473

注：H_{gto}分别表示地理—技术—组织熵。

资料来源：本书计算结果。

由表5-8可知，2005～2013年京津冀各区域内河北地理—技术共信息值最高，年均值为1.0800，长三角各区域内浙江地理—技术共信息值最高，年均值为0.3245，低于河北区域内的共信息值。京津冀各区域内北京地理—技术共信息值最低，年均值为0.5042，长三角各区域内江苏地理—技术共信息值最低，年均值为0.1407，低于北京的共信息值。天津区域地理—技术共信息年均值为0.6308，上海区域地理—技术共信息年均值为0.2898，低于天津地区的共信息值。可见，京津冀各区域内共信息值高于长三角各区域内，表明长三角各区域内产业结构更为多样化，各区域内的企业更为偏向大城市群发展，对知识探索的需求更高。

表5-8　京津冀—长三角各区域内地理、技术和组织二维共信息

年份	北京	天津	河北	上海	江苏	浙江
T_{gt}						
2005	0.7628	0.9760	1.3437	0.4621	0.1530	0.3382
2006	0.5792	0.9397	1.2237	0.3991	0.1157	0.3962
2007	0.4985	0.8616	1.0743	0.3397	0.0931	0.3564
2008	0.4791	0.7947	1.1374	0.2733	0.1233	0.3972
2009	0.4248	0.5493	1.0254	0.2228	0.1145	0.3072
2010	0.4295	0.3660	0.9740	0.2287	0.0926	0.3075
2011	0.4556	0.3554	0.9804	0.2556	0.1341	0.3549
2012	0.4585	0.4173	0.9804	0.2119	0.2151	0.2383
2013	0.4498	0.4173	0.9804	0.2152	0.2249	0.2245
均值	0.5042	0.6308	1.0800	0.2898	0.1407	0.3245

续表

年份	北京	天津	河北	上海	江苏	浙江
T_{go}						
2005	0.4701	0.6539	0.8027	0.3839	0.3940	0.3816
2006	0.4344	0.5399	0.9493	0.4065	0.3467	0.3821
2007	0.4973	0.5494	0.7355	0.4770	0.3355	0.2919
2008	0.3810	0.4417	0.9469	0.4727	0.2947	0.2379
2009	0.3444	0.7175	0.9132	0.5135	0.2314	0.1665
2010	0.3273	0.6810	0.8160	0.5136	0.2734	0.1459
2011	0.3051	0.6170	0.8865	0.4794	0.2246	0.1174
2012	0.2756	0.7294	0.7222	0.4549	0.2114	0.1205
2013	0.3026	0.6378	0.6915	0.3784	0.1549	0.0920
均值	0.3708	0.6186	0.8293	0.4533	0.2741	0.2151
T_{to}						
2005	0.2693	1.1228	0.7523	0.4334	0.5709	0.4301
2006	0.1578	0.9980	0.6995	0.3898	0.4800	0.4204
2007	0.1478	0.7674	0.5279	0.3277	0.3224	0.4079
2008	0.2016	0.7361	0.4441	0.2941	0.1508	0.2847
2009	0.2107	0.5595	0.3750	0.2994	0.1428	0.1616
2010	0.0923	0.8075	0.2146	0.2526	0.1661	0.1678
2011	0.0622	0.7028	0.2521	0.1746	0.1233	0.1014
2012	0.0822	0.6334	0.2096	0.1609	0.0470	0.1019
2013	0.1110	0.5789	0.2291	0.2063	0.0340	0.1127
均值	0.1483	0.7674	0.4116	0.2821	0.2264	0.2432

注：T_{gt}、T_{go}、T_{to}分别表示地理—技术共信息、地理—组织共信息和技术—组织共信息。

资料来源：本书计算结果。

2005~2013年，京津冀各区域内河北地理—组织共信息值最高，年均值为0.8293，长三角各区域内上海地理—组织共信息值最高，年均值为0.4533，高于河北地区的共信息值。京津冀各区域内北京地理—组织共信息值最低，年均值为0.3708，长三角各区域内浙江地理—组织共信息值最低，年均值为0.2151，低于北京地区的共信息值。天津区域地理—组织共信息年均值为0.6186，江苏区域地理—组织共信息年均值为0.2741，低于天津地区的共信息值。可见，天津和河北地区组织规模地理偏态分布，浙江、江苏、北京和上海地区的组织地理区位控制水平相对较高。

2005~2013 年，京津冀各区域内天津技术—组织共信息值最高，年均值为 0.7674，长三角各区域内上海技术—组织共信息值最高，年均值为 0.2821，低于天津地区的共信息值。京津冀各区域内北京技术—组织共信息值最低，年均值为 0.1483，长三角各区域内江苏技术—组织共信息值最低，年均值为 0.2264，高于北京地区的共信息值。河北区域技术—组织共信息年均值为 0.4116，浙江区域技术—组织共信息年均值为 0.2432，低于河北地区的共信息值。可见，天津和河北地区技术经济结构较为欠成熟，上海、浙江、江苏和北京地区技术经济结构相对成熟。

由表 5-9 可知，地理—技术—组织共信息方面，2005~2013 年京津冀各区域内河北地理—技术—组织共信息值最高，年均值为 0.0386，长三角各区域内浙江地理—技术—组织共信息值最高，年均值为 -0.2876，低于河北地区的共信息值。京津冀各区域内北京地理—技术—组织共信息值最低，年均值为 -0.4116，长三角各区域内上海地理—技术—组织共信息值最低，年均值为 -0.5781，低于北京地区的共信息值。可见，河北地区不确定性较高，预期状态较差，而上海、北京和天津地区的创新劳动分工强度和生产力较高，地区的创新活动期望组织更多的资源。

表 5-9　京津冀—长三角各区域内地理、技术和组织三维共信息

年份	北京	天津	河北	上海	江苏	浙江
T_{gto}						
2005	-0.4572	-0.1214	0.2781	-0.5625	-0.4106	-0.2533
2006	-0.7124	-0.1079	0.3537	-0.6127	-0.4710	-0.4180
2007	-0.5334	-0.3630	0.0662	-0.7408	-0.3640	-0.3451
2008	-0.3828	-0.3974	0.3232	-0.6323	-0.3933	-0.2985
2009	-0.3293	-0.4400	0.0210	-0.6167	-0.3951	-0.2519
2010	-0.4344	-0.5485	-0.1654	-0.5640	-0.3737	-0.2518
2011	-0.3006	-0.6752	-0.0838	-0.4903	-0.3607	-0.2449
2012	-0.3134	-0.4517	-0.2405	-0.4811	-0.3751	-0.2730
2013	-0.2406	-0.5104	-0.2048	-0.5027	-0.3250	-0.2520
均值	-0.4116	-0.4017	0.0386	-0.5781	-0.3854	-0.2876

注：T_{gto} 表示地理—技术—组织共信息。

资料来源：本书计算结果。

由表 5-10 可知，在京津冀各区域内，北京区域技术创新输入协同效率水平较高；在长三角各区域内，上海、江苏和浙江区域技术创新输入协同效率水平较高。2005～2013 年，京津冀各区域内北京的协同效率最高，年均值为 0.6408，长三角各区域内浙江的协同效率最高，年均值为 0.6997，高于北京的协同效率水平。京津冀各区域内河北区域技术创新输入协同效率最低，年均值为 0.4916，长三角各区域内上海区域技术创新输入协同效率最低，年均值为 0.6495，高于河北的协同效率水平。天津区域技术创新输入协同效率年均值为 0.5102，江苏区域技术创新输入协同效率年均值为 0.6741，高于天津地区的协同效率水平。可见，浙江、江苏、上海和北京区域技术创新输入协同效率较高，而天津和河北区域技术创新输入协同效率处于中等水平。从总体上来看，长三角各区域内协同效率均高于京津冀各区域内技术创新输入协同效率水平。

表 5-10　京津冀—长三角各区域内技术创新输入协同效率、相对未利用能力和传输能力

年份	北京	天津	河北	上海	江苏	浙江
η_{gto}						
2005	0.6052	0.4657	0.4287	0.5842	0.5990	0.6645
2006	0.6071	0.4794	0.4269	0.6059	0.6284	0.6487
2007	0.6173	0.4783	0.4690	0.6154	0.6657	0.6687
2008	0.6271	0.4783	0.5018	0.6538	0.6855	0.6955
2009	0.6497	0.5407	0.5176	0.6603	0.7038	0.7298
2010	0.6554	0.5208	0.5254	0.6667	0.6937	0.7230
2011	0.6729	0.5293	0.5213	0.6883	0.7014	0.7197
2012	0.6681	0.5427	0.5157	0.6874	0.6920	0.7230
2013	0.6645	0.5567	0.5179	0.6834	0.6971	0.7241
均值	0.6408	0.5102	0.4916	0.6495	0.6741	0.6997
ν_{gto}						
2005	0.3948	0.5343	0.5713	0.4158	0.4010	0.3355
2006	0.3929	0.5206	0.5731	0.3941	0.3716	0.3513
2007	0.3827	0.5217	0.5310	0.3846	0.3343	0.3313
2008	0.3729	0.5217	0.4982	0.3462	0.3145	0.3045
2009	0.3503	0.4593	0.4824	0.3397	0.2962	0.2702
2010	0.3446	0.4792	0.4746	0.3333	0.3063	0.2770

年份	北京	天津	河北	上海	江苏	浙江
v_{gto}						
2011	0.3271	0.4707	0.4787	0.3117	0.2986	0.2803
2012	0.3319	0.4573	0.4843	0.3126	0.3080	0.2770
2013	0.3355	0.4433	0.4821	0.3166	0.3029	0.2759
均值	0.3592	0.4898	0.5084	0.3505	0.3259	0.3003
$\zeta_{gto} = \zeta_1$（$= \zeta_2$）						
2005	0.2333	0.0423	0.0790	0.3054	0.2686	0.1805
2006	0.3782	0.0417	0.1009	0.3389	0.3332	0.2585
2007	0.3181	0.1428	0.0172	0.3929	0.3265	0.2463
2008	0.2650	0.1677	0.0784	0.3781	0.4088	0.2450
2009	0.2515	0.1941	0.0049	0.3732	0.4471	0.2839
2010	0.3385	0.2283	0.0762	0.3618	0.4126	0.2884
2011	0.2675	0.2873	0.0381	0.3502	0.4280	0.2992
2012	0.2775	0.2024	0.1117	0.3676	0.4420	0.3721
2013	0.2179	0.2380	0.0973	0.3859	0.4399	0.3699
均值	0.2831	0.1716	0.0671	0.3616	0.3896	0.2827

注：η_{gto}、v_{gto}、ζ_{gto} 分别表示地理—技术—组织的协同效率、相对未利用能力和传输能力，ζ_1 和 ζ_2 表示两种不同情况的协同传输能力。

资料来源：本书计算结果。

2005~2013 年，京津冀各区域内河北区域技术创新输入协同相对未利用能力值最高，年均值为 0.5084，长三角各区域内上海区域技术创新输入协同相对未利用能力值最高，年均值为 0.3505，低于河北地区的协同相对未利用能力水平。京津冀各区域内北京区域技术创新输入协同相对未利用能力值最低，年均值为 0.3592，长三角各区域内浙江区域技术创新输入协同相对未利用能力值最低，年均值为 0.3003，低于北京地区的协同相对未利用能力水平。天津区域技术创新输入协同相对未利用能力年均值为 0.4898，江苏区域技术创新输入协同相对未利用能力年均值为 0.3259，低于天津地区的协同相对未利用能力水平。可见，尽管京津冀各区域内和长三角各区域内技术创新输入协同相对未利用能力均处于中等水平，但京津冀各区域内均高于长三角各区域内技术创新输入协同相对未利用能力水平。

2005~2013 年，京津冀各区域内北京区域技术创新输入协同传输能力值最高，年均值为 0.2831，长三角各区域内江苏区域技术创新输入协同传输能力值最高，年均值为 0.3896，高于北京地区的协同传输能力水平。京津冀各区域内河北区域技术创新输入协同传输能力值最低，年均值为 0.0671，长三角各区域内浙江区域技术创新输入协同传输能力值最低，年均值为 0.2827，高于河北地区的协同传输能力水平。天津区域技术创新输入协同传输能力年均值为 0.1716，上海区域技术创新输入协同传输能力年均值为 0.3616，高于天津地区的协同传输能力水平。可见，江苏、上海、北京和浙江区域技术创新输入协同传输能力均处于中等水平，而天津和河北区域技术创新输入协同传输能力水平较弱。

(二) 区域间技术创新输入协同度对比

由表 5-11 可知，地理熵方面，2005~2013 年京津冀区域间地理熵年均值为 4.0036，长三角区域间地理熵年均值为 4.5069，高于京津冀区域间的熵值。可见，京津冀区域间经济活动集中，呈偏态分布，而长三角区域间经济活动相对分散，且经济活动较为活跃。技术熵方面，2005~2013 年，京津冀区域间技术熵年均值为 2.4888，长三角区域间技术熵年均值为 3.0063，高于京津冀区域间的熵值。可见，京津冀区域间技术产业结构单一，而长三角区域间技术产业结构多样化，技术交互水平相对较高，促使技术企业协同发展。组织熵方面，2005~2013 年，京津冀区域间组织熵年均值为 3.7596，长三角区域间技术熵年均值为 4.1871，高于京津冀区域间的熵值。这表明，京津冀区域间所有规模的企业非对称分布，长三角区域间不同规模的企业更为均等分布。

表 5-11　京津冀—长三角区域间地理、技术和组织一维熵

年份	H_g		H_t		H_o	
	京津冀	长三角	京津冀	长三角	京津冀	长三角
2005	4.1585	4.3471	2.6087	3.0401	3.9207	4.1456
2006	4.1073	4.4289	2.5982	3.0624	3.8208	4.194
2007	4.0228	4.4661	2.5247	3.0288	3.7924	4.2557
2008	3.8806	4.4895	2.4481	3.0371	3.7402	4.2869
2009	3.9541	4.5271	2.4711	3.0147	3.7660	4.2784

年份	H_g		H_t		H_o	
	京津冀	长三角	京津冀	长三角	京津冀	长三角
2010	3.9544	4.5422	2.4806	2.9942	3.7951	4.2152
2011	3.9835	4.5882	2.4222	2.9626	3.722	4.1664
2012	3.9863	4.586	2.4237	2.961	3.6633	4.0936
2013	3.9849	4.5872	2.4219	2.9557	3.6156	4.0479
均值	4.0036	4.5069	2.4888	3.0063	3.7596	4.1871

注：H_g、H_t、H_o分别表示地理熵、技术熵和组织熵。

资料来源：本书计算结果。

由表5-12可知，地理—技术联合熵方面，2005~2013年京津冀区域间地理—技术联合熵年均值为4.7282，长三角区域间地理—技术联合熵年均值为5.6752，高于京津冀区域间的熵值。可见，长三角区域间不同技术产业类型的企业更为均等分散于不同的各区域内，企业之间存在更多跨区域交互及知识探索水平较高，存在多样性技术经济。地理—组织联合熵方面，2005~2013年京津冀区域间地理—组织联合熵年均值为6.1181，长三角区域间地理—组织联合熵年均值为6.8032，高于京津冀区域间的熵值。这表明，长三角区域间所有规模的企业分散于不同的区域，组织控制水平相对更高。技术—组织联合熵方面，2005~2013年京津冀区域间技术—组织联合熵年均值为4.8286，长三角区域间技术—组织联合熵年均值为5.3610，高于京津冀区域间的熵值。这说明，相比较而言，长三角区域间不同规模的技术型企业存在多样性，知识利用水平较高。地理—技术—组织联合熵方面，2005~2013年京津冀区域间地理—技术—组织联合熵年均值为6.2637，长三角区域间地理—技术—组织联合熵年均值为7.3079，高于京津冀区域间的熵值，可知，长三角区域间技术经济活动交互水平较高。

表5-12　京津冀—长三角区域间地理、技术和组织二维及三维联合熵

年份	H_{gt}		H_{go}		H_{to}		H_{gto}	
	京津冀	长三角	京津冀	长三角	京津冀	长三角	京津冀	长三角
2005	4.6042	5.5019	6.2349	6.5507	4.7971	5.1485	5.9515	6.8071
2006	4.7315	5.6067	6.1626	6.6728	4.828	5.2535	5.9709	6.9123
2007	4.712	5.6437	6.0551	6.7678	4.8447	5.3484	6.0666	7.1008

年份	H_gt		H_go		H_to		H_gto	
	京津冀	长三角	京津冀	长三角	京津冀	长三角	京津冀	长三角
2008	4.5829	5.6703	5.9911	6.8533	4.7595	5.4892	6.1404	7.3469
2009	4.7613	5.7346	6.063	6.9173	4.8352	5.5037	6.3746	7.5145
2010	4.7989	5.7391	6.1602	6.8662	4.9381	5.4253	6.4008	7.482
2011	4.7878	5.7109	6.1655	6.907	4.8754	5.4101	6.5174	7.546
2012	4.7872	5.7367	6.1314	6.8425	4.8283	5.3676	6.4812	7.5269
2013	4.7881	5.7326	6.0994	6.8512	4.7511	5.3031	6.4696	7.5348
均值	4.7282	5.6752	6.1181	6.8032	4.8286	5.3610	6.2637	7.3079

注：H_{gt}、H_{go}、H_{to}分别表示地理—技术熵、地理—组织熵和技术—组织熵，H_{gto}表示地理—技术—组织熵。

资料来源：本书计算结果。

由表 5-13 可知，2005~2013 年京津冀区域间地理—技术共信息值年均值为 1.7642，长三角区域间地理—技术共信息年均值为 1.8380，高于京津冀区域间的共信息值。这表明，长三角区域间的产业结构多样化，区域间产业知识探索程度较高。2005~2013 年京津冀区域间地理—组织共信息年均值为 1.6450，长三角区域间地理—组织共信息年均值为 1.8908，高于京津冀区域间的共信息值。这表明，与京津冀区域间相比，长三角区域间所有规模的组织控制水平较高。2005~2013 年京津冀区域间技术—组织共信息年均值为 1.4198，长三角区域间技术—组织共信息年均值为 1.8323，高于京津冀区域间的共信息值。这表明，与京津冀区域间相比，长三角区域间的技术经济结构过于成熟。地理—技术—组织共信息方面，2005~2013 年京津冀区域间地理—技术—组织共信息年均值为 0.8407，长三角区域间地理—技术—组织共信息年均值为 1.1688，高于京津冀区域间的共信息值。两区域共信息均为正值，这表明区域间整体不确定性较高，预期水平相差较大，尤其是长三角区域间协同发展需要进一步提高。

表 5-13　京津冀—长三角区域间地理、技术和组织二维及三维共信息

年份	T_gt		T_go		T_to		T_gto	
	京津冀	长三角	京津冀	长三角	京津冀	长三角	京津冀	长三角
2005	2.1630	1.8853	1.8443	1.9420	1.7324	2.0371	1.0033	1.1388
2006	1.9740	1.8846	1.7655	1.9502	1.5910	2.0028	0.7751	1.0645

年份	T_{gt}		T_{go}		T_{to}		T_{gto}	
	京津冀	长三角	京津冀	长三角	京津冀	长三角	京津冀	长三角
2007	1.8355	1.8512	1.7601	1.9539	1.4725	1.9361	0.7947	1.0914
2008	1.7458	1.8563	1.6297	1.9231	1.4287	1.8348	0.8757	1.1476
2009	1.6638	1.8072	1.6571	1.8882	1.4019	1.7894	0.9063	1.1792
2010	1.6362	1.7973	1.5893	1.8911	1.3376	1.7841	0.7337	1.2029
2011	1.6179	1.8399	1.5400	1.8476	1.2688	1.7190	0.8165	1.2352
2012	1.6227	1.8103	1.5181	1.8371	1.2586	1.6869	0.8075	1.2206
2013	1.6187	1.8104	1.5011	1.7839	1.2863	1.7004	0.8534	1.2387
均值	1.7642	1.8380	1.6450	1.8908	1.4198	1.8323	0.8407	1.1688

注：T_{gt}、T_{go}、T_{to} 分别表示地理—技术共信息、地理—组织共信息和技术—组织共信息，T_{gto} 表示地理—技术—组织共信息。

资料来源：本书计算结果。

由表 5-14 可知，在协同效率方面，2005～2013 年京津冀区域间技术创新输入协同效率年均值为 0.6364，长三角区域间技术创新输入协同效率年均值为 0.7227，高于京津冀区域间的协同效率水平。这表明，京津冀区域间与长三角区域间技术创新输入协同效率均处于较高水平。在协同相对未利用能力方面，2005～2013 年京津冀区域间技术创新输入协同相对未利用能力年均值为 0.3636，长三角区域间技术创新输入协同相对未利用能力年均值为 0.2773，低于京津冀区域间的协同相对未利用能力水平。这表明，京津冀区域间与长三角区域间技术创新输入协同相对未利用能力均处于中等水平。在协同传输能力方面，2005～2013 年京津冀区域间技术创新输入协同传输能力年均值为 0.1345，长三角区域间技术创新输入协同传输能力年均值为 0.1599，高于京津冀区域间的协同传输能力水平。这表明，京津冀区域间与长三角区域间技术创新输入协同传输能力均处于较弱水平。

表 5-14 京津冀—长三角区域间技术创新输入协同效率、相对未利用能力及传输能力

年份	η_{gto}		ν_{gto}		$\zeta_{gto} = \zeta_1 \ (=\zeta_2)$	
	京津冀	长三角	京津冀	长三角	京津冀	长三角
2005	0.6047	0.6731	0.3953	0.3269	0.1686	0.1673
2006	0.6067	0.6835	0.3933	0.3165	0.1298	0.1540

续表

年份	η_{gto}		ν_{gto}		$\zeta_{gto} = \zeta_1 \ (=\zeta_2)$	
	京津冀	长三角	京津冀	长三角	京津冀	长三角
2007	0.6164	0.7022	0.3836	0.2978	0.1310	0.1537
2008	0.6239	0.7265	0.3761	0.2735	0.1426	0.1562
2009	0.6477	0.7431	0.3523	0.2569	0.1422	0.1569
2010	0.6503	0.7399	0.3497	0.2601	0.1146	0.1608
2011	0.6622	0.7462	0.3378	0.2538	0.1253	0.1637
2012	0.6585	0.7443	0.3415	0.2557	0.1246	0.1622
2013	0.6573	0.7451	0.3427	0.2549	0.1319	0.1644
均值	0.6364	0.7227	0.3636	0.2773	0.1345	0.1599

注：η_{gto}、ν_{gto}、ζ_{gto}分别表示地理—技术—组织的协同效率、相对未利用能力和传输能力，ζ_1和ζ_2表示两种不同情况的协同传输能力。

资料来源：本书计算结果。

第二节 京津冀—长三角区域技术创新过程协同度比较

一、长三角区域技术创新过程协同度测评

（一）技术创新过程协同度样本数据

本书依据第四章第二节所论述的指标，以《中国科技统计年鉴》《中国统计年鉴》和《中国高技术产业统计年鉴》等统计年鉴的数据为来源，选取 2005~2013 年长三角的数据，经过对数据的处理，最终形成 2005~2013 年长三角区域技术创新过程各子系统序参量的数值。

（二）技术创新过程协同度测评结果

由于各序参量的观测标准不统一，为消除量纲之间数量级差异较大的影响，本

书将原始数据通过标准化处理后代入式（3-28），得到区域技术创新驱动力子系统（s_1）、区域技术知识获取子系统（s_2）、区域企业技术创新子系统（s_3）和区域企业技术创新绩效子系统（s_4）等各子系统序参量的有序度（数据结果见附录7至附录10）。值得注意的是，书中对序变量下限值和上限值分别取2005~2013年极小值和极大值的110%。

将序变量有序度的数据代入式（3-29），得到长三角区域技术创新过程各子系统的有序度，并以2005年的有序度为基准年，将各个子系统的有序度数据代入式（3-30），从而得到长三角区域技术创新过程协同度（C）（见表5-15）。

表5-15 长三角区域技术创新过程子系统有序度及系统协同度

地区	年份	s_1	s_2	s_3	s_4	C
上海	2005	0.1584	0.2237	0.1352	0.0899	0.0000
	2006	0.1299	0.2281	0.2772	0.2099	−0.0383
	2007	0.2567	0.1906	0.4370	0.4418	−0.1363
	2008	0.1806	0.2336	0.5387	0.4302	0.0741
	2009	0.2103	0.3038	0.5907	0.2606	0.1341
	2010	0.3370	0.2466	0.6782	0.4816	0.1718
	2011	0.4405	0.2218	0.2906	0.4713	−0.0751
	2012	0.5872	0.1874	0.3268	0.4587	−0.1821
	2013	0.4623	0.2132	0.2017	0.5314	−0.0984
江苏	2005	0.1215	0.2075	0.0461	0.0883	0.0000
	2006	0.2127	0.1181	0.0976	0.1869	−0.0802
	2007	0.3853	0.2238	0.1890	0.2954	0.1062
	2008	0.2945	0.1647	0.3421	0.3974	−0.1613
	2009	0.2463	0.1561	0.3732	0.2329	−0.1320
	2010	0.5397	0.3313	0.4745	0.3982	0.2879
	2011	0.5669	0.3521	0.4433	0.4829	0.3170
	2012	0.6923	0.5371	0.6758	0.5486	0.4832
	2013	0.5651	0.4880	0.5409	0.5614	0.4131

续表

地区	年份	s_1	s_2	s_3	s_4	C
浙江	2005	0.1255	0.0886	0.0565	0.0821	0.0000
	2006	0.4022	0.2130	0.1418	0.1810	0.1305
	2007	0.3185	0.1369	0.1990	0.2866	0.1284
	2008	0.3964	0.2103	0.1974	0.2925	0.1768
	2009	0.1670	0.2802	0.2624	0.2282	0.1244
	2010	0.3225	0.3070	0.3898	0.2758	0.2296
	2011	0.3150	0.3827	0.2697	0.3015	0.2260
	2012	0.3913	0.7531	0.4381	0.3210	0.3562
	2013	0.3552	0.5003	0.8253	0.3889	0.3865
长三角	2005	0.1365	0.1669	0.0457	0.0762	0.0000
	2006	0.3104	0.1762	0.1167	0.1915	0.0602
	2007	0.3702	0.1719	0.2048	0.3328	0.0830
	2008	0.3660	0.2509	0.3133	0.4255	0.2060
	2009	0.2159	0.2811	0.3470	0.2446	0.1465
	2010	0.4638	0.3264	0.4533	0.4135	0.2910
	2011	0.5085	0.3841	0.3984	0.5189	0.3351
	2012	0.6339	0.5672	0.5756	0.6376	0.4933
	2013	0.5213	0.4381	0.7144	0.7262	0.4615

注：s_1、s_2、s_3、s_4 分别表示区域技术创新驱动力、区域技术知识获取、区域企业技术创新和区域技术创新绩效四个子系统。

资料来源：本书计算结果。

由测评结果发现，长三角区域技术创新驱动力子系统、区域技术知识获取子系统、区域企业技术知识子系统和区域技术创新绩效子系统的有序度影响区域技术创新过程协同度的水平。因此，进一步分析四个子系统的有序度及过程协同度。

1. 长三角区域技术创新驱动力子系统有序度呈现波动性上升趋势

在长三角各区域内，2005 年上海、江苏和浙江区域技术创新驱动力子系统有序度值分别为 0.1584、0.1215、0.1255；2013 年上海、江苏和浙江区域技术创新驱动力子系统有序度值分别为 0.4623、0.5651、0.3552。在长三角区域间，2005 年长三角区域间技术创新驱动力子系统有序度值为 0.1308，2013 年长三角区域间技术创新驱动力子系统有序度值为 0.5228。如图 5-17 所示，从总体上看，2005~2013 年，长三角区域技术创新驱动力子系统有序度波动性较大，但长三角各区域内及区域间的发展趋势非常相似。而 2009 年是一个极小值点，2009~2012 年长三角区域技术创新驱动力子系统有序度增速显著。2012~2013 年，长三角区域技术创新驱动力子系统有序度均呈下降趋势。此外，浙江区域技术创新驱动力子系统的序参量值明显低于其他区域的水平，而江苏区域技术创新驱动力子系统的序参量值处于最高的水平。

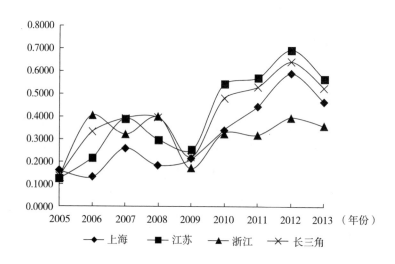

图 5-17 长三角区域技术创新驱动力子系统有序度

资料来源：本书计算结果。

由原始数据发现，2005~2013 年长三角各区域平均经费输入强度分别为 2.84%（上海）、1.98%（江苏）、1.71%（浙江）、2.07%（长三角区域间）。各地不断加大科技输入力度，但各地区研究与实验发展（R&D）经费输入强度差距相对较小，浙江地区的 R&D 经费输入相对较少，上海和江苏地区的 R&D 经费输入相对较多，反映出浙江区域技术创新输入水平低，上海和江苏区域技术创新输入高，R&D 经费作为区域技术创新的重要动力之一。此外，随着网络的普及，互联网已成为社会所必须的一种技能，三地互联网上网人数增长率较上年明显下降。国家支持力度减小，国家产业化计划项目落实资金增幅减小，甚至出现降低的现象。

2. 长三角区域技术知识获取子系统有序度呈上升趋势

在长三角各区域内，2005 年，上海、江苏和浙江区域技术知识获取子系统有序度值分别为 0.2237、0.2075、0.0886；2013 年，上海、江苏和浙江区域技术知识获取子系统有序度值分别为 0.2132、0.4880、0.5003。在长三角区域间，2005 年长三角区域间技术知识获取子系统有序度值为 0.1208，2013 年长三角区域间技术知识获取子系统有序度值为 0.5755。如图 5-18 所示，江苏、浙江和长三角区域间技术知识获取子系统有序度呈上升趋势，上海区域技术知识获取子系统有序度呈先上升后下降的趋势，2009 年成为上海区域的拐点。除 2009 年后上海区域的发展趋势之外，长三角各区域内和区域间技术知识获取子系统有序度之间的差均较小。

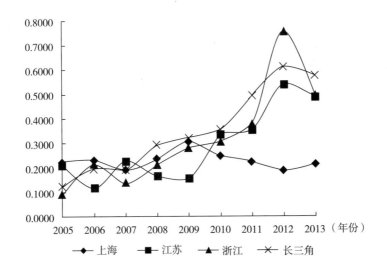

图 5-18　长三角区域技术知识获取子系统有序度

资料来源：本书计算结果。

由原始数据发现，2005～2013 年长三角各区域内三地技术市场交易金额年均值分别为 3073416 万元、2535773 万元、1118639 万元，显然，上海地区技术市场较其他两地活跃。企业购买国内技术经费支出方面，上海、江苏和浙江年均值分别为 8700 万元、27178 万元、17764 万元，上海购买技术经费支出最少，而江苏和浙江的支出很高；企业引进技术经费支出方面，上海、江苏和浙江年均值分别为 93721 万元、146185 万元、17853 万元，江苏引进技术经费支出最高，而浙江地区最少。这些反映了购买技术成为获取技术知识的一种快速有效的手段，可以在交易中获得所需的技术及知识。研发机构 R&D 经费中来自企业的比重较大，如 2013 年上海、江苏和浙江地区的研发机构 R&D 经费内部支出额中来自企业的资金分别为 1263 万元、6816 万元、5840 万元，从中可知，江苏和浙江两地企业对知识的需求量较大，随着技术经费的增加，可以获取更多的技术知识。

3. 长三角区域企业技术创新子系统有序度呈波动趋势，但差异较大

在长三角各区域内，2005 年上海、江苏和浙江区域企业技术创新子系统有序度值分别为 0.1352、0.0461、0.0565；2013 年，上海、江苏和浙江区域企业技术创新子系统有序度值分别为 0.2017、0.5409、0.8253。在长三角区域间，2005 年长三角区域间企业技术创新子系统有序度值为 0.0507，2013 年长三角区域间企业技术创新子系统有序度值为 0.7036。如图 5-19 所示，2005～2013 年江苏、浙江和长三角区域间企业技术创新子系统有序度总体上呈上升趋势，而上海区域企业技术创新子系统有序度呈先上升后下降的趋势，尤其是浙江区域企业技术创新子系统有序度发展速度较快。这表明，长三角各区域内及区域间的企业技术创新发展潜力巨大。

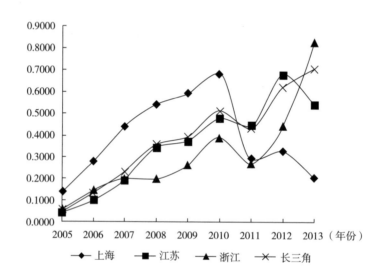

图 5-19　长三角区域企业技术创新子系统有序度

资料来源：本书计算结果。

由原始数据发现，2005～2013 年长三角区域大中型工业企业 R&D 经费内部支出总额、实用新型专利申请数均呈增长趋势。其中，2011～2013 年上海地区大中型工业企业新产品销售收入分别为 9146581 万元、7829314 万元、7203905 万元，外观设计专利申请数分别为 17147 件、12377 件、11709 件，两者均呈减少趋势。企业 R&D 经费输入、专利及企业新产品销售收入等反映了区域企业技术创新发展水平。

4. 长三角区域技术创新绩效子系统有序度整体呈上升趋势

在长三角各区域内，2005 年，上海、江苏和浙江区域技术创新绩效子系统有序度值分别为 0.0899、0.0883、0.0821；2013 年，上海、江苏和浙江区域技术创新绩效子系统有序度值分别为 0.5314、0.5614、0.3889。在长三角区域间，2005 年长三角区域间区域技术创新绩效子系统有序度值为 0.0762，2013 年长三角区域间区域技术创新绩效子系统有序度值为 0.7262。由图 5-20 可知，长三角区域技术创新绩效子系统有序度呈波动性上升趋势，且子系统有序度发展趋势基本一致。其中，2009~2013 年上海、江苏和长三角区域间技术创新绩效子系统有序度增速显著，而浙江地区技术创新绩效子系统有序度变化缓慢。

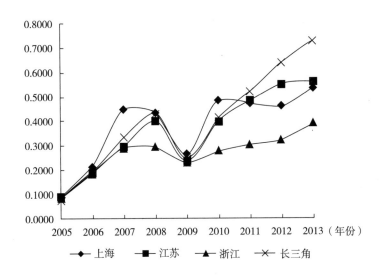

图 5-20 长三角区域技术创新绩效子系统有序度

资料来源：本书计算结果。

从原始数据中发现，2009 年上海、江苏和浙江地区财政收入较上年增长率分别为 -89.23%、-88.18%、-88.92%；上海、江苏和浙江地区研究与开发机构 R&D 课题较上年增长率分别为 0.41%、-31.24%、-51.77%；上海、江苏和浙江地区生产总值比上年增长率分别为 8.2%、12.4%、8.9%；上海、江苏和浙江地区第三产业占地区生产总值的比重分别为 59.4%、39.6%、43.1%。2013 年上海、江苏和浙江地区财政收入较上年增长率分别为 9.77%、12.08%、10.34%；上海、江苏和浙江地区研究与开发机构 R&D 课题较上年增长率分别为 6.98%、12.40%、3.31%；上海、江苏和浙江地区生产总值比上年增长率分别为 7.7%、9.6%、8.2%；上海、江苏和浙江地区第三产业占地区生产总值的比重分别为 62.2%、44.7%、46.1%。可见，上海和江苏地区的研究成果、地区产值及第三产业比重显示区域技术创新绩效增长显著。

5. 长三角区域技术创新过程协同度较低，且呈波动性发展趋势

在长三角各区域内，2006 年上海、江苏和浙江区域技术创新过程协同度值分别为 -0.0383、-0.0802、0.1305；2013 年上海、江苏和浙江区域技术创新过程协同度值分别为 -0.0984、0.4131、0.3865。在长三角区域间，2005 年长三角区域技术创新过程协同度值为 0.1076，2013 年长三角区域技术创新过程协同度值为 0.5244。由图 5-21 可知，江苏、浙江和长三角区域间技术创新过程协同度均呈波动性增长趋势，而上海区域技术创新过程协同度呈先上升后下降趋势。上海和江苏区域技术创新过程协同度出现负协同现象，而浙江和长三角区域间技术创新过程协同度均为正值，且长三角区域间技术创新过程协同度高于上海、江苏和浙江区域内技术创新过程协同度。可见，在长三角区域技术创新过程协同发展中，长三角区域间技术创新过程协同发展水平超过长三角各区域内技术创新过程协同发展水平。

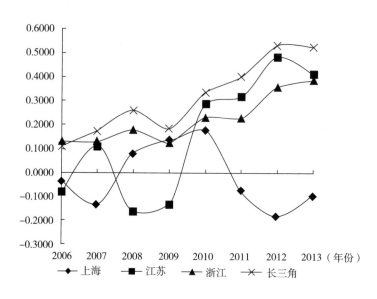

图 5-21　长三角区域技术创新过程协同度

资料来源：本书计算结果。

区域技术创新过程协同度提高是系统之间的相互作用，进而促使长三角区域技术创新过程协同发展，才能最终达成整个系统的协同。因此，从区域技术创新驱动力子系统、区域技术知识获取子系统、区域企业技术知识子系统和区域技术创新绩效子系统有序度方面分析各地区的技术创新过程协同发展。

由图 5-22 可知，上海区域技术创新过程各子系统有序度发展态势存在差异，2005~2013 年区域技术创新驱动力子系统和区域技术创新绩效子系统有序度呈波动性上升趋势，区域技术知识获取子系统和区域企业技术知识子系统有序度呈先上升后下降的趋势，尤其是区域企业技术知识子系统有序度的变化显著。可见，区域技术创新驱动力子系统、区域技术知识获取子系统、区域企业技术知识子系统和区域技术创新绩效子系统发展趋势存在差异，彼此相互作用致使上海区域技术创新过程协同度呈先上升后下降的趋势，甚至是负协同发展。

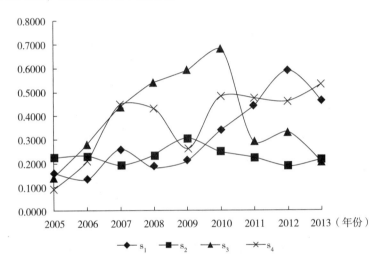

图 5-22 上海区域技术创新过程子系统有序度

注：s_1、s_2、s_3、s_4 分别表示区域技术创新驱动力、区域技术知识获取、区域企业技术创新和区域技术创新绩效四个子系统。

资料来源：本书计算结果。

由图 5-23 可知，江苏区域技术创新过程各子系统有序度发展态势基本一致，2005~2013 年区域技术创新驱动力子系统、区域技术知识获取子系统和区域技术创新绩效子系统有序度呈上升趋势，且发展趋势非常相似，尽管区域企业技术知识子系统有序度发展呈上升趋势，但与其他三个子系统有序度存在一定的差异，特别是 2008~2009 年差异更为显著，而 2010~2013 年发展趋势一致，因此，四个子系统有序度的发展致使江苏区域技术创新过程协同度呈波动性上升趋势，且 2008~2009 年出现区域技术创新过程负协同发展。

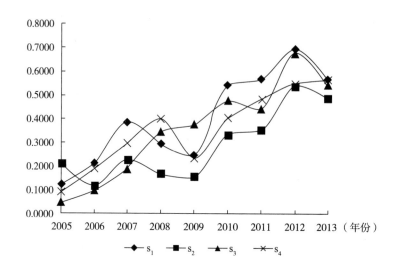

图 5-23　江苏区域技术创新过程子系统有序度

注：s_1、s_2、s_3、s_4 分别表示区域技术创新驱动力、区域技术知识获取、区域企业技术创新和区域技术创新绩效四个子系统。

资料来源：本书计算结果。

由图 5-24 可知，浙江区域技术创新过程各子系统有序度发展态势局部存在差异，2005~2013 年，除 2011~2012 年区域技术知识获取子系统和区域企业技术知识子系统有序度变化较大之外，区域技术创新驱动力子系统、区域技术知识获取子系统、区域企业技术知识子系统和区域技术创新绩效子系统有序度均呈缓慢上升趋势，使得浙江区域技术创新过程协同度整体上发展缓慢。然而，2008~2009 年区域技术创新驱动力子系统和区域技术创新绩效子系统有序度呈下降趋势，而区域技术知识获取子系统和区域企业技术知识子系统有序度呈上升趋势，因此，致使浙江区域技术创新过程协同度呈下降趋势，且达到最低。

由图 5-25 可知，长三角区域间技术创新过程各子系统有序度发展态势基本一致，2005~2013 年区域技术创新驱动力子系统、区域技术知识获取子系统、区域企业技术知识子系统和区域技术创新绩效子系统均呈波动性上升趋势，且区域技术创新驱动力子系统和区域技术创新绩效子系统有序度两者发展趋势更为相似，波动水平较大。因此，长三角区域间四个子系统有序度决定区域技术创新过程协同度呈上升趋势。然而，2008~2010 年区域技术创新驱动力子系统和区域技术创新绩效子系统有序度呈先下降后上升的发展趋势，区域技术知识获取子系统和区域企业技术知识子系统呈上升趋势，发展差异使得区域技术创新过程系统度降低，甚至出现极小值点。

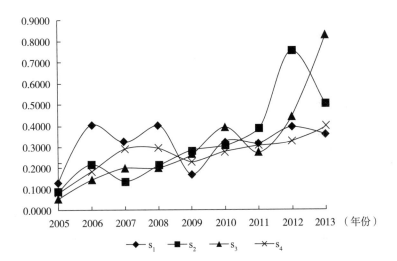

图 5-24　浙江区域技术创新过程子系统有序度

注：s_1、s_2、s_3、s_4 分别表示区域技术创新驱动力、区域技术知识获取、区域企业技术创新和区域技术创新绩效四个子系统。

资料来源：本书计算结果。

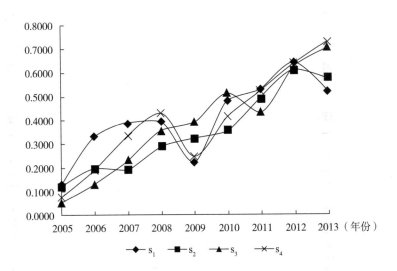

图 5-25　长三角区域技术创新过程子系统有序度

注：s_1、s_2、s_3、s_4 分别表示区域技术创新驱动力、区域技术知识获取、区域企业技术创新和区域技术创新绩效四个子系统。

资料来源：本书计算结果。

二、京津冀—长三角区域技术创新过程协同度测评结果比较

（一）各区域内技术创新过程协同度对比

由表 5-16 可知，在京津冀各区域内，北京和天津地区的技术创新驱动力较高；在长三角各区域内，江苏地区的技术创新驱动力较高。2005~2013 年京津冀各区域内天津区域技术创新驱动力子系统有序度最高，年均值为 0.3209，长三角各区域内江苏区域技术创新驱动力子系统有序度最高，年均值为 0.4027，高于天津地区的子系统有序度。京津冀各区域内河北区域技术创新驱动力子系统有序度最低，年均值为 0.2852，长三角各区域内上海区域技术创新驱动力子系统有序度最低，年均值为 0.3070，高于河北地区子系统有序度。北京区域技术创新驱动力子系统有序度年均值为 0.3118，浙江区域技术创新驱动力子系统有序度年均值为 0.3104，低于北京地区子系统有序度。可见，江苏、天津、北京、浙江和上海区域技术创新驱动力子系统有序度较高，河北区域技术创新驱动力子系统有序度相对较低，总体上来看，河北与江苏区域技术创新驱动力子系统有序度相差较大，而其他区域则处于中间位置，相差幅度较小。

表 5-16 京津冀—长三角各区域内技术创新过程各子系统有序度

年份	s_1						s_2					
	北京	天津	河北	上海	江苏	浙江	北京	天津	河北	上海	江苏	浙江
2005	0.1841	0.0989	0.1063	0.1584	0.1215	0.1255	0.1445	0.1712	0.1543	0.2237	0.2075	0.0886
2006	0.1737	0.1413	0.1466	0.1299	0.2127	0.4022	0.1739	0.2935	0.2019	0.2281	0.1181	0.2130
2007	0.4982	0.1577	0.1277	0.2567	0.3853	0.3185	0.1900	0.3820	0.3581	0.1906	0.2238	0.1369
2008	0.2518	0.3952	0.3572	0.1806	0.2945	0.3964	0.1459	0.4260	0.2093	0.2336	0.1647	0.2103
2009	0.1324	0.3477	0.2851	0.2103	0.2463	0.1670	0.4266	0.3354	0.2423	0.3038	0.1561	0.2802
2010	0.3305	0.2306	0.5053	0.3370	0.5397	0.3225	0.3235	0.2466	0.3086	0.2466	0.3313	0.3070
2011	0.4132	0.4624	0.3830	0.4405	0.5669	0.3150	0.6359	0.2400	0.3019	0.2218	0.3521	0.3827
2012	0.4428	0.5773	0.4743	0.5872	0.6923	0.3913	0.4842	0.1891	0.4773	0.1874	0.5371	0.7531
2013	0.3795	0.4770	0.1809	0.4623	0.5651	0.3552	0.4321	0.1394	0.4094	0.2132	0.4880	0.5003
均值	0.3118	0.3209	0.2852	0.3070	0.4027	0.3104	0.3285	0.2692	0.2959	0.2276	0.2865	0.3191

续表

年份	s_3						s_4					
	北京	天津	河北	上海	江苏	浙江	北京	天津	河北	上海	江苏	浙江
2005	0.1006	0.1160	0.0461	0.1352	0.0461	0.0565	0.0780	0.0965	0.1192	0.0899	0.0883	0.0821
2006	0.2179	0.2384	0.0808	0.2772	0.0976	0.1418	0.2445	0.1804	0.2175	0.2099	0.1869	0.1810
2007	0.3282	0.2965	0.1494	0.4370	0.1890	0.1990	0.4324	0.2160	0.3171	0.4418	0.2954	0.2866
2008	0.3365	0.3695	0.2193	0.5387	0.3421	0.1974	0.4353	0.2284	0.3109	0.4302	0.3974	0.2925
2009	0.3260	0.2568	0.2891	0.5907	0.3732	0.2624	0.3087	0.1656	0.2403	0.2606	0.2329	0.2282
2010	0.4124	0.4960	0.3739	0.6782	0.4745	0.3898	0.3970	0.2592	0.3919	0.4816	0.3982	0.2758
2011	0.4345	0.2524	0.3163	0.2906	0.4433	0.2697	0.4249	0.4452	0.4469	0.4713	0.4829	0.3015
2012	0.4950	0.4012	0.6326	0.3268	0.6758	0.4381	0.4478	0.5628	0.5244	0.4587	0.5486	0.3210
2013	0.4751	0.3701	0.8799	0.2017	0.5409	0.8253	0.5258	0.5831	0.5294	0.5314	0.5614	0.3889
均值	0.3474	0.3108	0.3319	0.3862	0.3536	0.3089	0.3660	0.3041	0.3442	0.3750	0.3547	0.2620

注：s_1、s_2、s_3、s_4 分别表示区域技术创新驱动力、区域技术知识获取、区域企业技术创新和区域技术创新绩效四个子系统。

资料来源：本书计算结果。

在京津冀各区域内，北京和河北地区的技术知识获取能力及需求较高；在长三角各区域内，浙江和江苏地区的技术知识获取能力及需求较高。2005～2013 年，京津冀各区域内北京区域技术知识获取子系统有序度最高，年均值为 0.3285；长三角各区域内浙江区域技术知识获取子系统有序度最高，年均值为 0.3191，低于北京地区子系统有序度。京津冀各区域内天津区域技术知识获取子系统有序度最低，年均值为 0.2692；长三角各区域内上海区域技术知识获取子系统有序度最低，年均值为 0.2276，低于天津地区子系统有序度。河北区域技术知识获取子系统有序度年均值为 0.2959，江苏区域技术知识获取子系统有序度年均值为 0.2865，低于河北地区子系统有序度。可见，北京、浙江、河北和江苏区域技术知识获取子系统有序度较高，天津和上海区域技术知识获取子系统有序度较低。

在京津冀各区域内，北京地区企业技术创新能力及需求较高；在长三角各区域内，上海和江苏地区企业技术创新能力及需求较高。2005～2013 年，京津冀各区域内北京区域企业技术创新子系统有序度最高，年均值为 0.3474；长三角各区域内上海区域企业技术创新子系统有序度最高，年均值为 0.3862，高于北京地区子系统有序度。京津冀各区域内天津区域企业技术创新子系统有序度最低，年均值为 0.3108；长三角各区域内浙江区域企业技术创新子系统有序度最低，年均值为 0.3089，低于天津地区子系统有序度。河北区域企业技术创新子系统有序度年均值为 0.3319，江苏区域企业技术创新子系统有序度年均值为 0.3536，高于河北地区子系统有序度。可见，上海、江苏、北京和河北区域企业技术创新子系统有序度较高，天津和浙江区域企业技术创新子系统有序度相对较低，但京津冀和长三角各区域内企业技术创新子系统有序度总体差距较小。

在京津冀各区域内，北京地区技术创新绩效效率较高；在长三角各区域内，上海和江苏地区技术创新绩效效率较高。2005～2013 年，京津冀各区域内北京区域技术创新绩效子系统有序度最高，年均值为 0.3660；长三角各区域内上海区域技术创新绩效子系统有序度最高，年均值为 0.3750，高于北京地区子系统有序度。京津冀各区域内天津区域技术创新绩效子系统有序度最低，年均值为 0.3041；长三角各区域内浙江区域技术创新绩效子系统有序度最低，年均值为 0.2620，低于天津地区子系统有序度。河北区域技术创新绩效子系统有序度年均值为 0.3442，江苏区域技术创新绩效子系统有序度年均值为 0.3547，高于河北地区子系统有序度。可见，上海、北京、江苏区域技术创新绩效水平较高，而河北、天津和浙江区域技术创新绩效水平相对较低，从总体上来看，除浙江地区之外，京津冀和长三角各区域内技术创新绩效相差较小。

由表 5-17 可知，在京津冀各区域内，北京和河北区域技术创新过程协同水平较高；在长三角各区域内，浙江区域技术创新过程协同水平较高。2006～2013 年，京津冀各区域内河北区域技术创新过程协同度最高，年均值为 0.2066；长三角各区域内浙江区域技术创新过程协同最高，年均值为 0.2198，高于河北地区的技术创新过程协同度。京津冀各区域内的天津区域技术创新过程协同度最低，年均值为 0.1137；长三角各区域内的上海区域技术创新过程协同度最低，年均值为-0.0190，低于天津地区的技术创新过程协同度。北京区域技术创新过程协同度年均值为 0.1543，江苏区域技术创新过程协同度年均值为 0.1542，低于北京地区的技术创新过程协同度。可见，浙江和河北两地的区域技术创新过程协同度最高，北京、江苏和天津三地的区域技术创新过程协同度相对处于中等水平，而上海区域技术创新过程协同度为负，处于最低水平。

表 5-17　京津冀—长三角各区域内技术创新过程协同度

年份	北京	天津	河北	上海	江苏	浙江
2006	-0.0494	0.0854	0.0506	-0.0383	-0.0802	0.1305
2007	0.1843	0.1279	0.0972	-0.1363	0.1062	0.1284
2008	0.0534	0.2242	0.1463	0.0741	-0.1613	0.1768
2009	-0.1659	0.1412	0.1467	0.1341	-0.1320	0.1244

年份	北京	天津	河北	上海	江苏	浙江
2010	0.2260	0.1574	0.2724	0.1718	0.2879	0.2296
2011	0.3379	0.1857	0.2453	-0.0751	0.3170	0.2260
2012	0.3365	0.1838	0.4100	-0.1821	0.4832	0.3562
2013	0.3116	-0.1963	0.2841	-0.0984	0.4131	0.3865
均值	0.1543	0.1137	0.2066	-0.0188	0.1542	0.2198

资料来源：本书计算结果。

（二）区域间技术创新过程协同度对比

由表 5-18 可知，在区域技术创新驱动力子系统方面，2005~2013 年，京津冀区域间技术创新驱动力子系统有序度年均值为 0.2844，长三角区域间技术创新驱动力子系统有序度年均值为 0.3018，高于京津冀区域间的子系统有序度。在区域技术知识获取子系统方面，2005~2013 年，京津冀区域间技术知识获取子系统有序度年均值为 0.3638，长三角区域间技术知识获取子系统有序度年均值为 0.3070，低于京津冀区域间的子系统有序度。在区域企业技术创新子系统方面，2005~2013 年，京津冀区域间企业技术创新子系统有序度年均值为 0.3749，长三角区域间企业技术创新子系统有序度年均值为 0.3521，低于京津冀区域间的子系统有序度。在区域技术创新绩效子系统方面，2005~2013 年，京津冀区域间企业技术创新子系统有序度年均值为 0.3858，长三角区域间企业技术创新子系统有序度年均值为 0.3963，高于京津冀区域间的子系统有序度。可见，在区域技术创新驱动力子系统和区域技术创新绩效子系统两方面，长三角区域间子系统有序度高于京津冀区域间。在区域技术知识获取子系统和区域企业技术创新子系统两方面，京津冀区域间子系统有序度高于长三角区域间的。

表 5-18　京津冀—长三角区域间技术创新过程各子系统有序度及过程协同度

年份	s_1		s_2		s_3		s_4		C	
	京津冀	长三角	京津冀	长三角	京津冀	长三角	京津冀	长三角	京津冀	长三角
2005	0.1132	0.1365	0.1422	0.1669	0.0987	0.0457	0.0723	0.0762	—	—
2006	0.1251	0.3104	0.2878	0.1762	0.2121	0.1167	0.2066	0.1915	0.0691	0.0602
2007	0.2339	0.3702	0.4475	0.1719	0.3272	0.2048	0.3335	0.3328	0.2082	0.0830

年份	s_1		s_2		s_3		s_4		C	
	京津冀	长三角	京津冀	长三角	京津冀	长三角	京津冀	长三角	京津冀	长三角
2008	0.3679	0.3660	0.4157	0.2509	0.3948	0.3133	0.3652	0.4255	0.2651	0.2060
2009	0.2214	0.2159	0.4231	0.2811	0.3240	0.3470	0.2076	0.2446	0.1669	0.1465
2010	0.4518	0.4638	0.3056	0.3264	0.5351	0.4533	0.3872	0.4135	0.2683	0.2910
2011	0.3459	0.5085	0.4343	0.3841	0.4114	0.3984	0.5030	0.5189	0.2955	0.3351
2012	0.4836	0.6339	0.4693	0.5672	0.5318	0.5756	0.6320	0.6376	0.3971	0.4933
2013	0.2171	0.5213	0.3487	0.4381	0.5389	0.7144	0.7652	0.7262	0.2667	0.4615
均值	0.2844	0.3918	0.3638	0.3070	0.3749	0.3521	0.3858	0.3963	0.2421	0.2596

注：s_1、s_2、s_3、s_4分别表示区域技术创新驱动力、区域技术知识获取、区域企业技术创新和区域技术创新绩效四个子系统，C表示区域技术创新过程协同度。

资料来源：本书计算结果。

在区域技术创新过程协同方面，2006~2013年，京津冀区域间技术创新过程协同度年均值为0.2421，长三角区域间技术创新过程协同度年均值为0.2596，高于京津冀区域间技术创新过程协同度。由于区域技术创新过程协同度受到区域技术创新驱动力子系统、区域技术知识获取子系统、区域企业技术创新子系统和区域技术创新绩效子系统相互作用的影响，京津冀和长三角区域间各子系统有序度各有所长，因此，京津冀和长三角区域间技术创新过程协同度相差较小。

第三节 京津冀—长三角区域技术创新输出协同度比较

一、长三角区域技术创新输出协同度测评结果

(一) 长三角区域技术创新输出协同样本数据及分布概况

本书选取2005~2013年上海、江苏和浙江三地1090680条专利数据作为统计对象。采用数理统计分析方法，从大学—企业技术三螺旋方面对长三角区域专利协同情况进

行统计分析，主要从技术创新输出协同视角研究 2005~2013 年长三角区域创新输出协同度的特征与规律。

大学、企业和政府作为专利研究的关键主体，表 5-19、图 5-26、图 5-27 和图 5-28报告了 2005~2013 年长三角区域不同创新主体的专利研究分布情况。

表 5-19　长三角区域大学、企业和政府专利所占比例　　　单位:%

年份	上海			江苏			浙江		
	大学	企业	政府	大学	企业	政府	大学	企业	政府
2005	31.24	65.17	3.60	37.61	61.90	0.48	50.27	48.74	0.99
2006	27.38	68.56	4.06	27.84	71.48	0.68	47.25	52.19	0.56
2007	30.02	67.77	2.21	23.58	75.94	0.49	45.05	53.83	1.11
2008	33.68	63.93	2.39	24.16	75.28	0.56	38.44	59.47	2.10
2009	29.02	69.50	1.48	20.09	79.41	0.50	32.54	66.39	1.07
2010	25.94	70.20	3.87	18.46	80.95	0.59	33.99	64.70	1.31
2011	23.58	72.70	3.72	15.23	84.14	0.63	28.80	69.46	1.74
2012	21.06	75.58	3.36	13.93	85.27	0.80	25.28	72.78	1.94
2013	14.98	82.09	2.93	7.56	91.67	0.77	9.43	89.41	1.17

资料来源：根据国家知识产权局数据库数据计算。

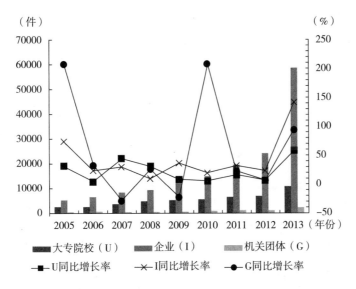

图 5-26　上海区域大学、企业和机关团体专利数及同比增长率

资料来源：本书计算结果。

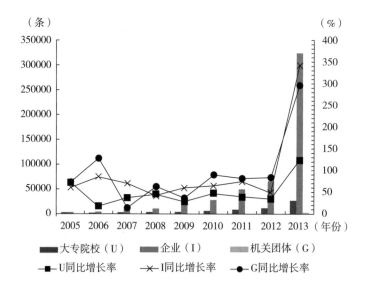

图5-27　江苏区域大学、企业和机关团体专利数及同比增长率

资料来源：本书计算结果。

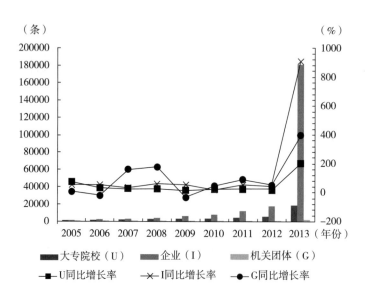

图5-28　浙江区域大学、企业和机关团体专利数及同比增长率

资料来源：本书计算结果。

从上海、江苏和浙江三个区域分布来看，上海区域，2005 年，企业作为专利申请主体的专利申请量为 5184 件，到 2013 年已增加到 58641 件，年均增长 114.58%；①2005 年，大学作为专利申请主体的专利申请量为 2485 件，到 2013 年已增加到 10704件，年均增长 36.75%；2005 年，政府（机关团体）作为专利申请主体的专利申请量为 286 件，到 2013 年已增加到 2093 件，年均增长 70.20%。江苏区域，企业作为专利申请主体的专利申请量为 2434 件，到 2013 年已增加到 325090 件，年均增长 1472.9%；大学作为专利申请主体的专利申请量为 1479 件，到 2013 年已增加到 26818 件，年均增长 190.36%；政府（机关团体）作为专利申请主体的专利申请量为 19 件，到 2013 年已增加到 2717 件，年均增长 1577.8%。浙江区域，企业作为专利申请主体的专利申请量为 1281 件，到 2013 年已增加到 181216 件，年均增长 1560.7%；大学作为专利申请主体的专利申请量为 1321 件，到 2013 年已增加到 19104 件，年均增长 149.6%；政府（机关团体）作为专利申请主体的专利申请量为 26 件，到 2013 年已增加到 2366 件，年均增长 1000%。从三地数据可知，2005～2013 年，长三角区域专利申请量均得到较大幅度的提高，尤其是江苏和浙江两地的专利申请量增长较快，但三地并没有出现偏态分布。

从主体总量上来看，大学、企业和政府作为专利申请的主体，2005 年上海、江苏和浙江地区各创新主体的专利申请量之比分别为 8.69∶18.13∶1.00、77.84∶128.11∶1.00 和 50.81∶49.27∶1.00，各主体具体比例为 31.24%、65.17%、3.60%，37.61%、61.90%、0.48%，50.27%、48.74%、0.99%。2013 年上海、江苏和浙江地区各创新主体的专利申请量之比分别为 5.11∶28.02∶1.00、9.87∶119.70∶1.00 和 8.07∶76.59∶1.00，各主体具体比例为 14.98%、82.09%、2.93%，7.56%、91.67%、0.77%，9.43%、89.41%、1.17%。可见，2005～2013 年，大学和企业作为长三角区域专利研究的主体，而企业主体的作用尤为突出，政府主体的作用相对较小。

由表 5-20，从区域主体协同分布来看，大学—企业协同研究方面，2005 年上海、江苏和浙江地区专利申请量分别为 441 件、134 件、169 件；2013 年上海、江苏和浙江地区专利申请量分别为 1170 件、1756 件、671 件；大学—政府协同研究方面，2005年上海、江苏和浙江地区专利申请量分别为 2 件、0 件、0 件；2013 年上海、江苏和浙江地区专利申请量分别为 4 件、19 件、3 件；企业—政府协同研究方面，2005 年上海、

---

① 本节增长率计算采用几何平均。

表5-20 长三角区域大学、企业和政府专利研究协同分布数

单位：件

年份	大学—企业				大学—政府				企业—政府				大学—企业—政府			
	上海	江苏	浙江	长三角	上海	江苏	浙江	长三角	上海	江苏	浙江	长三角	上海	江苏	浙江	长三角
2005	441	134	169	744	2	0	0	2	2	1	0	3	0	0	0	0
2006	427	274	333	1034	2	0	0	2	4	7	0	11	0	0	0	0
2007	509	301	459	1269	3	0	0	3	2	13	5	20	0	0	0	0
2008	694	496	565	1755	0	5	0	5	14	37	5	56	0	3	0	3
2009	929	763	542	2234	2	9	2	13	28	33	35	96	0	3	0	3
2010	972	992	613	2577	2	9	4	15	30	13	14	57	3	13	0	16
2011	1107	1221	529	2857	1	18	2	21	29	35	11	75	4	6	0	10
2012	1072	1460	832	3364	10	17	8	35	30	51	5	86	2	11	0	13
2013	1170	1756	671	3597	6	19	3	28	3	49	9	61	0	3	0	3

注：大学—企业，表示大学与企业之间研究协同；大学—政府，表示大学与政府之间研究协同；企业—政府，表示企业之间研究协同；大学—政府，表示大学与政府之间研究协同；企业—政府，表示企业与政府之间研究协同。大学—企业—政府，表示大学、企业与政府之间研究协同。

资料来源：根据国家知识产权局 SIPO 数据库的检索结果整理所得。

江苏和浙江地区专利申请量分别为 2 件、1 件、0 件；2013 年上海、江苏和浙江地区专利申请量分别为 3 件、49 件、9 件；大学—企业—政府协同研究方面，2005 年上海、江苏和浙江地区三地专利申请量均为 0 件；2013 年上海、江苏和浙江地区专利申请量分别为 0 件、3 件、0 件。由此可知，2005~2013 年长三角区域专利研究协同分布主要集中于大学—企业协同研究，且专利申请量呈逐年上升趋势。长三角区域企业—政府协同研究次之，而大学—企业—政府协同研究较少。

（二）长三角区域技术创新输出协同度测评结果

在大学（U）、企业（I）和政府（G）三螺旋系统内，利用式（3-31）至式（3-37）得到一维熵、二维熵和三维熵，利用式（3-41）至式（3-43）及式（3-45）得到二维和三维共信息，利用式（3-49）至式（3-51）得到协同效率、协同未利用能力和传输能力（见表 5-21 和表 5-22），衡量出双边和三边关系，即大学—企业（UI）、大学—政府（UG）、企业—政府（IG）和大学—企业—政府（UIG）关系，进而分析长三角区域技术创新输出协同度。

由表 5-21 可知，2005~2013 年长三角区域大学、企业和政府的不确定性分布，其中，一维熵（H_u、H_i、H_g）、二维熵（H_{ui}、H_{ug}、H_{ig}）和三维熵（H_{uig}）从不同方面反映长三角区域大学—企业—政府技术创新分布的概况。大学—企业—政府三维度系统最大熵为 $H_{max} = \log_2(7) = 2.8074$。

表 5-21　长三角区域大学、企业和政府熵

区域	年份	H_u	H_i	H_g	H_{ui}	H_{ug}	H_{ig}	$H_s = H_{uig}$
上海	2005	0.9328	0.9150	0.2166	1.3387	1.1294	1.0741	1.3445
	2006	0.8878	0.8822	0.2397	1.2842	1.1079	1.0500	1.2915
	2007	0.9129	0.8927	0.1501	1.2229	1.0521	1.0051	1.2278
	2008	0.9484	0.9284	0.1618	1.2900	1.0943	1.0501	1.3000
	2009	0.9095	0.8682	0.1162	1.2074	1.0175	0.9511	1.2239
	2010	0.8709	0.8616	0.2354	1.2588	1.0884	1.0217	1.2753
	2011	0.8353	0.8297	0.2280	1.2026	1.0479	0.9815	1.2156
	2012	0.7887	0.7889	0.2127	1.1184	0.9903	0.9271	1.1323
	2013	0.6428	0.6719	0.1891	0.8997	0.8250	0.7855	0.9013

区域	年份	H_u	H_i	H_g	H_{ui}	H_{ug}	H_{ig}	$H_s = H_{uig}$
江苏	2005	0.9689	0.9494	0.0448	1.1722	1.0101	0.9857	1.1753
	2006	0.8910	0.8457	0.0645	1.1207	0.9515	0.8913	1.1322
	2007	0.8231	0.7838	0.0527	0.9951	0.8733	0.8185	1.0084
	2008	0.8367	0.7926	0.0700	1.0281	0.9050	0.8343	1.0575
	2009	0.7746	0.7197	0.0586	0.9551	0.8325	0.7561	0.9759
	2010	0.7369	0.6916	0.0579	0.9042	0.7944	0.7304	0.9143
	2011	0.6572	0.6236	0.0614	0.7999	0.7180	0.6633	0.8109
	2012	0.6194	0.5969	0.0722	0.7598	0.6906	0.6425	0.7699
	2013	0.4030	0.4124	0.0660	0.4934	0.4683	0.4494	0.4960
浙江	2005	0.9969	0.9990	0.0761	1.3345	1.0627	1.0652	1.3345
	2006	0.9993	0.9892	0.0468	1.3669	1.0406	1.0298	1.3669
	2007	1.0000	0.9824	0.0881	1.3999	1.0770	1.0616	1.4096
	2008	0.9851	0.9551	0.1419	1.3871	1.1106	1.0728	1.3942
	2009	0.9416	0.9022	0.1038	1.2280	1.0379	0.9979	1.2599
	2010	0.9515	0.9210	0.1054	1.2444	1.0494	1.0109	1.2594
	2011	0.8911	0.8770	0.1274	1.1427	1.0100	0.9777	1.1509
	2012	0.8518	0.8320	0.1376	1.1226	0.9821	0.9335	1.1287
	2013	0.4602	0.4865	0.0918	0.5707	0.5504	0.5400	0.5716
长三角	2005	0.9680	0.9492	0.1526	1.3158	1.1055	1.0712	1.3200
	2006	0.9323	0.9035	0.1548	1.2782	1.0739	1.0249	1.2857
	2007	0.9193	0.8851	0.1059	1.2011	1.0177	0.9715	1.2104
	2008	0.9251	0.8921	0.1238	1.2255	1.0402	0.9962	1.2432
	2009	0.8685	0.8209	0.0899	1.1151	0.9544	0.8985	1.1370
	2010	0.8321	0.8012	0.1296	1.1001	0.9561	0.9010	1.1136
	2011	0.7585	0.7378	0.1232	0.9878	0.8772	0.8283	0.9990
	2012	0.7098	0.6936	0.1197	0.9213	0.8260	0.7787	0.9317
	2013	0.4538	0.4719	0.0905	0.5729	0.5430	0.5247	0.5749

注：H_u、H_i、H_g 分别表示大学熵、企业熵和政府熵，H_{ui}、H_{ug}、H_{ig} 分别表示大学—企业熵、大学—政府熵和企业—政府熵，H_{uig} 表示大学—企业—政府熵。

资料来源：本书计算结果。

由测评结果及图 5-29 可知，上海区域内，2005 年大学、企业和政府一维熵分别为 0.9328、0.9150、0.2166，大学熵最高、政府熵最低；大学—企业、大学—政府和企业—政府二维熵分别为 1.3387、1.1294、1.0741，大学—企业熵最高、企业—政府熵最低；大学—企业—政府三维熵为 1.3445。2013 年大学、企业和政府一维熵分别为 0.6428、0.6719、0.1891，企业熵最高、政府熵最低；大学—企业、大学—政府和企业—政府二维熵分别为 0.8997、0.8250、0.7855，大学—企业熵最高、企业—政府熵最低；大学—企业—政府三维熵为 0.9013。可见，一维度层面，大学和企业熵较为接近，政府与大学和企业的分布存在差距；二维度层面，大学和企业两个创新主体协同研究匹配度较高，企业—政府两个创新主体协同研究匹配度较低；三维度层面，大学—企业—政府协同研究发展趋势与大学—企业协同研究发展趋势较为相似，由于大学与企业两个创新主体协同研究在区域技术创新协同发展中占绝对优势。

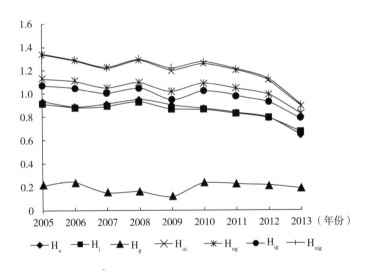

图 5-29 上海区域大学、企业和政府三维度熵分布

注：H_u、H_i、H_g 分别表示大学熵、企业熵和政府熵，H_{ui}、H_{ug}、H_{ig} 分别表示大学—企业熵、大学—政府熵和企业—政府熵，H_{uig} 表示大学—企业—政府熵。

资料来源：本书计算结果。

由测评结果及图 5-30 可知，江苏区域内，2005 年大学、企业和政府一维熵分别为 0.9689、0.9494、0.0448，大学熵最高、政府熵最低；大学—企业、大学—政府和企业—政府二维熵分别为 1.1722、1.0101、0.9857，大学—企业熵最高、企业—政府熵最低；大学—企业—政府三维熵为 1.1753。2013 年大学、企业和政府一维熵分别为 0.4030、0.4124、0.0660，企业熵最高、政府熵最低；大学—企业、大学—政府和企业—政府二维熵分别为 0.4934、0.4693、0.4494，大学—企业熵最高、企业—政府熵最低；大学—企业—政府三维熵为 0.4960。可见，一维度层面，大学和企业两个创新主体的作用明显，且两者的作用差距较小；二维度层面，大学—企业协同研究程度较高，两个创新主体的研究协同匹配度高，而与政府相关的协同研究分布均相对较低；三维度层面，大学—企业—政府协同研究发展趋势与大学—企业协同研究发展趋势一致，且趋势线极为相似。

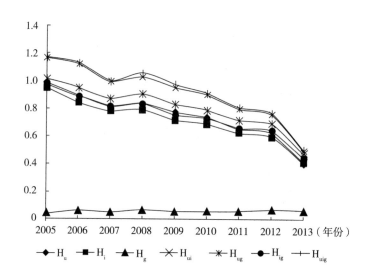

图 5-30 江苏区域大学、企业和政府三维度熵分布

注：H_u、H_i、H_g 分别表示大学熵、企业熵和政府熵，H_{ui}、H_{ug}、H_{ig} 分别表示大学—企业熵、大学—政府熵和企业—政府熵，H_{uig} 表示大学—企业—政府熵。

资料来源：本书计算结果。

由测评结果及图 5-31 可知，浙江区域内，2005 年大学、企业和政府一维熵分别为 0.9969、0.9990、0.0761，企业熵最高、政府熵最低；大学—企业、大学—政府和企业—政府二维熵分别为 1.3345、1.0627、1.0652，大学—企业熵最高、大学—政府熵最低；大学—企业—政府三维熵为 1.3345。2013 年大学、企业和政府一维熵分别为 0.4602、0.4865、0.0918，企业熵最高、政府熵最低；大学—企业、大学—政府和企业—政府二维熵分别为 0.5707、0.5504、0.5400，大学—企业熵最高、企业—政府熵最低；大学—企业—政府三维熵为 0.5716。可见，一维度层面，大学和企业两个创新主体的作用明显，且两者的作用差距较小；二维度层面，大学—企业协同研究程度较高，两个创新主体的研究协同匹配度高，而与政府相关的协同研究分布均相对较低；

三维度层面，大学—企业—政府协同研究发展趋势与大学—企业协同研究发展趋势一致。

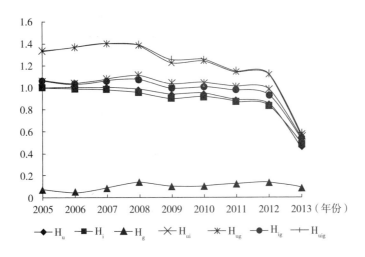

图 5-31 浙江区域大学、企业和政府三维度熵分布

注：H_u、H_i、H_g 分别表示大学熵、企业熵和政府熵，H_{ui}、H_{ug}、H_{ig} 分别表示大学—企业熵、大学—政府熵和企业—政府熵，H_{uig} 表示大学—企业—政府熵。

资料来源：本书计算结果。

由测评结果及图 5-32 可知，长三角区域间，2005 年大学、企业和政府一维熵分别为 0.9680、0.9492、0.1526，大学熵最高、政府熵最低；大学—企业、大学—政府和企业—政府二维熵分别为 1.3158、1.1055、1.0712，大学—企业熵最高、大学—政府熵最低；大学—企业—政府三维熵为 1.3200。2013 年大学、企业和政府一维熵分别为 0.4538、0.4719、0.0905，企业熵最高、政府熵最低；大学—企业、大学—政府和企业—政府二维熵分别为 0.5729、0.5430、0.5247，大学—企业熵最高、企业—政府熵最低；大学—企业—政府三维熵为 0.5749。可见，一维度层面，大学和企业两个创新主体在区域技术创新协同研究中发挥均等的作用，而政府受边界限制，阻碍协同研究发展水平；二维度层面，大学—企业协同研究程度较高，两个创新主体的研究协同匹配度高，而与政府相关的协同研究分布均相对较低，在区域间协同研究中政府参与研究的障碍较多；三维度层面，大学—企业—政府协同研究发展趋势与大学—企业协同研究发展趋势一致。

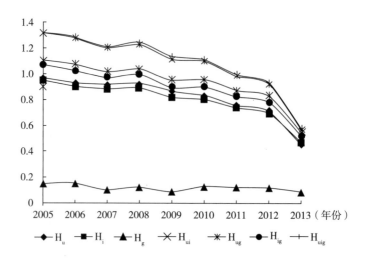

图 5-32 长三角区域间大学、企业和政府三维度熵分布

注：H_u、H_i、H_g 分别表示大学熵、企业熵和政府熵，H_{ui}、H_{ug}、H_{ig} 分别表示大学—企业熵、大学—政府熵和企业—政府熵，H_{uig} 表示大学—企业—政府熵。

资料来源：本书计算结果。

由表 5-22 可知，2005～2013 年长三角区域大学—企业—政府共信息（T_{ui}、T_{ug}、T_{ig}、T_{uig}），区域技术创新输出协同效率（η_{uig}）、相对未利用能力（ν_{uig}）和传输能力（ζ_{uig}），从不同方面反映了长三角区域技术创新输出协同度的概况。

表 5-22 长三角区域大学、企业和政府的共信息、效率、未利用能力及传输能力

区域	年份	T_{ui}	T_{ug}	T_{ig}	T_{uig}	η_{uig}	$R = H_{max} - H_s$	ν_{uig}	$\zeta_{uig} = \zeta_1$
上海	2005	0.5092	0.0200	0.0576	−0.1332	0.4789	1.4628	0.5211	0.1851
	2006	0.4858	0.0196	0.0719	−0.1409	0.4600	1.5158	0.5400	0.1962
	2007	0.5827	0.0109	0.0377	−0.0967	0.4373	1.5796	0.5627	0.1328
	2008	0.5868	0.0159	0.0401	−0.0958	0.4631	1.5073	0.5369	0.1297
	2009	0.5703	0.0081	0.0332	−0.0583	0.4360	1.5834	0.5640	0.0870
	2010	0.4737	0.0179	0.0753	−0.1256	0.4543	1.5320	0.5457	0.1814
	2011	0.4624	0.0154	0.0762	−0.1233	0.4330	1.5917	0.5670	0.1820
	2012	0.4592	0.0111	0.0745	−0.1132	0.4033	1.6751	0.5967	0.1721
	2013	0.4151	0.0070	0.0755	−0.1049	0.3211	1.9060	0.6789	0.1741

区域	年份	T_{ui}	T_{ug}	T_{ig}	T_{uig}	η_{uig}	$R = H_{max} - H_s$	ν_{uig}	$\zeta_{uig} = \zeta_1$
江苏	2005	0.7461	0.0036	0.0085	−0.0296	0.4186	1.6321	0.5814	0.0376
	2006	0.6160	0.0041	0.0189	−0.0301	0.4033	1.6752	0.5967	0.0449
	2007	0.6119	0.0026	0.0181	−0.0187	0.3592	1.7990	0.6408	0.0287
	2008	0.6012	0.0017	0.0283	−0.0107	0.3767	1.7498	0.6233	0.0166
	2009	0.5391	0.0008	0.0222	−0.0150	0.3476	1.8315	0.6524	0.0259
	2010	0.5243	0.0005	0.0191	−0.0283	0.3257	1.8930	0.6743	0.0495
	2011	0.4809	0.0006	0.0217	−0.0282	0.2888	1.9965	0.7112	0.0530
	2012	0.4565	0.0009	0.0266	−0.0345	0.2743	2.0374	0.7257	0.0666
	2013	0.3219	0.0006	0.0289	−0.0338	0.1767	2.3113	0.8233	0.0877
浙江	2005	0.6614	0.0103	0.0099	−0.0559	0.4754	1.4729	0.5246	0.0759
	2006	0.6216	0.0054	0.0062	−0.0352	0.4869	1.4405	0.5131	0.0526
	2007	0.5824	0.0111	0.0089	−0.0584	0.5021	1.3977	0.4979	0.0883
	2008	0.5532	0.0164	0.0243	−0.0941	0.4966	1.4132	0.5034	0.1368
	2009	0.6159	0.0075	0.0081	−0.0563	0.4488	1.5475	0.5512	0.0818
	2010	0.6280	0.0074	0.0155	−0.0674	0.4486	1.5479	0.5514	0.0939
	2011	0.6255	0.0086	0.0268	−0.0838	0.4100	1.6564	0.5900	0.1125
	2012	0.5612	0.0073	0.0360	−0.0882	0.4020	1.6787	0.5980	0.1273
	2013	0.3760	0.0016	0.0382	−0.0511	0.2036	2.2357	0.7964	0.1094
长三角	2005	0.6014	0.0151	0.0306	−0.1027	0.4702	1.4873	0.5298	0.1370
	2006	0.5577	0.0132	0.0334	−0.1006	0.4580	1.5217	0.5420	0.1428
	2007	0.6033	0.0075	0.0194	−0.0697	0.4311	1.5970	0.5689	0.0996
	2008	0.5917	0.0088	0.0197	−0.0777	0.4428	1.5642	0.5572	0.1113
	2009	0.5743	0.0040	0.0122	−0.0517	0.4050	1.6703	0.5950	0.0805
	2010	0.5332	0.0057	0.0298	−0.0807	0.3967	1.6938	0.6033	0.1243
	2011	0.5086	0.0045	0.0326	−0.0748	0.3559	1.8084	0.6441	0.1206
	2012	0.4821	0.0034	0.0346	−0.0712	0.3319	1.8757	0.6681	0.1204
	2013	0.3529	0.0014	0.0377	−0.0494	0.2048	2.2325	0.7952	0.1119

注：T_{ui}、T_{ug}、T_{ig} 分别表示大学—企业共信息、大学—政府共信息和企业—政府共信息，T_{uig} 表示大学—企业—政府共信息，η_{uig} 表示协同效率，R 表示协同未利用能力（$R = H_{max} - H_s$），ν_{uig} 表示协同相对未利用能力，ζ_{uig} 表示协同传输能力。

资料来源：本书计算结果。

由测评结果及图 5-33 可知，上海区域内，2005 年大学—企业、大学—政府和企业—政府二维共信息分别为 0.5092、0.0200、0.0576，大学—企业共信息最高、大学—政府共信息最低；大学—企业—政府三维共信息为-0.1332。2013 年大学—企业、大学—政府和企业—政府二维共信息分别为 0.4151、0.0070、0.0755，大学—企业共信息最高、大学—政府共信息最低；大学—企业—政府三维共信息为-0.1049。上海区域二维共信息均为正值，其中，大学—企业共信息呈波动性发展，而大学—政府和企业—政府共信息呈稳定性发展趋势；大学—企业—政府三维共信息均为负值，大学—企业—政府三维共信息呈先上升后下降再缓慢上升的发展趋势。可见，二维共信息中企业—大学协同研究较多，而政府参与的协同研究较低，表明企业作为三螺旋协同的关键创新主体，大学的作用也不可忽视，作为技术创新知识的来源地，为企业与大学合作成功创造条件。在三维共信息中，自组织能力发展缓慢，技术创新的自我更新及驱动发展水平低。

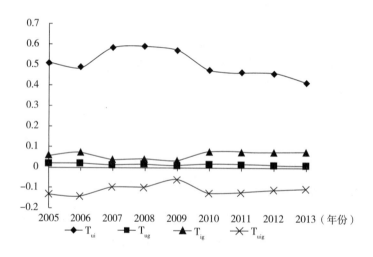

图 5-33 上海区域大学、企业和政府共信息分布

注：T_{ui}、T_{ug}、T_{ig} 分别表示大学—企业共信息、大学—政府共信息和企业—政府共信息，T_{uig} 表示大学—企业—政府共信息。

资料来源：本书计算结果。

由测评结果及图 5-34 可知，江苏区域内，2005 年大学—企业、大学—政府和企业—政府二维共信息分别为 0.7461、0.0036、0.0085，大学—企业共信息最高、大学—政府共信息最低；大学—企业—政府三维共信息为-0.0296。2013 年大学—企业、大学—政府和企业—政府二维共信息分别为 0.3219、0.0006、0.0289，大学—企业共信息最高、大学—政府共信息最低；大学—企业—政府三维共信息为-0.0338。江苏区域二维共信息均为正值，其中，大学—企业和大学—政府共信息呈下降趋势，企业—政府共信息呈上升趋势；大学—企业—政府三维共信息均为负值，大学—企业—政府三维共信息呈先上升后下降发展趋势。可见，二维共信息中企业—大学协同研究较多，而政府参与的协同研究较低，表明企业作为三螺旋协同的关键创新主体，大学的作用也不可忽视，作为技术创新知识的来源地，企业与大学合作研究较多。在三维共信息中，自组织能力发展缓慢但呈逐渐增强的趋势，技术的自我更新及驱动发展水平得到提升。

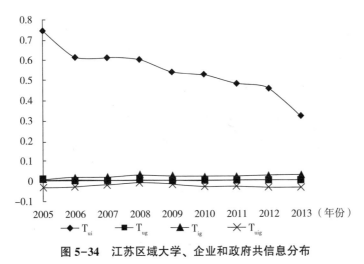

图 5-34 江苏区域大学、企业和政府共信息分布

注：T_{ui}、T_{ug}、T_{ig}分别表示大学—企业共信息、大学—政府共信息和企业—政府共信息，T_{uig}表示大学—企业—政府共信息。

资料来源：本书计算结果。

由测评结果及图 5-35 可知，浙江区域内，2005 年大学—企业、大学—政府和企业—政府二维共信息分别为 0.6614、0.0103、0.0099，大学—企业共信息最高、企业—政府共信息最低；大学—企业—政府三维共信息为-0.0559。2013 年大学—企业、大学—政府和企业—政府二维共信息分别为 0.3760、0.0016、0.0382，大学—企业共信息最高、大学—政府共信息最低；大学—企业—政府三维共信息为-0.0511。浙江区域二维共信息均为正值，其中，大学—企业和大学—政府共信息呈下降趋势，企业—政府共信息呈上升趋势；大学—企业—政府三维共信息均为负值，大学—企业—政府三维共信息呈波动性发展趋势。可见，二维共信息中企业—大学协同研究较多，而政府参与的协同研究较低，表明企业和大学作为三螺旋协同的关键创新主体，企业与大学合作研究较多。在三维共信息中，自组织能力发展尽管在一定程度上得到提高，技术的自我更新及驱动发展水平得到提升，但总体上发展水平不高。

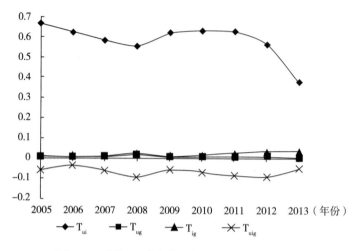

图 5-35　浙江区域大学、企业和政府共信息分布

注：T_{ui}、T_{ug}、T_{ig}分别表示大学—企业共信息、大学—政府共信息和企业—政府共信息，T_{uig}表示大学—企业—政府共信息。

资料来源：本书计算结果。

由测评结果及图 5-36 可知，长三角区域间，2005 年大学—企业、大学—政府和企业—政府二维共信息分别为 0.6014、0.0151、0.0306，大学—企业共信息最高、大学—政府共信息最低；大学—企业—政府三维共信息为 -0.1027。2013 年大学—企业、大学—政府和企业—政府二维共信息分别为 0.3529、0.0014、0.0377，大学—企业共信息最高、大学—政府共信息最低；大学—企业—政府三维共信息为 -0.0494。长三角区域间二维共信息均为正值，其中，大学—企业和大学—政府共信息呈下降趋势，企业—政府共信息呈先下降后上升趋势；大学—企业—政府三维共信息均为负值，大学—企业—政府三维共信息呈波动性上升趋势。可见，二维共信息中企业—大学协同研究较多，而政府参与的协同研究较低，但随着企业与大学的合作逐渐减少，企业与政府的合作逐渐增加，表明企业和大学作为三螺旋协同的关键创新主体，企业与大学合作研究较多。在三维共信息中，自组织能力发展缓慢，技术的自我更新及驱动发展水平需要进一步提高。

为了进一步对长三角区域技术创新输出协同度分析，分别从区域技术创新输出协同效率（η_{uig}）、相对未利用能力（ν_{uig}）和传输能力（ζ_{uig}）三方面对长三角各区域内

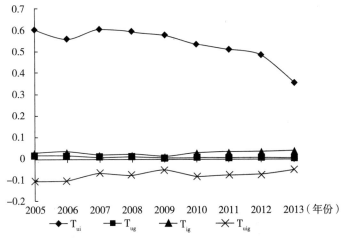

图 5-36 长三角区域间大学、企业和政府共信息分布

注：T_{ui}、T_{ug}、T_{ig} 分别表示大学—企业共信息、大学—政府共信息和企业—政府共信息，T_{uig} 表示大学—企业—政府共信息。

资料来源：本书计算结果。

和区域间两层面进行研究。[①]

由测评结果及图 5-37 可知，协同效率（η_{uig}）方面，长三角各区域内层面，2005 年上海、江苏和浙江区域技术创新输出协同效率值分别为 0.4789、0.4186、0.4754；2013 年上海、江苏和浙江区域技术创新输出协同效率值分别为 0.3211、0.1767、0.2036。长三角区域间层面，2005 年长三角区域技术创新输出协同效率值为 0.4702，2013 年长三角区域技术创新输出协同效率值为 0.2048。可见，从整体上来看，长三角区域技术创新输出协同效率绝大部分处于中等水平；在长三角各区域内，上海和浙江区域技术创新输出协同效率相对较高，而江苏区域技术创新输出协同效率相对较低；长三角区域间技术创新输出协同效率发展趋势与上海和江苏区域技术创新输出协同效率趋势相似。

由测评结果及图 5-38 可知，协同相对未利用能力（ν_{uig}）方面，长三角各区域内层面，2005 年上海、江苏和浙江区域技术创新输出协同相对未利用能力值分别为 0.5211、0.5814、0.5246；2013 年上海、江苏和浙江区域技术创新输出协同相对未利用能力值分别为 0.6789、0.8233、0.7964。长三角区域间层面，2005 年长三角区域技

---

① η、ν、τ 测评标准：范围 [0，1]；小于 0.05，表示 0 或微不足道的；0.05~0.25，表示低（弱）的；0.25~0.6，表示中等（适度）的；大于 0.6，表示较高（强）的。

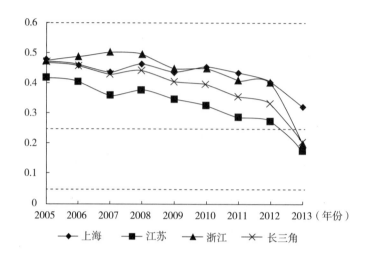

图 5-37　长三角区域技术创新输出协同效率

资料来源：本书计算结果。

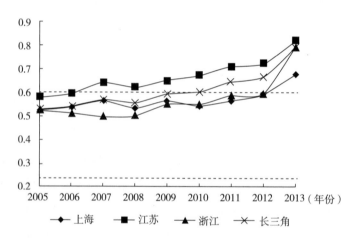

图 5-38　长三角区域技术创新输出协同相对未利用能力

资料来源：本书计算结果。

术创新输出协同相对未利用能力值为 0.5298，2013 年长三角区域技术创新输出协同相对未利用能力值为 0.7952。可见，从整体上来看，长三角区域技术创新输出协同相对未利用能力呈上升趋势，各地区技术创新输出协同发展趋势较为相似，且各地区技术创新输出协同相对未利用能力均处于中等及以上的水平。由此可知，长三角各区域内，各地区掌握的技术创新能力明显呈增加的趋势，但协同中未充分利用能力较强，长三角区域技术创新协同发展潜能较大，尤其是江苏地区的创新能力有待进一步的利用，在未来长三角区域技术创新协同发展中，需要充分利用各地的技术创新能力。

由测评结果及图 5-39 可知，协同传输能力（ζ_{uig}）方面，长三角各区域内层面，2005 年上海、江苏和浙江区域技术创新输出协同传输能力值分别为 0.1851、0.0376、0.0759；2013 年上海、江苏和浙江区域技术创新输出协同传输能力值分别为 0.1741、0.0877、0.1094。长三角区域间层面，2005 年长三角区域技术创新输出协同传输能力值为 0.1370，2013 年长三角区域技术创新输出协同传输能力值为 0.1119。可见，从整体上来看，长三角各区域技术创新输出协同传输能力发展趋势存在差异，且各地趋势线波动性均较大，上海、江苏和长三角区域间技术创新输出协同传输能力呈先下降后上升趋势，浙江区域技术创新输出协同传输能力呈波动性上升趋势；从传输能力水平方面来看，长三角各区域技术创新输出协同传输能力均处于较弱的水平，尤其是江苏区域的协同传输能力更为偏低。

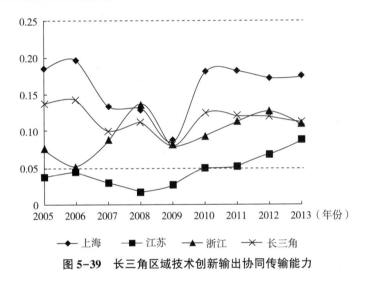

图 5-39　长三角区域技术创新输出协同传输能力

资料来源：本书计算结果。

二、京津冀—长三角区域技术创新输出协同度测评结果比较

（一）各区域内技术创新输出协同度对比

由表 5-23 可知，2005～2013 年，京津冀各区域内北京大学熵最高，年均值为 0.8810；长三角各区域内浙江大学熵最高，年均值为 0.8975，高于北京地区的熵值。京津冀各区域内天津大学熵最低，年均值为 0.7866；长三角各区域内江苏大学熵最低，年均值为 0.7457，低于天津地区的熵值。河北大学熵年均值为 0.8340，上海大学熵年

均值为 0.8588，高于河北地区的熵值。可见，浙江、北京、上海地区的大学创新研究水平较高，天津、河北和江苏地区的大学研究创新水平相对较低。

表 5-23　京津冀—长三角各区域内大学、企业和政府一维熵

年份	北京	天津	河北	上海	江苏	浙江
H_u						
2005	0.9445	0.7660	0.8622	0.9328	0.9689	0.9969
2006	0.9410	0.7656	0.9137	0.8878	0.8910	0.9993
2007	0.9443	0.7748	0.9307	0.9129	0.8231	1.0000
2008	0.8540	0.7721	0.8867	0.9484	0.8367	0.9851
2009	0.9180	0.9224	0.8694	0.9095	0.7746	0.9416
2010	0.9333	0.8944	0.8151	0.8709	0.7369	0.9515
2011	0.8950	0.8660	0.8072	0.8353	0.6572	0.8911
2012	0.8667	0.8233	0.7746	0.7887	0.6194	0.8518
2013	0.6320	0.4946	0.6464	0.6428	0.4030	0.4602
均值	0.8810	0.7866	0.8340	0.8588	0.7457	0.8975
H_i						
2005	0.8638	0.7426	0.8877	0.9150	0.9494	0.9990
2006	0.8280	0.7578	0.8901	0.8822	0.8457	0.9892
2007	0.8569	0.7669	0.9264	0.8927	0.7838	0.9824
2008	0.7694	0.7669	0.8650	0.9284	0.7926	0.9551
2009	0.8480	0.8995	0.8373	0.8682	0.7197	0.9022
2010	0.8707	0.8580	0.7742	0.8616	0.6916	0.9210
2011	0.8451	0.8479	0.7825	0.8297	0.6236	0.8770
2012	0.8157	0.8212	0.7427	0.7889	0.5969	0.8320
2013	0.6079	0.5223	0.6663	0.6719	0.4124	0.4865
均值	0.8117	0.7759	0.8191	0.8487	0.7128	0.8827
H_g						
2005	0.1225	0.0344	0.2683	0.2166	0.0448	0.0761
2006	0.0929	0.0629	0.0917	0.2397	0.0645	0.0468
2007	0.0973	0.0763	0.1155	0.1501	0.0527	0.0881
2008	0.1518	0.0943	0.1140	0.1618	0.0700	0.1419

续表

年份	北京	天津	河北	上海	江苏	浙江
H_g						
2009	0.1402	0.1090	0.1533	0.1162	0.0586	0.1038
2010	0.1364	0.0889	0.0925	0.2354	0.0579	0.1054
2011	0.1922	0.1048	0.1269	0.2280	0.0614	0.1274
2012	0.1388	0.1422	0.1465	0.2127	0.0722	0.1376
2013	0.1177	0.1103	0.1325	0.1891	0.0660	0.0918
均值	0.1322	0.0915	0.1379	0.1944	0.0609	0.1021

注：H_u、H_i、H_g 分别表示大学熵、企业熵和政府熵。

资料来源：本书计算结果。

2005~2013 年，京津冀各区域内河北企业熵最高，年均值为 0.8117；长三角各区域内浙江企业熵最高，年均值为 0.8827，高于河北地区的熵值。京津冀各区域内天津企业熵最低，年均值为 0.7759；长三角各区域内江苏企业熵最低，年均值为 0.7128，低于天津地区的熵值。北京企业熵年均值为 0.8117，上海企业熵年均值为 0.8487，高于北京地区的熵值。可见，浙江、上海、河北和北京地区的企业创新研究水平相对较高，而天津和江苏地区的企业创新研究水平相对较低。

2005~2013 年，京津冀各区域内河北政府熵最高，年均值为 0.1379；长三角各区域内上海政府熵最高，年均值为 0.1944，高于河北地区的熵值。京津冀各区域内天津政府熵最低，年均值为 0.0915；长三角各区域内江苏政府熵最低，年均值为 0.0609，低于天津地区的熵值。北京政府熵年均值为 0.1322，浙江政府熵年均值为 0.1021，低于北京地区的熵值。可见，上海、河北和北京地区政府创新研究水平高于浙江、天津和江苏地区政府创新研究水平，但从总体上来看，各地区政府创新研究水平均较低。

由表 5-24 可知，2005~2013 年京津冀各区域内北京大学—企业熵最高，年均值为 1.2121；长三角各区域内上海大学—企业熵最高，年均值为 1.2025，低于北京地区的熵值。京津冀各区域内天津大学—企业熵最低，年均值为 0.9598；长三角各区域内江苏大学—企业熵最低，年均值为 0.9143，低于天津地区的熵值。河北大学—企业熵年均值为 1.0827，浙江大学—企业熵年均值为 1.1996，高于河北地区的熵值。可见，北京、上海、浙江和河北地区大学—企业联合研究较多，而天津和江苏地区大学—企业联合研究较少，从总体上来看，京津冀和长三角区域大学—企业联合研究较多。

表5-24 京津冀—长三角各区域内大学、企业和政府二维联合熵

年份	北京	天津	河北	上海	江苏	浙江
H_{ui}						
2005	1.3303	0.8799	1.1732	1.3387	1.1722	1.3345
2006	1.3281	0.8787	1.1534	1.2842	1.1207	1.3669
2007	1.3146	0.9225	1.1177	1.2229	0.9951	1.3999
2008	1.1604	0.9233	1.1421	1.2900	1.0281	1.3871
2009	1.2719	1.1612	1.1841	1.2074	0.9551	1.2280
2010	1.2830	1.1314	1.0529	1.2588	0.9042	1.2444
2011	1.2300	1.0808	1.0488	1.2026	0.7999	1.1427
2012	1.1628	1.0305	1.0460	1.1184	0.7598	1.1226
2013	0.8277	0.6298	0.8258	0.8997	0.4934	0.5707
均值	1.2121	0.9598	1.0827	1.2025	0.9143	1.1996
H_{ug}						
2005	1.0534	0.7969	1.1077	1.1294	1.0101	1.0627
2006	1.0238	0.8259	0.9986	1.1079	0.9515	1.0406
2007	1.0276	0.8475	1.0366	1.0521	0.8733	1.0770
2008	0.9930	0.8619	0.9926	1.0943	0.9050	1.1106
2009	1.0408	1.0163	1.0117	1.0175	0.8325	1.0379
2010	1.0541	0.9685	0.9026	1.0884	0.7944	1.0494
2011	1.0663	0.9639	0.9269	1.0479	0.7180	1.0100
2012	0.9897	0.9536	0.9164	0.9903	0.6906	0.9821
2013	0.7406	0.6008	0.7751	0.8250	0.4683	0.5504
均值	0.9988	0.8706	0.9631	1.0392	0.8049	0.9912
H_{ig}						
2005	0.9704	0.7689	1.1143	1.0741	0.9857	1.0652
2006	0.9075	0.8114	0.9617	1.0500	0.8913	1.0298
2007	0.9405	0.8228	1.0318	1.0051	0.8185	1.0616
2008	0.9130	0.8456	0.9511	1.0501	0.8343	1.0728
2009	0.9717	0.9958	0.9441	0.9511	0.7561	0.9979
2010	0.9949	0.9314	0.8411	1.0217	0.7304	1.0109

年份	北京	天津	河北	上海	江苏	浙江
H_{ig}						
2011	1.0247	0.9352	0.8668	0.9815	0.6633	0.9777
2012	0.9361	0.9421	0.8380	0.9271	0.6425	0.9335
2013	0.6930	0.5877	0.7509	0.7855	0.4494	0.5400
均值	0.9280	0.8490	0.9222	0.9829	0.7524	0.9655

注：H_{ui}、H_{ug}、H_{ig}分别表示大学—企业熵、大学—政府熵和企业—政府熵。

资料来源：本书计算结果。

2005~2013年，京津冀各区域内北京大学—政府熵最高，年均值为0.9988；长三角各区域内上海大学—政府熵最高，年均值为1.0392，高于北京地区的熵值。京津冀各区域内天津大学—政府熵最低，年均值为0.8706；长三角各区域内江苏大学—政府熵最低，年均值为0.8049，低于天津地区的熵值。河北大学—政府熵年均值为0.9631，浙江大学—政府熵年均值为0.9912，高于河北地区的熵值。可见，上海、北京、浙江和河北地区大学—政府联合研究较多，而天津和江苏地区大学—政府联合研究较少。

2005~2013年，京津冀各区域内北京企业—政府熵最高，年均值为0.9280；长三角各区域内上海企业—政府熵最高，年均值为0.9829，高于北京地区的熵值。京津冀各区域内天津企业—政府熵最低，年均值为0.8490；长三角各区域内江苏企业—政府熵最低，年均值为0.7524，低于天津地区的熵值。河北企业—政府熵年均值为0.9222，浙江企业—政府熵年均值为0.9655，高于河北地区的熵值。可见，上海、浙江、北京地区企业—政府联合研究较多，而河北、天津和江苏地区企业—政府联合研究较少。

由表5-25可知，2005~2013年，京津冀各区域内北京大学—企业—政府熵最高，年均值为1.2570；长三角各区域内上海大学—企业—政府熵最高，年均值为1.2125，低于北京地区的熵值。京津冀各区域内天津大学—企业—政府熵最低，年均值为0.9753；长三角各区域内江苏大学—企业—政府熵最低，年均值为0.9267，低于天津地区的熵值。河北大学—企业—政府熵年均值为1.0989，浙江大学—企业—政府熵年均值为1.2084，高于河北地区的熵值。可见，北京、上海、浙江和河北地区大学—企业—政府联合研究较多，而天津和江苏地区大学—企业—政府联合研究较少。

表 5-25　京津冀—长三角各区域内大学、企业和政府三维联合熵

年份	北京	天津	河北	上海	江苏	浙江
H_{uig}						
2005	1.3614	0.8828	1.2335	1.3445	1.1753	1.3345
2006	1.3501	0.8916	1.1534	1.2915	1.1322	1.3669
2007	1.3385	0.9225	1.1460	1.2278	1.0084	1.4096
2008	1.2387	0.9419	1.1421	1.3000	1.0575	1.3942
2009	1.3184	1.1921	1.1978	1.2239	0.9759	1.2599
2010	1.3315	1.1528	1.0529	1.2753	0.9143	1.2594
2011	1.3175	1.0953	1.0686	1.2156	0.8109	1.1509
2012	1.2062	1.0650	1.0675	1.1323	0.7699	1.1287
2013	0.8513	0.6338	0.8278	0.9013	0.4960	0.5716
均值	1.2570	0.9753	1.0989	1.2125	0.9267	1.2084

注：H_{uig}分别表示大学—企业—政府熵。

资料来源：本书计算结果。

由表 5-26 可知，2005~2013 年，京津冀各区域内天津大学—企业共信息值最高，年均值为 0.6027；长三角各区域内浙江大学—企业共信息值最高，年均值为 0.5806；低于天津区域的共信息值。京津冀各区域内北京大学—企业共信息值最低，年均值为 0.4806；长三角各区域内上海大学—企业共信息值最低，年均值为 0.5050，高于北京的共信息值。河北大学—企业共信息年均值为 0.5705，江苏大学—企业共信息年均值为 0.5442，低于河北地区的共信息值。可见，天津、浙江、河北地区大学—企业交互较高，而江苏、上海和北京大学—企业交互较低。

2005~2013 年，京津冀各区域内北京大学—政府共信息值最高，年均值为 0.0144；长三角各区域内上海大学—政府共信息值最高，年均值为 0.0140，低于北京地区的共信息值。京津冀各区域内天津大学—政府共信息值最低，年均值为 0.0074；长三角各区域内江苏大学—政府共信息值最低，年均值为 0.0017，低于北京地区的共信息值。河北大学—政府共信息年均值为 0.0088，浙江大学—政府共信息年均值为 0.0084，低于河北地区的共信息值。可见，北京、上海和河北地区大学—政府交互高于浙江、天津和江苏地区的交互，但从总体上来看，京津冀和长三角区域大学—政府交互均较低。

表5-26　京津冀—长三角各区域内大学、企业和政府二维共信息

年份	北京	天津	河北	上海	江苏	浙江
T_{ui}						
2005	0.4779	0.6287	0.5767	0.5092	0.7461	0.6614
2006	0.4408	0.6447	0.6504	0.4858	0.6160	0.6216
2007	0.4866	0.6192	0.7394	0.5827	0.6119	0.5824
2008	0.4630	0.6157	0.6096	0.5868	0.6012	0.5532
2009	0.4941	0.6608	0.5226	0.5703	0.5391	0.6159
2010	0.5209	0.6211	0.5363	0.4737	0.5243	0.6280
2011	0.5102	0.6331	0.5409	0.4624	0.4809	0.6255
2012	0.5196	0.6140	0.4714	0.4592	0.4565	0.5612
2013	0.4122	0.3871	0.4868	0.4151	0.3219	0.3760
均值	0.4806	0.6027	0.5705	0.5050	0.5442	0.5806
T_{ug}						
2005	0.0136	0.0035	0.0227	0.0200	0.0036	0.0103
2006	0.0100	0.0027	0.0068	0.0196	0.0041	0.0054
2007	0.0141	0.0035	0.0096	0.0109	0.0026	0.0111
2008	0.0128	0.0045	0.0081	0.0159	0.0017	0.0164
2009	0.0173	0.0150	0.0111	0.0081	0.0008	0.0075
2010	0.0155	0.0149	0.0050	0.0179	0.0005	0.0074
2011	0.0210	0.0068	0.0072	0.0154	0.0006	0.0086
2012	0.0158	0.0119	0.0047	0.0111	0.0009	0.0073
2013	0.0091	0.0041	0.0038	0.0070	0.0006	0.0016
均值	0.0144	0.0074	0.0088	0.0140	0.0017	0.0084
T_{ig}						
2005	0.0159	0.0081	0.0417	0.0576	0.0085	0.0099
2006	0.0133	0.0094	0.0201	0.0719	0.0189	0.0062
2007	0.0138	0.0204	0.0101	0.0377	0.0181	0.0089
2008	0.0083	0.0156	0.0280	0.0401	0.0283	0.0243
2009	0.0164	0.0127	0.0465	0.0332	0.0222	0.0081
2010	0.0121	0.0156	0.0256	0.0753	0.0191	0.0155

年份	北京	天津	河北	上海	江苏	浙江
T_{ig}						
2011	0.0127	0.0174	0.0427	0.0762	0.0217	0.0268
2012	0.0184	0.0213	0.0512	0.0745	0.0266	0.0360
2013	0.0327	0.0450	0.0479	0.0755	0.0289	0.0382
均值	0.0160	0.0184	0.0349	0.0602	0.0213	0.0193

注：T_{ui}、T_{ug}、T_{ig} 分别表示大学—企业共信息、大学—政府共信息和企业—政府共信息。
资料来源：本书计算结果。

2005~2013 年，京津冀各区域内河北企业—政府共信息值最高，年均值为 0.0349；长三角各区域内上海企业—政府共信息值最高，年均值为 0.0602，高于河北区域的共信息值。京津冀各区域内北京企业—政府共信息值最低，年均值为 0.0160；长三角各区域内浙江企业—政府共信息值最低，年均值为 0.0193，高于北京地区的共信息值。天津企业—政府共信息年均值为 0.0184，江苏企业—政府共信息年均值为 0.0213，低于天津地区的共信息值。可见，上海、河北和江苏地区企业—政府交互高于浙江、天津和北京地区的交互，但从总体上来看，京津冀和长三角区域企业—政府交互均较低。

由表 5-27 可知，2005~2013 年，京津冀各区域内天津大学—企业—政府共信息值最高，年均值为 -0.0501；长三角各区域内江苏大学—企业—政府共信息值最高，年均值为 -0.0254，高于天津地区的共信息值。京津冀各区域内河北大学—企业—政府共信息值最低，年均值为 -0.0781；长三角各区域内上海大学—企业—政府共信息值最低，年均值为 -0.1102，低于河北地区的共信息值。可见，江苏、天津和北京地区三螺旋交互高于浙江、河北和上海地区的交互。

表 5-27　京津冀—长三角各区域内大学、企业和政府三维共信息

年份	北京	天津	河北	上海	江苏	浙江
T_{uig}						
2005	-0.0619	-0.0199	-0.1435	-0.1332	-0.0296	-0.0559
2006	-0.0475	-0.0381	-0.0648	-0.1409	-0.0301	-0.0352
2007	-0.0457	-0.0524	-0.0674	-0.0967	-0.0187	-0.0584
2008	-0.0524	-0.0556	-0.0779	-0.0958	-0.0107	-0.0941

年份	北京	天津	河北	上海	江苏	浙江
T_{uig}						
2009	-0.0600	-0.0503	-0.0821	-0.0583	-0.0150	-0.0563
2010	-0.0603	-0.0370	-0.0620	-0.1256	-0.0283	-0.0674
2011	-0.0710	-0.0660	-0.0572	-0.1233	-0.0282	-0.0838
2012	-0.0611	-0.0745	-0.0691	-0.1132	-0.0345	-0.0882
2013	-0.0524	-0.0573	-0.0789	-0.1049	-0.0338	-0.0511
均值	-0.0569	-0.0501	-0.0781	-0.1102	-0.0254	-0.0656

注：T_{uig} 分别表示大学—企业—政府共信息。

资料来源：本书计算结果。

由表5-28可知，2005～2013年，京津冀各区域内北京区域技术创新输出协同效率最高，年均值为0.4478；长三角各区域内上海区域技术创新输出协同效率最高，年均值为0.4319，低于北京地区的协同效率水平。京津冀各区域内天津区域技术创新输出协同效率最低，年均值为0.3474；长三角各区域内江苏区域技术创新输出协同效率最低，年均值为0.3301，低于天津地区的协同效率水平。河北区域技术创新输出协同效率年均值为0.3914，浙江区域技术创新输出协同效率年均值为0.4304，高于河北地区的协同效率水平。可见，京津冀和长三角各区域内技术创新输出协同效率由高到低依次为北京、上海、浙江、河北、天津和江苏，从总体上来看，各区域技术创新输出协同效率水平均处于中等水平。

表5-28　京津冀—长三角各区域内技术创新输出协同效率、相对未利用能力及传输能力

年份	北京	天津	河北	上海	江苏	浙江
η_{uig}						
2005	0.4849	0.3144	0.4394	0.4789	0.4186	0.4754
2006	0.4809	0.3176	0.4109	0.4600	0.4033	0.4869
2007	0.4768	0.3286	0.4082	0.4373	0.3592	0.5021
2008	0.4412	0.3355	0.4068	0.4631	0.3767	0.4966
2009	0.4696	0.4246	0.4267	0.4360	0.3476	0.4488
2010	0.4743	0.4106	0.3751	0.4543	0.3257	0.4486
2011	0.4693	0.3902	0.3806	0.4330	0.2888	0.4100

年份	北京	天津	河北	上海	江苏	浙江
η_{uig}						
2012	0.4297	0.3794	0.3802	0.4033	0.2743	0.4020
2013	0.3032	0.2257	0.2949	0.3211	0.1767	0.2036
均值	0.4478	0.3474	0.3914	0.4319	0.3301	0.4304
ν_{uig}						
2005	0.5151	0.6856	0.5606	0.5211	0.5814	0.5246
2006	0.5191	0.6824	0.5891	0.5400	0.5967	0.5131
2007	0.5232	0.6714	0.5918	0.5627	0.6408	0.4979
2008	0.5588	0.6645	0.5932	0.5369	0.6233	0.5034
2009	0.5304	0.5754	0.5733	0.5640	0.6524	0.5512
2010	0.5257	0.5894	0.6249	0.5457	0.6743	0.5514
2011	0.5307	0.6098	0.6194	0.5670	0.7112	0.5900
2012	0.5703	0.6206	0.6198	0.5967	0.7257	0.5980
2013	0.6968	0.7743	0.7051	0.6789	0.8233	0.7964
均值	0.5522	0.6526	0.6086	0.5681	0.6699	0.5696
ζ_{uig}						
2005	0.1087	0.0302	0.1829	0.1851	0.0376	0.0759
2006	0.0928	0.0548	0.0874	0.1962	0.0449	0.0526
2007	0.0816	0.0753	0.0816	0.1328	0.0287	0.0883
2008	0.0977	0.0804	0.1077	0.1297	0.0166	0.1368
2009	0.1020	0.0681	0.1240	0.0870	0.0259	0.0818
2010	0.0990	0.0538	0.0985	0.1814	0.0495	0.0939
2011	0.1155	0.0912	0.0883	0.1820	0.0530	0.1125
2012	0.0994	0.1032	0.1158	0.1721	0.0666	0.1273
2013	0.1035	0.1162	0.1278	0.1741	0.0877	0.1094
均值	0.1000	0.0748	0.1127	0.1600	0.0456	0.0976

注：η_{uig}、ν_{uig}、ζ_{uig}分别表示大学—企业—政府的协同效率、相对未利用能力和传输能力。

资料来源：本书计算结果。

2005～2013年，京津冀各区域内天津区域技术创新输出协同相对未利用能力值最高，年均值为0.6526；长三角各区域内江苏区域技术创新输出协同相对未利用能力值最高，年均值为 0.6699，高于天津地区的协同相对未利用能力。京津冀各区域内北京区域技术创新输出协同相对未利用能力值最低，年均值为 0.5522；长三角各区域内上海区域技术创新输出协同相对未利用能力值最低，年均值为 0.5681，高于北京地区的协同相对未利用能力。河北区域技术创新输出协同相对未利用能力年均值为 0.6086，浙江区域技术创新输出协同相对未利用能力年均值为 0.5696，低于河北区域技术创新输出协同相对未利用能力。可见，京津冀和长三角各区域内技术创新输出协同相对未利用能力由高到低依次为江苏、天津、河北、浙江、上海和北京，从总体上来看，京津冀和长三角各区域内技术创新输出协同未利用的能力均处于中等及以上水平。

2005~2013 年，京津冀各区域内河北区域技术创新输出协同传输能力值最高，年均值为 0.1127；长三角各区域内上海区域技术创新输出协同传输能力值最高，年均值为 0.1600，高于河北地区的协同传输能力。京津冀各区域内天津区域技术创新输出协同传输能力值最低，年均值为 0.0748；长三角各区域内江苏区域技术创新输出协同传输能力值最低，年均值为 0.0456，低于天津地区的协同传输能力。北京区域技术创新输出协同传输能力年均值为 0.1000，浙江区域技术创新输出协同传输能力年均值为 0.0976，低于北京地区的协同传输能力。可见，京津冀和长三角各区域内技术创新输出协同传输能力由高到低依次为上海、河北、北京、浙江、天津和江苏，从总体上来看，京津冀和长三角各区域内技术创新输出协同传输能力均处于较低及以下的水平。

（二）区域间技术创新输出协同度对比

由表 5-29 可知，大学熵方面，2005~2013 年，京津冀区域间大学熵年均值为 0.8584，长三角区域间大学熵年均值为 0.8186，低于京津冀区域间的熵值。可见，京津冀区域间的大学创新研究较长三角区域更为活跃。企业熵方面，2005~2013 年，京津冀区域间企业熵年均值为 0.8022，长三角区域间企业熵年均值为 0.7950，低于京津冀区域间的熵值。可见，京津冀区域间的企业创新研究较长三角区域更为活跃。政府熵方面，2005~2013 年，京津冀区域间政府熵年均值为 0.1235，长三角区域间政府熵年均值为 0.1211，低于京津冀区域间的熵值。可见，京津冀区域间的政府创新研究较长三角区域更为活跃。

表 5-29　京津冀—长三角区域间大学、企业和政府一维熵

年份	H_u		H_i		H_g	
	京津冀	长三角	京津冀	长三角	京津冀	长三角
2005	0.8992	0.9680	0.8308	0.9492	0.1030	0.1526
2006	0.9015	0.9323	0.8115	0.9035	0.0843	0.1548
2007	0.9142	0.9193	0.8405	0.8851	0.0931	0.1059
2008	0.8414	0.9251	0.7727	0.8921	0.1404	0.1238
2009	0.9166	0.8685	0.8574	0.8209	0.1355	0.0899
2010	0.9215	0.8321	0.8636	0.8012	0.1256	0.1296
2011	0.8847	0.7585	0.8420	0.7378	0.1723	0.1232
2012	0.8520	0.7098	0.8121	0.6936	0.1401	0.1197
2013	0.5942	0.4538	0.5890	0.4719	0.1170	0.0905
均值	0.8584	0.8186	0.8022	0.7950	0.1235	0.1211

注：H_u、H_i、H_g 分别表示大学熵、企业熵和政府熵。

资料来源：本书计算结果。

由表 5-30 可知，大学—企业熵方面，2005~2013 年，京津冀区域间大学—企业熵年均值为 1.1536，长三角区域间大学—企业熵年均值为 1.0798，低于京津冀区域间的熵值。可见，京津冀区域间的大学—企业联合创新研究较长三角区域更为活跃。大学—政府熵方面，2005~2013 年，京津冀区域间大学—政府熵年均值为 0.9764，长三角区域间大学—政府熵年均值为 0.9327，低于京津冀区域间的熵值。可见，京津冀区域间的大学—政府联合创新研究较长三角区域更为活跃。企业—政府熵方面，2005~2013 年，京津冀区域间企业—政府熵年均值为 0.8799，长三角区域间企业—政府熵年均值为 0.8883，高于京津冀区域间的熵值。可见，长三角区域间的企业—政府联合创新研究较京津冀区域更为活跃。大学—企业—政府熵方面，2005~2013 年，京津冀区域间大学—企业—政府熵年均值为 1.1914，长三角区域间大学—企业—政府熵年均值为 1.0906，低于京津冀区域间的熵值。可见，京津冀区域间的大学—企业—政府联合创新研究较长三角区域更为活跃。

表 5-30　京津冀—长三角区域间大学、企业和政府二维及三维联合熵

年份	H_{ui}		H_{ug}		H_{ig}		H_{uig}	
	京津冀	长三角	京津冀	长三角	京津冀	长三角	京津冀	长三角
2005	1.2092	1.3158	0.9969	1.1055	0.9006	1.0712	1.2337	1.3200

续表

年份	H_{ui}		H_{ug}		H_{ig}		H_{uig}	
	京津冀	长三角	京津冀	长三角	京津冀	长三角	京津冀	长三角
2006	1.2208	1.2782	0.9816	1.0739	0.8690	1.0249	1.2396	1.2857
2007	1.2355	1.2011	1.0037	1.0177	0.9061	0.9715	1.2545	1.2104
2008	1.1237	1.2255	0.9747	1.0402	0.8484	0.9962	1.1899	1.2432
2009	1.2521	1.1151	1.0457	0.9544	0.9464	0.8985	1.2945	1.1370
2010	1.2459	1.1001	1.0406	0.9561	0.9451	0.9010	1.2878	1.1136
2011	1.1929	0.9878	1.0474	0.8772	0.9431	0.8283	1.2641	0.9990
2012	1.1303	0.9213	0.9869	0.8260	0.9018	0.7787	1.1705	0.9317
2013	0.7721	0.5729	0.7095	0.5430	0.6586	0.5247	0.7880	0.5749
均值	1.1536	1.0798	0.9764	0.9327	0.8799	0.8883	1.1914	1.0906

注：H_{ui}、H_{ug}、H_{ig} 分别表示大学—企业熵、大学—政府熵和企业—政府熵，H_{uig} 表示大学—企业—政府熵。

资料来源：本书计算结果。

由表5-31可知，大学—企业共信息方面，2005~2013年，京津冀区域间大学—企业共信息年均值为0.5069；长三角区域间大学—企业共信息年均值为0.5339，高于京津冀区域间的共信息值。可见，京津冀区域间大学—企业交互低于长三角区域间交互水平。大学—政府共信息方面，2005~2013年，京津冀区域间大学—政府共信息年均值为0.0055；长三角区域间大学—政府共信息年均值为0.0071，高于京津冀区域间的熵值。可见，京津冀区域间大学—政府交互低于长三角区域间交互水平。企业—政府共信息方面，2005~2013年，京津冀区域间企业—政府共信息年均值为0.0458；长三角区域间企业—政府共信息年均值为0.0278，低于京津冀区域间的熵值。可见，京津冀区域间大学—政府交互高于长三角区域间交互水平。大学—企业—政府共信息方面，2005~2013年，京津冀区域间大学—企业—政府共信息年均值为-0.0344；长三角区域间大学—企业—政府共信息年均值为-0.0754，低于京津冀区域间的共信息值。可见，京津冀区域间的大学—企业—政府交互高于长三角区域间交互水平。

表5-31　京津冀—长三角区域间大学、企业和政府二维及三维共信息

年份	T_{ui}		T_{ug}		T_{ig}		T_{uig}	
	京津冀	长三角	京津冀	长三角	京津冀	长三角	京津冀	长三角
2005	0.5207	0.6014	0.0052	0.0151	0.0332	0.0306	-0.0401	-0.1027
2006	0.4922	0.5577	0.0043	0.0132	0.0268	0.0334	-0.0344	-0.1006

年份	T_{ui}		T_{ug}		T_{ig}		T_{uig}	
	京津冀	长三角	京津冀	长三角	京津冀	长三角	京津冀	长三角
2007	0.5192	0.6033	0.0036	0.0075	0.0275	0.0194	−0.0429	−0.0697
2008	0.4904	0.5917	0.0071	0.0088	0.0646	0.0197	−0.0025	−0.0777
2009	0.5219	0.5743	0.0064	0.0040	0.0466	0.0122	−0.0402	−0.0517
2010	0.5392	0.5332	0.0064	0.0057	0.0441	0.0298	−0.0332	−0.0807
2011	0.5339	0.5086	0.0096	0.0045	0.0712	0.0326	−0.0203	−0.0748
2012	0.5337	0.4821	0.0051	0.0034	0.0504	0.0346	−0.0444	−0.0712
2013	0.4111	0.3529	0.0016	0.0014	0.0474	0.0377	−0.0520	−0.0494
均值	0.5069	0.5339	0.0055	0.0071	0.0458	0.0278	−0.0344	−0.0754

注：T_{ui}、T_{ug}、T_{ig} 分别表示大学—企业熵、大学—政府熵和企业—政府熵，T_{uig} 表示大学—企业—政府熵。

资料来源：本书计算结果。

由表 5-32 可知，在协同效率方面，2005~2013 年，京津冀区域间技术创新输出协同效率年均值为 0.4244；长三角区域间技术创新输出协同效率年均值为 0.3885，低于京津冀区域间的协同效率。可见，京津冀区域间与长三角区域间技术创新输出协同效率均处于中等水平。在协同相对未利用能力方面，2005~2013 年，京津冀区域间技术创新输出协同相对未利用能力年均值为 0.5756；长三角区域间技术创新输出协同相对未利用能力年均值为 0.6115，高于京津冀区域间的协同相对未利用能力。可见，京津冀区域间与长三角区域间的协同相对未利用能力均处于中等及以上的水平。在协同传输能力方面，2005~2013 年，京津冀区域间技术创新输出协同传输能力年均值为 0.0586；长三角区域间技术创新输出协同传输能力年均值为 0.1165，高于京津冀区域间的协同传输能力。可见，京津冀区域间与长三角区域间技术创新输出协同传输能力均处于较弱或更低水平。因此，京津冀和长三角区域间三螺旋系统协同发展水平较低，但各区域内潜能较高，需要进一步开发区域间协同发展模式。

表 5-32　京津冀—长三角区域间技术创新输出协同效率、相对未利用能力及传输能力

年份	η_{uig}		ν_{uig}		ζ_{uig}	
	京津冀	长三角	京津冀	长三角	京津冀	长三角
2005	0.4395	0.4702	0.5605	0.5298	0.0669	0.1370
2006	0.4416	0.4580	0.5584	0.5420	0.0617	0.1428

续表

年份	η_{uig}		ν_{uig}		ζ_{uig}	
	京津冀	长三角	京津冀	长三角	京津冀	长三角
2007	0.4469	0.4311	0.5531	0.5689	0.0724	0.0996
2008	0.4238	0.4428	0.5762	0.5572	0.0044	0.1113
2009	0.4611	0.4050	0.5389	0.5950	0.0653	0.0805
2010	0.4587	0.3967	0.5413	0.6033	0.0533	0.1243
2011	0.4503	0.3559	0.5497	0.6441	0.0319	0.1206
2012	0.4170	0.3319	0.5830	0.6681	0.0700	0.1204
2013	0.2807	0.2048	0.7193	0.7952	0.1015	0.1119
均值	0.4244	0.3885	0.5756	0.6115	0.0586	0.1165

注：η_{uig}、ν_{uig}、ζ_{uig} 分别表示大学—企业—政府的协同效率、相对未利用能力和传输能力。

资料来源：本书计算结果。

第四节　京津冀—长三角区域技术创新协同度综合测评比较

一、长三角区域技术创新协同度综合测评结果

（一）长三角区域技术创新协同度综合测评数据样本

长三角区域技术创新协同度综合测评主要依据第三章所构建的区域技术创新协同度测评体系，从技术创新输入协同（T_{gto}、ζ_{gto}）、技术创新过程协同（C）和技术创新输出协同（T_{uig}、ζ_{uig}）三个视角对区域技术创新协同度进行综合测评。长三角区域技术创新协同度综合测评样本主要来源于上述指标2005~2013年的测评结果。

（二）长三角区域技术创新协同度综合测评结果

依据因子分析方法的原理，利用SPSS软件对五个指标的样本数据进行因子分析。得到各因子解释的总方差和旋转成分矩阵（见表5-33和表5-34），自动生成相关主成

分的因子得分（见表 5-35）。

表 5-33　长三角区域技术创新协同度解释的总方差

成分	合计	初始特征值		合计	提取平方和载入		合计	旋转平方和载入	
		方差（%）	累积（%）		方差（%）	累积（%）		方差（%）	累积（%）
1	2.132	42.634	42.634	2.132	42.634	42.634	1.973	39.455	39.46
2	1.965	39.294	81.928	1.965	39.294	81.928	1.809	36.177	75.63
3	0.743	14.862	96.79	0.743	14.862	96.79	1.058	21.158	96.79
4	0.143	2.862	99.652						
5	0.017	0.348	100						

资料来源：本书计算结果。

由表 5-33 可知，第一主成分、第二主成分和第三主成分的特征值分别为 2.132、1.965、0.743，且三者方差累计贡献率为 96.79%，提取原始数据绝大部分的信息，因此可以提取三个主成分作为区域技术创新协同度的主要指标，从而对长三角区域技术创新协同度进行综合测评。

由表 5-34 可知，第一主成分包括大学—企业—政府共信息（T_{uig}）和协同传输能力（ζ_{uig}），成分载荷系数较高，主要反映区域技术创新输出协同的情况，称为技术创新输出协同因子。第二主成分包括地理—技术—组织共信息（T_{gto}）和协同传输能力（ζ_{gto}），成分载荷系数较高，主要反映区域技术创新输入协同的情况，称为技术创新输入协同因子。第三主成分是区域技术创新过程协同度（C），主要反映区域技术创新过程协同的情况，称为技术创新过程协同因子。

表 5-34　长三角区域技术创新协同度旋转成分矩阵

成分	1	2	3	变量
T_{gto}	−0.008	**0.912**	0.306	技术创新输入协同度
ζ_{gto}	0.106	**−0.964**	−0.029	
C	0.097	0.203	**0.971**	技术创新过程协同度
T_{uig}	**0.982**	−0.069	0.146	技术创新输出协同度
ζ_{uig}	**−0.994**	0.049	0.007	

注：T_{uig} 表示大学—企业—政府共信息，ζ_{uig} 表示大学—企业—政府系统传输能力，T_{gto} 表示地理—技术—组织共信息，ζ_{gto} 表示地理—技术—组织系统传输能力，C 表示区域技术创新过程协同度。

资料来源：本书计算结果。

综合各主成分构造综合测评模型，基于主成分分析基础之上，选取三个主成分，并以其方差贡献率（旋转后的）39.46%、36.18%和21.16%为权重构造长三角区域技术创新协同度综合测评函数如下：

$$F = (0.3946 \times F_1 + 0.3618 \times F_2 + 0.2116 \times F_3)/0.9679 \qquad (5-1)$$

其中，F_1（技术创新输出协同度）、F_2（技术创新输入协同度）和 F_3（技术创新过程协同度）为各主成分得分，F（技术创新协同度）为综合得分，具体得分如表5-35所示。

表5-35 长三角区域技术创新协同度综合测评得分

年份	上海				江苏			
	F_1	F_2	F_3	F	F_1	F_2	F_3	F
2005	-1.7363	-0.4361	-0.5696	-0.9954	1.3348	0.1541	-1.0430	0.3737
2006	-1.9644	-0.6606	-0.6499	-1.1899	1.2531	-0.2214	-1.2611	0.1524
2007	-0.6470	-0.8803	-1.1802	-0.8508	1.5180	-0.2402	-0.3667	0.4489
2008	-0.6776	-0.8935	-0.1519	-0.6434	1.8398	-0.5047	-1.5424	0.2242
2009	0.2868	-0.8276	0.0351	-0.1848	1.6509	-0.7796	-1.2662	0.1048
2010	-1.6856	-0.9216	0.4468	-0.9340	1.0461	-0.9635	0.8422	0.2504
2011	-1.5462	-0.5837	-0.8298	-1.0300	0.9918	-1.0786	1.0428	0.2291
2012	-1.2588	-0.5707	-1.3504	-1.0217	0.6793	-1.3421	1.9616	0.2041
2013	-1.2087	-0.7706	-0.8653	-0.9700	0.4936	-1.2654	1.6707	0.0935
	浙江				长三角			
2005	0.5966	0.7313	-1.1645	0.2620	-0.6314	1.6781	-0.9464	0.1630
2006	1.0420	0.0710	-0.3640	0.3718	-0.7098	1.6042	-0.4200	0.2185
2007	0.3408	0.1355	-0.3069	0.1225	0.1653	1.6458	-0.2090	0.6369
2008	-0.7012	0.0475	0.0647	-0.2540	-0.1088	1.5715	0.2846	0.6053
2009	0.4329	-0.0130	-0.2403	0.1191	0.6243	1.7157	-0.1983	0.8525
2010	0.1002	-0.1545	0.3359	0.0565	-0.3221	1.4956	0.7210	0.5854
2011	-0.3331	-0.2459	0.3928	-0.1418	-0.2249	1.4544	1.0363	0.6785
2012	-0.6412	-0.8460	1.2888	-0.2959	-0.2294	1.3378	1.7124	0.7809
2013	0.0603	-0.8053	1.4106	0.0319	0.1699	1.3622	1.6795	0.9456

注：F_1、F_2、F_3 分别表示技术创新输出协同度、技术创新输入协同度和技术创新过程协同度的各主成分得分，F 表示技术创新协同度的综合得分。

资料来源：本书计算结果。

　　由图 5-40 及测评结果可知，长三角各区域内，2005 年上海、江苏和浙江区域技术创新输入协同度分别为-0.4361、0.1541、0.7313；2013 年上海、江苏和浙江区域技术创新输入协同度分别为-0.7706、-1.2654、-0.8053；而且 2005~2013 年的数据显示，上海区域技术创新输入协同度呈波动性下降趋势，江苏和浙江区域技术创新输入协同度呈下降趋势。长三角区域间，2005 年长三角区域间技术创新输入协同度为 1.6781，2013 年长三角区域间技术创新输入协同度为 1.3622；而且 2005~2013 年的数据显示，长三角区域间技术创新输入协同水平呈缓慢下降趋势。

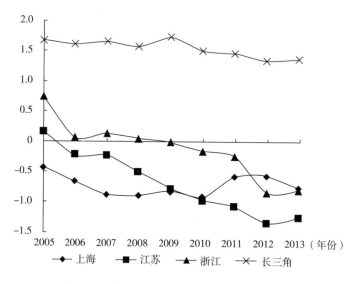

图 5-40　长三角区域技术创新输入协同度水平

资料来源：本书计算结果。

　　此外，2005~2013 年，上海和浙江（除 2005 年之外）区域技术创新输入协同度均为负值，浙江区域技术创新输入协同度在 2005~2008 年均为正值，在 2009~2013 年均为负值，长三角区域间技术创新输入协同度均为正值。可见，长三角各区域内与区域间的技术创新输入协同水平差距较大，长三角区域间的技术创新输入协同水平明显高于长三角各区域内的技术创新输入协同水平。这表明，区域间技术创新输入协同度大于各区域内技术创新输入协同度，单个各区域内部协同发展能力有限，而区域间协同发展可以充分发挥各优势，使得 1+1+1>3。

　　由图 5-41 及测评结果可知，长三角各区域内，2005 年上海、江苏和浙江区域技术创新过程协同度分别为-0.5696、-1.0430、-1.1645；2013 年上海、江苏和浙江区域技术创新过程协同度分别为-0.8653、1.6707、1.4106；而且 2005~2013 年数据显示，上海区域技术创新过程协同度呈先上升后下降的趋势，江苏区域技术创新过程协同度呈波动性上升趋势，浙江区域技术创新过程协同度呈快速上升趋势。长三角区域间，2005 年长三角区域间技术创新过程协同度为 -0.9464，2013 年长三角区域间技术创新过程协同度为 1.6795；而且 2005~2013 年的数据显示，长三角区域间技术创新过程协同度呈上升趋势。

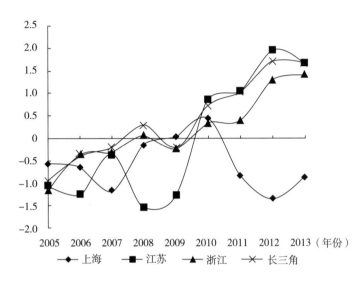

图 5-41 长三角区域技术创新过程协同度水平

资料来源：本书计算结果。

此外，2005~2013 年，上海（除 2009 年、2010 年之外）区域技术创新过程协同度均为负值，江苏区域技术创新过程协同度在 2005~2009 年均为负值，在 2010~2013 年均为正值，浙江和长三角区域间（除 2005~2007 年、2009 年之外）技术创新过程协同度均为正值。据此可知，2010 年是一个转折点，2005~2009 年，各区域技术创新过程协同度发展差异较大，而 2010~2013 年，江苏、浙江和长三角区域间技术创新过程协同度发展趋势相似。在长三角区域技术创新过程协同发展过程中，江苏和浙江区域技术创新过程协同发展水平高于上海区域技术创新过程协同发展水平。

由图 5-42 及测评结果可知，长三角各区域内，2005 年上海、江苏和浙江区域技术创新输出协同度分别为 -1.7363、1.3348、0.5966；2013 年上海、江苏和浙江区域技术创新输出协同度分别为 -1.2087、0.4936、0.0603；而且 2005~2013 年的数据显示，上海区域技术创新输出协同度呈先上升后下降再缓慢上升的趋势，江苏区域技术创新输出协同度呈先上升后下降趋势，浙江区域技术创新输出协同度呈波动性发展趋势。长三角区域间，2005 年长三角区域间技术创新输出协同度为-0.6314，2013 年长三角区域间技术创新输出协同度为 0.1699；而且 2005~2013 年的数据显示，长三角区域间技术创新输出协同度呈先上升后下降再缓慢上升趋势。

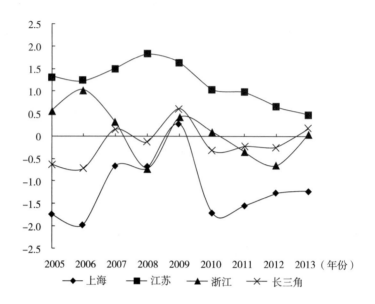

图 5-42 长三角区域技术创新输出协同度水平

资料来源：本书计算结果。

此外，2005~2013 年，上海（除 2009 年之外）区域技术创新输出协同度均为负值，江苏区域技术创新输出协同度均为正值，浙江（除 2008 年、2011 年、2012 年之外）区域技术创新输出协同度均为正值，长三角区域间（除 2007 年、2009 年、2013 年之外）技术创新输出协同度均为负值。据此可知，上海、江苏、浙江和长三角区域间技术创新输出协同发展水平相差较大，江苏区域技术创新输出协同水平显著高于其他地区的，但从总体上来看，除浙江地区之外，各区域技术创新输出协同度发展趋势相似。

由图 5-43 及测评结果可知，长三角各区域内，2005 年上海、江苏和浙江区域技术创新协同度分别为-0.9954、0.3737、0.2620；2013 年上海、江苏和浙江区域技术创新协同度分别为-0.9700、0.0935、0.0319；而且 2005~2013 年的数据显示，上海区域技术创新协同度呈先上升后下降趋势，江苏和浙江区域技术创新协同度呈波动性下降趋势。长三角区域间，2005 年长三角区域间技术创新协同度为 0.1630，2013 年长三角区域间技术创新协同度为 0.9456；而且 2005~2013 年的数据显示，长三角区域间技术创新协同度呈上升趋势。

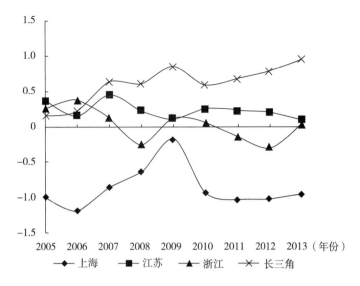

图 5-43　长三角区域技术创新协同度综合测评水平

资料来源：本书计算结果。

此外，2005~2013 年，上海区域技术创新协同度均为负值，江苏和长三角区域间技术创新协同度均为正值，浙江（除 2008 年、2011 年、2012 年之外）区域技术创新协同度均为正值。可见，上海区域技术创新协同处于最低水平长三角各区域内及区域间的技术创新协同度差距明显，而且长三角区域间技术创新协同度显然超过长三角区域内技术创新协同度。

由于区域技术创新协同度从技术创新输入协同、创新过程协同和创新输出协同三个视角进行测评，因此，为了深入分析长三角区域技术创新协同度发展情况，需要针对长三角各区域技术创新协同度进行分析。

在上海区域技术创新输入协同发展过程中，技术创新输入协同度呈缓慢发展趋势，技术创新过程协同度和技术创新输出协同度呈先上升后下降再缓慢上升趋势，对区域技术创新协同度的影响较大。因此，为了能更好地促进上海区域技术创新协同发展水平，需要提高技术创新输出协同和技术创新过程协同两方面的发展，而技术创新输入需要稳步提升。

在江苏区域技术创新协同发展过程中，技术创新输入协同度呈下降趋势，降低了区域技术创新协同度，技术创新过程协同度呈快速上升趋势，提高区域技术创新协同度，技术创新输出协同度呈先上升后下降趋势，对区域技术创新协同度的影响较大。因此，为了能更好地促进江苏区域技术创新协同发展程度，需要提高技术创新输出协同水平，继续保持技术创新过程协同发展水平。

在浙江区域技术创新协同发展过程中，技术创新输入协同度和技术创新输出协同度呈波动性下降趋势，技术创新输入协同和技术创新输出协同降低了区域技术创新协同度，技术创新过程协同度呈上升趋势，技术创新过程协同能提高区域技术创新协同度。因此，为了能更好地促进浙江区域技术创新协同发展，需要大力提高技术创新输入协同和技术创新输出协同的发展水平，继续保持技术创新过程协同的发展水平。

在长三角区域间技术创新协同发展过程中，技术创新输入协同度呈缓慢发展趋势，但技术创新输入协同水平相对较高，技术创新过程协同度呈快速上升趋势，提高区域技术创新协同度，技术创新输出协同度呈先上升后下降再上升趋势。因此，为了能快速提高长三角区域间技术创新协同度，需要大力提高技术创新输出协同的发展水平，继续保持技术创新过程协同和技术创新输出协同的发展水平。

二、京津冀—长三角区域技术创新协同度综合测评结果比较

（一）各区域内技术创新协同度综合测评对比

从表5-36中可以看出，2005~2013年，京津冀各区域内北京区域技术创新输入协同度最高，年均值为1.2124；长三角各区域内浙江区域技术创新输入协同度最高，年均值为-0.1199，低于北京地区的技术创新输入协同度。京津冀各区域内河北区域技术创新输入协同度最低，年均值为-0.7724；长三角各区域内上海区域技术创新输入协同度最低，年均值为-0.7272，高于河北地区的技术创新输入协同度。天津区域技术创新输入协同度年均值为0.4386；江苏区域技术创新输入协同度年均值为-0.6935，低于天津地区的技术创新输入协同度。可见，北京和天津区域技术创新输入协同度相对较高，而浙江、江苏、上海和河北区域技术创新输入协同度相对较低。

表5-36　京津冀—长三角各区域内技术创新协同度综合测评得分

年份	北京	天津	河北	上海	江苏	浙江
技术创新输入协同度						
2005	0.8180	-0.6537	-1.2940	-0.4361	0.1541	0.7313
2006	2.0934	-0.6983	-0.8622	-0.6606	-0.2214	0.0710

续表

年份	北京	天津	河北	上海	江苏	浙江
技术创新输入协同度						
2007	1.6415	0.2077	−1.1511	−0.8803	−0.2402	0.1355
2008	1.0340	0.4523	−0.9882	−0.8935	−0.5047	0.0475
2009	0.7360	0.6495	−1.2188	−0.8276	−0.7796	−0.0130
2010	1.6496	1.0534	−0.3970	−0.9216	−0.9635	−0.1545
2011	1.0508	1.4775	−0.7340	−0.5837	−1.0786	−0.2459
2012	1.1709	0.6429	−0.0316	−0.5707	−1.3421	−0.8460
2013	0.7173	0.8161	−0.2748	−0.7706	−1.2654	−0.8053
均值	1.2124	0.4386	−0.7724	−0.7272	−0.6935	−0.1199
技术创新过程协同度						
2005	−1.0091	−1.3403	−1.0087	−0.5696	−1.0430	−1.1645
2006	−1.2420	−0.6937	−0.8219	−0.6499	−1.2611	−0.3640
2007	0.3223	−0.2528	−0.5785	−1.1802	−0.3667	−0.3069
2008	−0.6257	0.4585	−0.1337	−0.1519	−1.5424	0.0647
2009	−2.1694	−0.1187	−0.1742	0.0351	−1.2662	−0.2403
2010	0.6689	0.0010	0.7326	0.4468	0.8422	0.3359
2011	1.4137	0.3327	0.4860	−0.8298	1.0428	0.3928
2012	1.3847	0.2550	1.7645	−1.3504	1.9616	1.2888
2013	1.1482	−2.3772	0.8886	−0.8653	1.6707	1.4106
均值	−0.0121	−0.4150	0.1283	−0.5684	0.0042	0.1575
技术创新输出协同度						
2005	−0.3938	1.4558	−3.4268	−1.7363	1.3348	0.5966
2006	0.3634	0.6608	−0.2429	−1.9644	1.2531	1.0420
2007	0.4253	0.1452	−0.3999	−0.6470	1.5180	0.3408
2008	0.0212	−0.0001	−0.9053	−0.6776	1.8398	−0.7012
2009	−0.1498	0.3625	−1.3985	0.2868	1.6509	0.4329
2010	−0.1235	0.9000	−0.5349	−1.6856	1.0461	0.1002
2011	−0.7328	−0.2327	−0.3150	−1.5462	0.9918	−0.3331
2012	−0.2607	−0.6968	−0.9515	−1.2588	0.6793	−0.6412
2013	−0.2040	−0.3396	−1.3211	−1.2087	0.4936	0.0603
均值	−0.1172	0.2506	−1.0551	−1.1597	1.2008	0.0997

续表

年份	北京	天津	河北	上海	江苏	浙江
技术创新协同度（综合测评）						
2005	-0.1290	0.1332	-2.1809	-0.9954	0.3737	0.2620
2006	0.5795	-0.0917	-0.5774	-1.1899	0.1524	0.3718
2007	0.8058	0.0773	-0.6889	-0.8508	0.4489	0.1225
2008	0.2129	0.2522	-0.7609	-0.6434	0.2242	-0.2540
2009	-0.3061	0.3505	-1.0662	-0.1848	0.1048	0.1191
2010	0.6411	0.7507	-0.2068	-0.9340	0.2504	0.0565
2011	0.3370	0.4605	-0.2755	-1.0300	0.2291	-0.1418
2012	0.5808	-0.0404	-0.0412	-1.0217	0.2041	-0.2959
2013	0.4029	-0.4104	-0.4818	-0.9700	0.0935	0.0319
均值	0.3472	0.1646	-0.6977	-0.8689	0.2313	0.0302

资料来源：本书计算结果。

2005～2013 年，京津冀各区域内河北区域技术创新过程协同度最高，年均值为 0.1283；长三角各区域内浙江区域技术创新过程协同度最高，年均值为 0.1575，高于河北地区的技术创新过程协同度。京津冀各区域内天津区域技术创新过程协同度最低，年均值为 -0.4150；长三角各区域内上海区域技术创新过程协同度最低，年均值为 -0.5684，低于天津地区的技术创新过程协同度。北京区域技术创新过程协同度年均值为 -0.0121；江苏区域技术创新过程协同度年均值为 0.0042，高于北京地区的技术创新过程协同度。可见，浙江、河北和江苏区域技术创新过程协同度相对较高，而北京、天津和上海区域技术创新过程协同度较低。

2005～2013 年，京津冀各区域内天津区域技术创新输出协同度最高，年均值为 0.2506；长三角各区域内江苏区域技术创新输出协同度最高，年均值为 1.2008，高于天津地区的技术创新输出协同度。京津冀各区域内河北区域技术创新输出协同度最低，年均值为 -1.0551；长三角各区域内上海区域技术创新输出协同度最低，年均值为 -1.1597，低于河北地区的技术创新输出协同度。北京区域技术创新输出协同度年均值为 -0.1172；浙江区域技术创新输出协同度年均值为 0.0997，高于北京地区的技术创新输出协同度。可见，江苏、天津和浙江区域技术创新输出协同度较高，而北京、河北和上海区域技术创新输出协同度较低。

2005～2013 年，京津冀各区域内北京区域技术创新协同度最高，年均值为 0.3472；长三角各区域内江苏区域技术创新协同度最高，年均值为 0.2313，低于北京地区的技术创新协同度。京津冀各区域内河北区域技术创新协同度最低，年均值为-0.6977；长三角各区域内上海区域技术创新协同度最低，年均值为-0.8689，低于河北地区的技术创新协同度。天津区域技术创新协同度年均值为0.1646；浙江区域技术创新协同度年均值为0.0302，低于天津地区的技术创新协同度。可见，北京、江苏和天津区域技术创新协同度较高，而浙江、河北和上海区域技术创新协同度较低。

（二）区域间技术创新协同度综合测评对比

由表5-37可知，2005~2013年京津冀区域间技术创新输入协同度年均值为-0.8786；长三角区域间技术创新输入协同度年均值为1.5406，高于京津冀区域间的协同度。2005~2013年京津冀区域间技术创新过程协同度年均值为0.2988；长三角区域间技术创新过程协同度年均值为0.4067，高于京津冀区域间的协同度。2005~2013年京津冀区域间技术创新输出协同度年均值为0.9217；长三角区域间技术创新输出协同度年均值为-0.1408，低于京津冀区域间的协同度。2005~2013年京津冀区域间技术创新协同度年均值为0.1859；长三角区域间技术创新协同度年均值为0.6074，高于京津冀区域间的协同度。可见，技术创新输入协同度和技术创新过程协同度两方面，京津冀区域间协同度低于长三角区域间协同度；技术创新输出协同度方面，京津冀高于长三角区域间协同度，而从总体上来看，京津冀区域间技术创新协同水平低于长三角区域间技术创新协同水平。

表5-37 京津冀—长三角区域间技术创新协同度综合测评得分

年份	技术创新输入协同度		技术创新过程协同度		技术创新输出协同度		技术创新协同度	
	京津冀	长三角	京津冀	长三角	京津冀	长三角	京津冀	长三角
2005	-0.9411	1.6781	-1.1670	-0.9464	0.8216	-0.6314	-0.2061	0.1630
2006	-0.9276	1.6042	-0.7278	-0.4200	0.9085	-0.7098	-0.0651	0.2185
2007	-0.8965	1.6458	0.2718	-0.2090	0.5200	0.1653	-0.0051	0.6369
2008	-0.7014	1.5715	0.5596	0.2846	2.4343	-0.1088	0.9768	0.6053
2009	-0.9390	1.7157	-0.0206	-0.1983	0.7327	0.6243	0.0104	0.8525
2010	-0.8800	1.4956	0.6458	0.7210	0.9642	-0.3221	0.2817	0.5854
2011	-0.8190	1.4544	0.8077	1.0363	1.5868	-0.2249	0.6154	0.6785
2012	-0.8563	1.3378	1.5910	1.7124	0.4517	-0.2294	0.2718	0.7809
2013	-0.9466	1.3622	0.7288	1.6795	-0.1245	0.1699	-0.2070	0.9456
均值	-0.8786	1.5406	0.2988	0.4067	0.9217	-0.1408	0.1859	0.6074

资料来源：本书计算结果。

本章小结

　　本章主要是对京津冀—长三角区域技术创新协同度测评比较，首先，利用第三章所构建的区域技术创新协同度测评体系，对长三角区域技术创新协同度测评；其次，结合第四章京津冀区域技术创新协同度测评结果，对京津冀—长三角各区域内及区域间技术创新协同度综合测评结果进行比较。本章对长三角区域技术创新协同度测评，可以进一步验证第三章所构建的区域技术创新协同度测评体系可行，另外，通过京津冀—长三角区域技术创新协同度测评比较，可以发现京津冀和长三角两区域技术创新协同发展的差距，为后面分析京津冀区域技术创新协同问题成因提供基础。

　　本章测评结果显示：①在区域技术创新输入协同度方面，各区域内层面，北京和天津的协同度相对较高，而浙江、江苏、上海和河北的协同度相对较低；区域间层面，京津冀区域间的协同度低于长三角区域间的协同度。②在区域技术创新过程协同度方面，各区域内层面，浙江、河北和江苏的协同度相对较高，而北京、天津和上海的协同度较低；区域间层面，京津冀区域间的协同度低于长三角区域间的协同度。③在区域技术创新输出协同度方面，各区域内层面，江苏、天津和浙江的协同度较高，而北京、河北和上海的协同度较低；区域间层面，京津冀区域间的协同度高于长三角区域间的协同度。④从综合测评水平来看，各区域内层面，北京、江苏和天津的协同度较高，而浙江、河北和上海的协同度较低；区域间层面，京津冀区域间的协同度低于长三角区域间的协同度。从总体上来看，各区域内技术创新协同度较高则会降低区域间的协同度。

第六章

京津冀区域技术创新协同度提升要素分析

前文分析了京津冀区域近十年的技术创新协同状况，京津冀各区域内及区域间与长三角区域技术创新协同度存在差异，协同度的测评结果显示出了整体上处于较低的水平，且呈波动性的发展特点。但京津冀区域技术创新协同度差异，以及协同度提升要素需要深入分析。本章首先基于前面测评结果的基础上探讨了京津冀区域技术创新协同问题成因，并进一步对协同度的提升要素在京津冀区域技术创新协同发展中所扮演的角色作用及其贡献度进行验证性分析，最终对京津冀各区域内和区域间技术创新协同度提升要素进行综合分析。

第一节　京津冀区域技术创新协同问题成因分析

在技术创新管理中，并行过程将会降低研发成本或缩短周期、提高技术创新效率（Rothwell，1992），然而，采用并行过程中也会由于利用冲突产生发展障碍。Lawrence和Lorsch（1967）指出，参与者之间差异大，则会产生高度的协同和高绩效，如果参与者之间差异较小，通常会使参与者在相似工作上竞争，这并不会产生协同，而企业组建跨功能团队开展协同工作，会促使企业获取较高的收益。但是有时候由于员工的想法不同也会导致沟通不畅，创新受阻。协同度的高低直接影响技术创新活动，是其成功的关键性条件之一。在追求区域技术创新的过程中，需要充分提升区域技术创新协同度，使其成为区域技术创新活动的有效推动力。

因此，为了有效地推动京津冀区域技术创新协同发展，需要进一步分析验证协同度的提升要素在京津冀区域技术创新协同发展中所扮演的角色作用及其贡献度。通过前面研究发现，尽管京津冀区域技术创新协同度整体上较低，但各区域具有一定的创新协同潜力。结合第四章和第五章的测评结果及比较分析，从创新输入协同、创新过程协同和创新输出协同三视角的协同度探析京津冀区域技术创新协同存在问题及内在原因。

一、区域技术创新输入协同度层面

京津冀各区域内,北京地区协同效率处于较高水平,天津和河北两地处于中等水平,而三地协同相对未利用能力均处于中等水平,协同传输能力则处于中等及以下水平。京津冀区域间的协同效率水平较高,而协同相对未利用能力处于中等水平,协同传输能力则处于较低水平,京津冀区域技术创新协同还存在可发展的空间。然而,京津冀各区域技术创新基础不同,北京地区的技术创新基础环境较好,而河北地区技术创新基础环境较差,京津冀区域间技术交互协同水平与预期存在差距。从整体上来看,京津冀区域技术创新协同最好的状态需要各区域内部资源与外部协同平衡。

京津冀各区域内部技术创新资源不平衡、城市定位不明确。京津冀各区域内部技术创新资源分布极其不平衡,技术创新的要素大多集中分布于北京地区,而河北地区的技术创新资源较为欠缺。在京津冀区域技术创新协同中,三地的功能定位不明确,协同的职责分配不清晰。北京地区不但掌握丰富的创新资源,大学和研发机构等集中分布。京津冀区域研发输入强度偏低。京津冀各区域内,2005~2013年,北京、天津和河北研发经费输入强度年均值分别为5.65%、2.46%、0.76%。三地除北京地区之外,天津和河北两地的研发经费输入强度相对偏低。

在高技术产业中,京津冀各区域产业结构明显存在差距,北京地区以知识密集型服务业为主,天津地区以高技术制造业和中高技术制造业为主,河北地区以中高技术制造业为主。此外,京津冀区域空间集聚效应显著,技术及知识要素受规模效应的影响,使得创新活动趋向于地理集聚,北京地区由于明显的技术优势,产业集聚现象明显,然而,从京津冀区域空间创新活动来看,明显存在技术空间集聚现象,但这也对区域技术创新协同发展存在阻碍。

在京津冀各区域内,北京地区技术产业结构多样化,企业知识利用水平高,而天津和河北两地的技术产业结构欠成熟且相对单一,企业知识利用水平较低。特别是河北地区不确定性较高,其预期协同发展状态较差,地区的创新劳动分工强度和生产力需要得到提高。在京津冀区域间,技术创新活动集中且呈偏态分布,技术交互水平不高,区域间的整体不确定性较高,与预期水平相差较大。从总体上来看,这在一定程度上也会阻碍京津冀区域技术创新协同发展水平。

二、区域技术创新过程协同度层面

京津冀区域技术创新过程协同度偏低，但京津冀区域间的协同度略高于京津冀各区域内，未来还需要大力的鼓励与扶持。区域技术创新过程协同中，常将技术市场交易作为技术知识搜索的主要目标，创新主体可以在交易中获得所需的技术及知识，但京津冀区域技术市场并不完善，无法充分满足各地创新主体的发展要求。

企业技术创新子系统不仅是企业技术创新投入，还应将其视为长期循环的系统，如企业可以进行自主开发活动，而开发新产品所带来的收益可以投入到进一步的或新一轮的技术创新活动。从宏观角度来看，企业和研发机构等创新主体的技术创新可以促进地区财政收入的增加，反过来又可以有更多的资本来增加对区域技术创新的投入，从而最终促进区域技术创新过程的协同发展。

由于市场经济体制不完善，政府作用显得尤为突出，特别是技术创新相关的政策和财政支持政策，促使区域技术、资本、人才及知识的流动，加速区域技术创新快速发展，进而提升区域技术创新条件。作为公共部门，政府面向公共需求、公益性的服务和基础设施建设的需求，可以发挥行政干预的作用，为区域建设提供后备保障和财政支撑。然而，京津冀各区域内的政策差异有时候也会阻碍区域协同发展，对区域技术创新协同产生负面影响。

三、区域技术创新输出协同度层面

从整体上来看，京津冀各区域内的协同效率均处于中等水平，北京相对最高，而天津相对最低，北京地区相比其他区域具有明显的技术创新优势，京津冀区域间技术创新输出协同发展中出现以北京地区为中心的技术集聚效应。京津冀区域技术创新输出协同相对未利用能力均处于中等及以上的水平，各地区掌握的技术创新能力明显呈增加的趋势，但在协同发展模式中，协同未利用能力水平较高，京津冀区域技术创新协同发展潜能较大。

京津冀区域技术创新协同，在很大程度上依赖于各区域大学、企业和政府三大创新主体之间的协同作用。然而，由于部分企业偏好于企业内部开展研发活动，或主体组织利益考虑，企业与政府、大学等之间存在明显的协同障碍。合作主体目标不一致：企业遵循的是利润导向，创新行为短期化、创新成果保密化是其主要行为目标；而大学等作为公共服务机构，以技术扩散为己任，在市场竞争驱动下，一方面不断进行企业化转制，另一方面越来越多地以技术合同或专利方式向企业转移成果。其结果表明，企业、高校和研究机构之间的互动效应不明显，创新资源应用效率不高，大大影响了合作创新的输出和成效。京津冀区域技术创新主体目标不一致的原因在于利益与知识产权归属问题，在相互不信任的情况下，合作更将难以达成。

京津冀区域技术创新输出协同传输能力均处于较弱的水平，尤其是京津冀区域间的协同传输能力更为偏低。各地区内部协同发展障碍明显小于区域间的协同发展，然而，跨区域协同发展模式是未来区域技术创新的较优选择之一，需要打破区域间僵局，促进彼此之间的进一步交互和融合。

京津冀区域体制约束使得京津冀跨区协同较难形成网络结点，降低了合作创新的机会。由于京津冀区域协同发展刚刚起步，政府协同政策措施不断出台，但形成整体协同还需要进行不断地调整。然而，政府成功协同的元素包括跨部门组织的联合能力、分担责任、共同目标和共享利益，其中，共享利益是最重要的。当地政府试图与其他地方政府协同获取稀缺资源和使其利益最大化，但由于维持地方自治权的需要、地方辖区之间的不信任、与潜在参与者之间的利益冲突或权力和资源禀赋的不平衡关系等问题，政府间协同可能更复杂和不确定（Lee，2011）。政府区域间协同网络预期地方政府愿意与潜在合作伙伴或竞争对手建立联系，由于建立政策网络的潜在动机不同，感知和政策网络之间的联系也不同，因此，这些会阻碍区域协同发展，致使区域技术创新协同度下降。

第二节　京津冀区域技术创新协同度提升要素模型构建

一、京津冀区域技术创新协同度提升要素假设

区域技术创新协同度是多主体协同参与和共同完成的一个综合程度，区域技术创新协同度受到众多要素影响。本章通过第三章的区域技术创新协同度影响因素理论分析，以及第四章和第五章测评结果得出的京津冀区域技术创新协同问题成因，将前面几章的理论和实证结果相结合，提出了京津冀区域技术创新协同度提升要素，主要包括创新基础环境、不同主体创新活动、技术知识探索、地理分布和技术创新效果等，

具体的理论假设如下。

（一）创新基础环境

创新基础环境是支撑区域技术创新协同发展的必要条件之一。创新基础设施是创新基础环境评估的主要指标之一，可以将其细分为公共基础设施和技术基础设施。公共基础设施主要是指道路、通信、能源等，而技术基础设施包括研究实验室、科研图书馆、技术知识数据库等设施。创新基础设施对于区域创新的顺利进行起到不可替代的作用，其良好的供给状况能够有效化解系统运行中的种种矛盾，降低系统的不确定性，从而促使系统的有序度增加（Martínez-Román et al.，2011；Antikainen et al.，2010）。各区域的创新基础环境作为技术创新协同发展的重要动力，若区域创新基础环境或区域内技术基础设施良好，则会促使创新主体为增强自身的能力，但各区域创新资源不平衡。在京津冀各区域内，北京和天津两地的创新基础环境明显优于河北地区，尤其是北京的创新基础环境在全国范围内处于领先水平，这就需要提高各区域内技术创新交互学习及协同发展，尤其是对提升各区域内技术创新协同度具有显著作用。

由此，提出的理论假设如下：

假设1　创新基础环境作为区域技术创新协同度提升要素，显著正向促进京津冀各区域内技术创新协同度的提升（a）。[①]

（二）不同主体的创新活动

在区域技术创新协同发展中，企业—大学—政府三螺旋系统模式是一种常见的区域技术创新协同模式。这三个主体作为区域技术创新协同的关键主体，它们的创新活动会直接影响区域技术创新协同度。

企业的资源是支持企业创新和开发新产品能力的一个重要因素，因此，大多数中国企业更多依赖外部获得的创新，而非采用企业自己开发的方式，对企业而言，外部获得的创新是快速商业化最好的方式（Gassmann et al.，2010；Spithoven et al.，2011；Lichtenthaler，2008）。这就需要企业寻求与其他主体的交互，整合那些促进创新活动的资源要素。然而，企业作为区域创新活动较为活跃的主体，在技术创新需求及自身发展的情况下，不仅在区域内部寻找可以促进创新的资源，当内部的资源不满足时还需要向区域

[①]　为了区分京津冀各区域内和区域间技术创新协同度的影响因素，书中利用（a）表示京津冀各区域内技术创新协同度的影响因素，利用（b）表示京津冀区域间技术创新协同度的影响因素。

外部探索。换句话说，如果企业在区域内部寻求与其他主体的协同，可以促进企业自身技术水平的提升，然而，向区域外部寻求技术的成本会致使区域间协同发展进程变慢，若企业技术创新水平能满足发展需求，则不会转向区域外部寻求技术创新协同发展。

大学是知识的汇聚地，作为技术创新的主要来源之一，除自身传统的任务之外，积极于转化研究、创业培训和社区发展，为区域技术创新提供技术支持，且在创新协同发展中扮演重要的角色。大学服务于区域协同发展，为其提供优质的人力资源和强有力的科技支撑，传承先进的文化，以及大学还具有强化区域认同的优势（刘向荣，2013）。资源专业化可作为与他人建立联系和市场地位的一个有效策略（Jarratt et al.，2014），大学在区域技术创新中具有自身的优势，它掌握较为先进的技术知识和优秀的科研人员，吸引技术寻求者（如企业）的关注，大学科研满足企业技术创新发展的需求，因此，拥有较为著名的大学，更能促进区域间技术创新协同。

政府创新的作用主要是直接或间接作用于区域技术创新协同活动，政府可以为区域内技术创新活动提供资金支持，如研究与实验发展（R&D）经费内部支出、星火计划和火炬计划，制定适合和刺激区域技术创新协同发展的政策，然而，这些政府创新措施更多是针对各区域内部的技术创新协同，而区域间的政府创新行为较为复杂（Lee，2011），由于对各自区域发展的规划不同，区域间技术创新协同难以达成一致，实现政府部门决策协同是其必要条件，为了达成协同必须克服内在的讨价还价和集体行为问题（Kwon & Feiock，2010），因此，政府这一主体的创新活动能提升各区域内技术创新协同度。

由此，提出的理论假设如下：

假设 2 企业技术创新作为区域技术创新协同度提升要素，显著正向促进京津冀各区域内技术创新协同度提升（a）和负向阻碍京津冀区域间技术创新协同度提升（b）。

假设 3 大学创新及分布作为区域技术创新协同度提升要素，显著正向促进京津冀区域间技术创新协同度提升（b）。

假设 4 政府创新作为区域技术创新协同度提升要素，显著正向促进京津冀各区域内技术创新协同度提升（a）。

（三）技术知识探索

技术知识探索是区域创新协同发展的主要驱动力之一，可以将其理解为创新主体在区域内部和区域外部对所需技术知识的探索。从经济学的角度，依据主体分工和专业化的不同，技术知识探索增加了主体的知识学习，协同发展提高技术生产率，节约社会成本，另外，依据主体行为不同，创新主体更倾向于追求利润最大化的技术创新活动，而独立的研发活动难以达到最理想的状态，需要通过创新协同来提高利润水平（Cassiman & Veugelers，2006）。主体之间的互补性资源是促进技术创新协同快速发展主要考虑的条件之一（Hitt et al.，2001），主体之间的交互创新活动形成方式相对快速和高效，特别是在区域内，单个主体的技术知识可能存在局限性，为了进一步的快速发展和知识积累，除了依靠自身的技术研究之外，主体外部技术知识探索可以有效促进技术创新的快速发展，主体也可以通过彼此交互协同，获取所需要的技术创新知识，增加区域技术知识流动和知识利用水平。总体来看，技术知识探索成为区域技术创新协同的一个重要因素。

区域内部的创新资源并不能充分满足所需的技术知识，需要向区域外部寻求发展机会（Chesbrough，2006；Leiponen & Helfat，2011），这时的技术知识探索会促进区域间技术创新协同，可以有效应对创新资源的稀缺性与技术创新的复杂性及不确定性等问题。区域之间通过不断的技术知识探索获得互补性的知识和技术，突破自身的技术瓶颈，促进创新行为与区域内部和外部要素的互动，形成技术知识探索渠道，进而技术知识探索的不断增加可能会提高区域技术创新协同的机会，提升区域技术创新协同度。

由此，提出的理论假设如下：

假设 5 技术知识探索作为区域技术创新协同度提升要素，显著正向促进京津冀各区域内技术创新协同度提升（a）和负向阻碍京津冀区域间技术创新协同度提升（b）。

(四) 地理分布

地理分布可以将其理解为区域的地理距离或区位分布的情况，会直接影响区域间技术创新协同活动。创新主体跨区域的技术创新协同活动，常将地理距离作为主要考虑因素之一（Katz，2005；Scherngell & Hu，2011），随着主体之间的地理距离增加会致使区域技术创新协同度降低，反之，地理邻近有利于区域间技术创新要素的流动，如研发技术人员流动，甚至是形成产业资源集聚。研究中发现，从地理区位上来看，区域技术创新协同度存在显著的地理空间正向依赖性，或者可以理解为，地理邻近的区域间技术创新协同度较好。地理邻近能够允许主体从不同区域隐性知识交换和面对面的社会交互获取效益（Torre，2009）。然而，区域间地理距离越大越会阻碍主体的创新交互，阻碍区域间技术创新协同。

由此，提出的理论假设如下：

假设 6 地理分布作为区域技术创新协同度提升要素，显著负向阻碍京津冀区域间技术创新协同度提升（b）。

（五）技术创新效果

技术创新效果是对区域技术创新成果及绩效的体现，创新主体在寻求区域技术创新协同过程中，首先需要评估对方的技术创新效果，作为创新主体间协同主要考虑的条件之一，技术创新效果直接影响区域创新协同发展。技术创新效果既是区域技术创新协同发展的一种结果状态，也是下一阶段协同发展的参考和基础，这些在区域间技术创新协同中的作用更为明显。如果技术创新效果不好会直接影响创新主体持续创新协同的动力，反之则可以促使创新主体不断增加研发投资，进而提高创新协同的机会。传统的边界越来越模糊，创新协同网络将会取代个体创新，行为和绩效或效果嵌入到这个网络内，可以有效促进区域间创新主体的良性互动（Fritsch & Kauffeld‐Monz，2009；Shearmur，2012）。

由此，提出的理论假设如下：

假设 7　技术创新效果作为区域技术创新协同度提升要素，显著正向促进京津冀区域间技术创新协同度提升（b）。

二、京津冀区域技术创新协同度提升要素模型构建

基于上面的分析结果，本书构建京津冀各区域内技术创新协同度提升要素模型和京津冀区域间技术创新协同度提升要素模型。

京津冀各区域内技术创新协同度提升要素模型：

$$DC_{it}=\beta_0+\beta_1 IIE_{it}+\beta_2 TKE_{it}+\beta_3 ETI_{it}+\beta_4 Gov_{it}+\delta_{it} \tag{6-1}$$

式（6-1）中，DC_{it} 是因变量，表示第 i 区域第 t 期的区域技术创新协同度指标；IIE_{it} 表示第 i 区域第 t 期的创新基础环境指标；TKE_{it} 表示第 i 区域第 t 期的技术知识探索指标；ETI_{it} 表示第 i 区域第 t 期的企业技术创新指标；Gov_{it} 表示第 i 区域第 t 期的政府创新指标；β_0 是常数项，β_1、β_2、β_3、β_4 是系数；δ_{it} 是随机误差项。

京津冀区域间技术创新协同度提升要素模型：

$$DC_t=\beta_0+\beta_1 ETI_t+\beta_2 TKE_t+\beta_3 UID_t+\beta_4 GD_t+\beta_5 TIP_t+u_t \tag{6-2}$$

式（6-2）中，DC_t 是因变量，表示第 t 期的区域技术创新协同度指标；ETI_t 表示第 t 期的企业技术创新指标；TKE_t 表示第 t 期的技术知识探索指标；UID_t 表示第 t 期的

大学创新及分布指标；GD_t 表示第 t 期的地理分布指标；TIP_t 表示第 t 期的技术创新效果指标；β_0 是常数项，β_1、β_2、β_3、β_4、β_5 是系数；u_t 是随机误差项。

京津冀各区域内技术创新协同度提升要素模型（6-1）和京津冀区域间技术创新协同度提升要素模型（6-2）中，相关变量的含义及数据来源信息具体如表6-1所示。

表6-1 京津冀区域技术创新协同度提升要素模型中变量的信息

变量	含义及数据来源
DC	区域技术创新协同度，代表区域技术创新协同测评体系的指标，依据本书式（4-1）的计算结果
IIE	创新基础环境，代表区域技术创新驱动力的指标，依据本书式（3-29）的计算结果
ETI	企业技术创新，代表区域企业技术创新的指标，依据本书式（3-29）的计算结果
TKE	技术知识探索，代表区域技术知识获取的指标，依据本书式（3-29）的计算结果
Gov	政府创新，代表政府创新活动的指标，依据本书式（3-33）的计算结果
UID	大学创新及分布，代表大学创新活动的指标，依据本书式（3-31）的计算结果
GD	地理分布，代表创新主体地理分布的指标，依据本书式（3-8）的计算结果
TIP	技术创新效果，代表区域技术创新绩效的指标，依据本书式（3-29）的计算结果

资料来源：根据本书研究内容绘制。

第三节 京津冀区域技术创新协同度提升要素模型回归分析

一、京津冀各区域内技术创新协同度提升要素模型估计及分析

（一）京津冀各区域内技术创新协同度提升要素模型的单位根检验

为了避免伪回归问题，对面板数据进行平稳性检验。常用面板单位根检验方法主要有两类，一类是相同根情况下的单位根检验，包括 LLC 检验和 Hadri 检验，另一类是不同根情况下的单位根检验，包括 IPS 检验、Fisher-ADF 检验、Fisher-PP 检验。本书检验方法选择 LLC、Fisher-ADF 和 Fisher-PP 单位根检验，结果显示所有变量在1%的显著水平下，拒绝存在单位根的原假设，说明模型中引入的变量均是平稳的（见表6-2）。

表6-2　京津冀各区域内技术创新协同度提升要素模型的单位根检验结果

变量	LLC	Fisher-ADF	Fisher-PP	结果
DC	-4.79083, 0.0000	17.1156, 0.0089	19.4980, 0.0034	平稳
ΔDC	-4.39732, 0.0000	14.5749, 0.0238	29.7058, 0.0000	平稳
IIE	-2.03375, 0.0210	7.03602, 0.3175	7.09298, 0.3123	不平稳
ΔIIE	-5.64895, 0.0000	16.6389, 0.0107	24.2311, 0.0005	平稳
TKE	-1.17762, 0.1195	4.49600, 0.6099	4.27492, 0.6395	不平稳
ΔTKE	-4.21818, 0.0000	18.1332, 0.0059	26.4391, 0.0002	平稳
ETI	-1.35551, 0.0876	8.18986, 0.2245	14.1416, 0.0281	不平稳
ΔETI	-5.93210, 0.0000	18.7578, 0.0046	21.7256, 0.0014	平稳
Gov	-7.56818, 0.0000	23.6947, 0.0006	31.9137, 0.0000	平稳
ΔGov	-6.23028, 0.0000	24.1654, 0.0005	34.8984, 0.0000	平稳

注："Δ"表示一阶差分，表中数字分别为检验统计量和概率值；DC代表区域技术创新协同度、IIE代表创新基础环境、TKE代表技术知识探索、ETI代表企业技术创新、Gov代表政府创新。

资料来源：本书计算结果。

（二）京津冀各区域内技术创新协同度提升要素模型的协整检验

由表6-2可知，京津冀各区域内技术创新协同度提升要素模型中的变量存在非平稳变量，需要进行协整检验，若变量是协整的，则各变量存在长期稳定的均衡关系，可以进行回归分析。本书将使用Kao（Engle-Granger based）协整检验方法进行协整，京津冀各区域内技术创新协同度提升要素模型的协整结果显示ADF值为-2.278258（p值为0.0114），在5%的显著水平下通过协整检验，即各变量之间存在协整关系。

（三）京津冀各区域内技术创新协同度提升要素模型的回归结果及分析

面板数据常采用固定效应和随机效应两种模型估计，由于京津冀各区域内省市数量少于解释变量个数，无法设立随机效应模型。因此，本书选择固定效应模型进行回归，采用固定效应模型Likelihood Ratio检验，京津冀各区域内技术创新协同度提升要素模型（6-1）应该建立固定效应模型。本书实证分析中，京津冀各区域内技术创新协同度提升要素模型（6-1）样本为北京、天津和河北三省市2005～2013年的相关数据。

对京津冀各区域内技术创新协同度提升要素模型（6-1）初始估计结果如表6-3

所示。由表 6-3 可知，调整后的 R^2 为 0.806562，说明京津冀各区域内技术创新协同度提升要素模型（6-1）的拟合优度较好，F 统计量很高，表明模型整体显著性，D. W. 值检验的是模型中自变量的自相关性，其值越接近 2 越好，该模型的 D. W. 值为1.534026，说明所选取变量之间的自相关性不强，不存在自相关问题。创新基础环境 IIE 检验的 p 值为 0.0169，表明在 5% 的水平下检验是显著的，即可以认为创新基础环境 IIE 的回归系数显著不等于零，则创新基础环境 IIE 与区域间技术创新协同度提升显著相关。政府创新 Gov 检验的 p 值为 0.0000，表明在 1% 的水平下检验是显著的，即可以认为政府创新 Gov 的回归系数显著不等于零，则政府创新 Gov 与区域间技术创新协同度提升显著相关。技术知识探索 TKE 和企业技术创新 ETI 在 1%、5%、10% 的显著水平下均未通过 t 统计量的检验，说明这两个自变量在京津冀各区域内技术创新协同度提升要素模型（6-1）中不显著。因此，为了进一步分析京津冀各区域内技术创新协同度提升要素模型（6-1），将其中的技术知识探索 TKE 剔除，再进行固定效应模型的回归。

表 6-3　京津冀各区域内技术创新协同度提升要素模型回归结果 1

因变量	D. C.	
自变量	系数	t 统计量（p 值）
IIE	**1. 094012**	2. 604865（0. 0169）
TKE	0. 543126	1. 026903（0. 3167）
ETI	0. 676100	1. 670129（0. 1105）
Gov	−7. 696692	−5. 188685（0. 0000）
调整后的 R^2	0. 806562	
F 统计量	19. 06830	
D. W. 值	1. 534026	

注：DC 代表区域技术创新协同度、IIE 代表创新基础环境、ETI 代表企业技术创新、TKE 代表技术知识探索、Gov 代表政府创新。

资料来源：本书计算结果。

由表 6-4 可知，调整后的 R^2 为 0.806059，说明京津冀各区域内技术创新协同度提升要素模型（6-1）的拟合优度较好，F 统计量很高，表明模型整体显著性，该模型的 D. W. 值为 1.534026，说明所选取变量之间的自相关性不强，不存在自相关问题。创新基础环境 IIE 和企业技术创新 ETI 在 5% 的水平下 t 统计量检验是显著的，政府创新 Gov 在 1% 的水平下 t 统计量检验是显著的，表明这三个自变量在京津冀各区域内技术创新协同度提升要素模型（6-1）中显著。表 6-3 和表 6-4 两者结果比较，模型（6-

1）中删除技术知识探索 TKE 之后，创新基础环境 IIE、企业技术创新 ETI 和政府创新 Gov 通过了 t 统计量的检验，变量系数符号没有变化，且系数的值变化较小，尤其是企业技术创新 ETI 从未通过 t 统计量的检验到通过检验，说明技术知识探索 TKE 对京津冀各区域内技术创新协同度提升的作用不大。

表 6-4   京津冀各区域内技术创新协同度提升要素模型回归结果 2

因变量	D. C.	
自变量	系数	t 统计量（p 值）
IIE	1.069425	2.547166（0.0188）
ETI	0.894446	2.593120（0.0170）
Gov	−7.559034	−5.110190（0.0000）
调整后的 R^2	0.806059	
F 统计量	22.61233	
D. W. 值	1.392714	

注：DC 代表区域技术创新协同度、IIE 代表创新基础环境、ETI 代表企业技术创新、Gov 代表政府创新。
资料来源：本书计算结果。

在表 6-4 中，创新基础环境 IIE 的系数通过显著性检验，弹性系数符号为"＋"，且系数较大，说明京津冀各区域内的创新基础环境对各区域内技术创新协同度的提升存在正向影响且作用较大，即京津冀各区域内的创新基础环境水平越高，各区域内技术创新投入越高，则对各区域内技术创新协同度的提升存在更大的促进作用，假设 1 得到验证。换而言之，京津冀各区域内技术创新协同度的提升，需要进一步加大对京津冀各区域内创新基础环境的关注。

企业技术创新 ETI 的系数通过显著性检验，弹性系数符号为"＋"，说明京津冀各区域内的企业技术创新对各区域内技术创新协同度的提升存在正向影响，即京津冀各区域内的企业技术创新水平越高，企业自身拥有的技术创新知识越多，为促进自身能力的提供，需要加快各区域内企业与外部组织交互活动，对各区域内技术创新协同度的提升产生促进作用，假设 2（a）得到验证。换而言之，京津冀各区域内技术创新协同度的提升，需要不断提高企业技术创新水平。

政府创新 Gov 的系数通过显著性检验，弹性系数符号为"－"，且系数绝对值最大，说明京津冀各区域内的政府创新对各区域内技术创新协同度的提升存在负向影响，即京津冀各区域内的政府创新水平越高，政府对技术创新活动的干预越多，各区域内技术创新主体的自主权相对降低，则对各区域内技术创新协同度的提升产生阻碍作用，假设 4 得到验证。换而言之，京津冀各区域内技术创新协同度的提升，需要政府减少对各区域内技术创新活动的干预，放宽技术创新主体的自主权。

技术知识探索 TKE 在京津冀各区域内技术创新协同度提升要素模型（6-1）中未通过显著性检验，假设 3（a）未得到验证，不能成为京津冀各区域内技术创新协同度提升要素，主要原因在于技术知识探索 TKE 与企业技术创新 ETI 两者存在替代关系，各区域内企业自身的技术创新水平越高，则所需的外部技术知识探索会相应减小，而在原假设中，企业技术创新对京津冀区域内技术创新协同度提升作用较大，因此技术知识探索对京津冀各区域内技术创新协同度提升作用不大。

总之，通过建立的京津冀各区域内技术创新协同度提升要素模型（6-1），研究发现，京津冀各区域内技术创新协同度的提升主要受到创新基础环境、企业技术创新和政府创新等要素的影响，而技术知识探索的影响作用不大。创新基础环境作为各区域内技术创新协同活动所必需的客观条件，其水平的提升使得创新主体自身能力增强，进而提升各区域内协同发展。政府对各区域内技术创新活动的干预，在一定程度上会提升创新基础环境及增加创新主体之间的交互，而随着技术创新活动交互的深入，政府的干预会严重阻碍各区域内技术创新协同发展。

二、京津冀区域间技术创新协同度提升要素模型估计及分析

通常使用 R^2 测评模型的拟合优度，R^2 值介于 0~1，值越大表明模型对数据的拟合效果越好。由表 6-5 的检验结果可知，R^2 为 0.952，调整 R^2 为 0.872，表明京津冀区域间技术创新协同度提升要素模型（6-2）的拟合优度较好，该模型的 D. W. 值为 2.795，说明所选取变量之间的自相关性不强，F-检验主要检验所有自变量和因变量之间是否存在线性关系（模型整体显著性检验），该模型 F-检验的 p 值低于 0.05，说明 F-检验在 5% 的水平下模型整体显著。

表 6-5　京津冀区域间技术创新协同度提升要素模型汇总

模型	R	R^2	调整 R^2	标准估计的误差	更改统计量					D. W.
					R^2 更改	F 更改	d. f. 1	d. f. 2	Sig. F 更改	
1	0.976	0.952	0.872	0.14200	0.952	11.946	5	3	0.034	2.795

资料来源：本书计算结果。

由表 6-6 回归系数显著性检验可知，企业技术创新 ETI 检验的 p 值为 0.019，表明在 5% 的水平下检验是显著的，即可认为企业技术创新 ETI 的回归系数显著不等于零，则企业技术创新 ETI 与区域间技术创新协同度提升显著相关。技术知识探索 TKE 检验的 p 值为 0.030，表明在 5% 的水平下检验是显著的，即可认为技术知识探索 TKE 的回归系数显著不等于零，则技术知识探索 TKE 与区域间技术创新协同度提升显著相关。大学创新及分布 UID 检验的 p 值为 0.016，表明在 5% 的水平下检验是显著的，即可认为大学创新及分布 UID 的回归系数显著不等于零，则大学创新及分布 UID 与区域间技术创新协同度提升显著相关。地理分布 GD 检验的 p 值为 0.008，表明在 1% 的水平下检验是显著的，即可认为地理分布 GD 的回归系数显著不等于零，则地理分布 GD 与区域间技术创新协同度提升显著相关。技术创新效果 TIP 检验的 p 值为 0.019，表明在 5% 的水平下检验是显著的，即可认为技术创新效果 TIP 的回归系数显著不等于零，则技术创新效果 TIP 与区域间技术创新协同度提升显著相关。

表 6-6 京津冀区域间技术创新协同度提升要素模型回归系数显著性检验

模型		非标准化系数		标准系数	t	Sig.
		B	标准误差	试用版		
1	（常量）	38.750	6.413		6.042	0.009
	ETI	-6.981	1.499	-2.681	-4.658	0.019
	TKE	-4.502	1.158	-1.186	-3.887	0.030
	UID	6.685	1.348	1.731	4.960	0.016
	GD	-10.581	1.678	-2.230	-6.305	0.008
	TIP	6.004	1.285	3.306	4.672	0.019

注：ETI 代表企业技术创新、TKE 代表技术知识探索、UID 代表大学创新及分布、GD 代表地理分布、TIP 代表技术创新效果。

资料来源：本书计算结果。

在表 6-6 中，企业技术创新 ETI 系数通过显著性检验，弹性系数符号为"-"，说明区域企业技术创新对京津冀区域间技术创新协同度的提升存在负向影响，即京津冀区域的企业技术创新水平越高，企业自主创新能力越强，短期内所需区域外部的知识减少，降低与其区域的交互活动，对区域间技术创新协同度的提升产生阻碍作用，假设 2（b）得到验证。换而言之，京津冀区域间技术创新协同度的提升，需要充分考虑在企业技术创新提高的前提下所需应对的问题。

技术知识探索 TKE 系数通过显著性检验，弹性系数符号为"－"，说明区域间技术知识探索对京津冀区域间技术创新协同度的提升存在负向影响，即京津冀区域的技术知识探索程度越高，值得注意，由于书中所提的技术知识探索是指直接从外部购买所需的技术，并不直接参与到技术创新活动之中，降低与其区域的交互活动，对区域间技术创新协同度的提升产生阻碍作用，假设 3（b）得到验证。换而言之，京津冀区域间技术创新协同度的提升，需要改进技术知识探索的方式。

大学创新及分布 UID 系数通过显著性检验，弹性系数符号为"＋"，说明区域间的大学创新及分布对京津冀区域间技术创新协同度的提升存在正向影响，其中作为技术创新知识来源地的大学，在区域技术创新中的作用不可忽视，京津冀区域的大学创新及分布程度越高，可以有效吸引外部创新主体（如企业），增加区域间的交互活动，对区域间技术创新协同度的提升产生促进作用，假设 5 得到验证。换而言之，京津冀区域间技术创新协同度的提升，需要关注大学创新及分布状况。

地理分布 GD 系数通过显著性检验，弹性系数符号为"－"，且系数绝对值最大，说明区域间地理分布对京津冀区域间技术创新协同度的提升存在负向影响，即京津冀区域的地理分布（地理距离）越高，可能会降低区域间创新活动的交互，对区域间技术创新协同产生阻碍作用，阻碍京津冀区域技术创新协同度的提升，假设 6 得到验证。换而言之，京津冀区域间技术创新协同度的提升，需要充分考虑区域间的地理距离及差异等问题。

技术创新效果 TIP 系数通过显著性检验，弹性系数符号为"＋"，说明区域间的技术创新效果对京津冀区域间技术创新协同度的提升存在正向影响，其中技术创新效果反映区域技术创新活动的经验，可以进一步促进区域技术创新的发展，而京津冀区域的技术创新效果越高，可有效增加区域间的交互活动，对区域间技术创新协同度的提升产生促进作用，假设 7 得到验证。换而言之，京津冀区域间技术创新协同度的提升，需要大力提高区域的技术创新效果。

总之，通过京津冀区域间技术创新协同度提升要素模型（6-2），研究发现，京津冀区域间技术创新协同度提升主要受到企业技术创新、技术知识探索、大学创新及分布、地理分布和技术创新效果等要素的影响，其中，企业技术创新、技术知识探索和地理分布对京津冀区域间技术创新协同度提升产生阻碍作用，大学创新及分布和技术创新效果对京津冀区域间技术创新协同度提升产生促进作用。综上可知，为了进一步提升京津冀区域间技术创新协同度的提升，需要充分发挥要素的促进作用，降低要素的阻碍作用。

三、各区域内和区域间提升要素综合分析

通过上文对京津冀各区域内技术创新协同度提升要素模型（6-1）和京津冀区域间技术创新协同度提升要素模型（6-2）两个模型的研究发现，对京津冀各区域内与区域间技术创新协同度提升要素不同，其中京津冀各区域内技术创新协同度提升要素包括创新基础环境、企业技术创新、政府创新，京津冀区域间技术创新协同度提升要素包括企业技术创新、技术知识探索、大学创新及分布、地理分布和技术创新成效。由此可知，企业技术创新这一要素对京津冀各区域内与区域间的技术创新协同度提升均存在影响，但其作用明显不同，它可以促进京津冀各区域内技术创新协同度的提升，但阻碍京津冀区域间技术创新协同度的提升。

从京津冀各区域内层面来看，政府创新对京津冀各区域内技术创新协同度的提升作用较为显著，原因在于政府在各区域内技术创新过程中发挥两个角色：一是作为技术创新主体，直接参与各区域内技术创新活动；二是发挥政府职能，对各区域内技术创新活动进行宏观规划及指导。然而，政府的过多干预会造成各区域内技术创新主体的自由度降低，直接影响创新主体的交互活动，进而会对京津冀区域技术创新协同度提升产生负向的影响。各区域内创新基础投入及创新环境可以为各区域内技术创新营造一个较好的氛围。企业作为创新活动较为活跃的主体，其创新能力的提高会直接影响各区域内技术创新水平。可知，这三个要素会直接从正向和负向影响京津冀各区域内技术创新协同度的提升。

从京津冀区域间层面来看，区域地理分布对京津冀区域间技术创新协同度的提升作用较为显著，地理区位的分布不同，区域间的技术创新政策及创新环境等不同，会阻碍区域间技术创新交互活动。企业和大学两个创新主体对京津冀区域间技术创新协同度的提升作用不同，企业技术创新水平越高，自主创新能力越强，对区域间技术创新的交互需求不高；而大学作为技术创新的发源地，掌握着先进的技术及知识，但自身的技术研究活动存在的最大局限是资金的短缺，需要外部的大力支持。京津冀区域技术创新效果作为区域技术创新活动的结果，但并非最终的形式，不仅可以反映区域技术创新的水平，还可以促进京津冀区域间进一步的交互。技术知识探索可以快速促进企业技术创新，但这种直接的技术购买并不能从根本上加强区域间的技术创新活动的交互。

综上可知，无论是各区域内还是区域间技术创新协同，这两种并非是彼此分离的，

各区域内技术创新协同度的提升一定程度上会降低区域间技术创新协同度。京津冀区域技术创新协同度是一个综合性范畴，一方面反映区域在一定时期内技术创新综合协作发展状况，另一方面反映区域技术创新协同发展的潜力。随着创新进程的加快，各区域通过财力和政策等支持区域技术创新，然而，随着技术经济的进一步发展，区域技术创新能力之间的不平衡会影响区域技术创新协同发展水平，为了促进区域技术创新协同发展，需要实现区域技术创新的优势互补发展。由于经济结构转型和产业升级需求，以及区域之间资源等发展条件差异，致力于寻求通过区域协同来追求整体利益最大化。利用外部技术资源弥补各区域内部的不足，将内外部的资源有机结合起来，促进区域技术创新协同的进一步发展。

本章小结

本章通过对京津冀区域技术创新协同问题成因的分析，将京津冀的具体问题成因与区域技术创新协同度影响要素理论分析相结合考虑，提出京津冀区域技术创新协同度提升要素假设，利用实证模型进行回归分析，验证京津冀各区域内与区域间技术创新协同度提升要素，并对两层面进行对比分析，从而得出具体的协同度提升要素及其发挥的作用。

研究结果表明：①京津冀各区域内技术创新协同度提升要素包括创新基础环境、企业技术创新、政府创新；②京津冀区域间技术创新协同度提升要素包括企业技术创新、技术知识探索、大学创新及分布、地理多样性和技术创新成效；③区域内与区域间的协同度提升要素存在明显差异，即使是同一要素其作用也不同，企业技术创新这一要素对京津冀各区域内与区域间技术创新协同度的提升均存在影响，但其作用明显不同，它可以促进京津冀各区域内技术创新协同度的提升，但阻碍京津冀区域间技术创新协同度的提升。

第七章

结论和建议

第一节 研究结论

本书以京津冀区域技术创新协同度测评及其提升要素为研究对象，从不同视角的区域技术创新协同度测评模型进行分析，构建区域技术创新协同度测评体系；运用所构建的模型对京津冀区域技术创新协同度进行综合测评，并对京津冀—长三角区域技术创新协同度的测评结果进行比较，进而分析京津冀区域技术创新协同问题成因；实证分析京津冀区域技术创新协同度提升要素。本书的研究结果对提升京津冀区域技术创新协同度及推进区域技术创新活动协同发展具有理论意义及实践参考价值。本书主要得出了以下的研究结果：

第一，从多视角构建区域技术创新协同度测评体系，并运用测评模型对区域技术创新协同度进行定量研究，充分论证了所构建的区域技术创新协同度测评体系的可行性。

通过对区域技术创新协同度影响因素的分析，探讨了不同视角的区域技术创新协同度测评模型，从创新输入协同、创新过程协同和创新输出协同三个视角，构建区域技术创新协同度测评体系。研究显示，区域技术创新协同度测评体系是一个综合性的分析体系，创新输入协同和创新输出协同两个视角主要是基于静态层面的短期分析，而创新过程协同视角主要是基于动态层面的长期分析，对区域技术创新协同度的测评更为客观。

第二，利用所构建的测评体系对京津冀区域技术创新协同度测评，研究显示，京津冀区域技术创新协同度较低，甚至出现负向协同现象。

从创新输入协同视角来看，京津冀各区域内技术创新输入协同度高于京津冀区域间，在京津冀各区域内，北京地区技术创新基础较好，天津地区的技术创新基础水平逐渐提高，河北地区的技术创新基础薄弱，三地的基础水平差距较大，成为京津冀区域间协同阻碍，因此京津冀区域间技术创新输入协同度偏低；从创新过程协同视角来看，京津冀各区域内及区域间技术创新过程协同度极低，但总体呈上升趋势，尤其是京津冀区域间技术创新过程协同度稳步提高较快，在创新过程中，尽管初始时期区域技术创新过程协同发展水平较低，但随着协同模式得到不断的改进，因此区域技术创新过程协同度稳步提高；从创新输出协同视角来看，在京津冀各区域内，北京和天津区域技术创新输出协同度相对较高，而河北区域技术创新输出协同度较低，随着京津冀区域的不断融合，北京和天津区域技术创新输出协同度随时间而降低，三地的技术创新输出协同水平差距开始缩小，由于各区域内技术创新输出协同的进一步发展，需要注入外部资源和驱动力量，京津冀区域间技术创新输出协同水平高于京津冀各区域内；从协同度综合测评视角来看，由于区域技术创新协同度取决于技术创新输入协同度、技术创新过程协同度和技术创新输出协同度三方的水平，因此京津冀各区域内及区域间技术创新协同度均不高，在京津冀各区域内，北京和天津区域技术创新协同度相对高于河北区域。

第三，引入对比分析方法，利用所构建的测评体系对长三角区域技术创新协同度测评，并对京津冀—长三角区域技术创新协同度测评比较，研究显示，整体上京津冀区域技术创新协同度低于长三角区域，但某方面京津冀区域技术创新协同度略高于长三角区域。

从创新输入协同视角来看，在各区域内层面，北京和天津区域技术创新输入协同度相对较高，而浙江、江苏、上海和河北区域技术创新输入协同度相对较低，在区域间层面，京津冀区域间技术创新输入协同度低于长三角区域间；从创新过程协同视角来看，在各区域内层面，浙江、河北和江苏区域技术创新过程协同度相对较高，而北京、天津和上海区域技术创新过程协同度较低，在区域间层面，京津冀区域间技术创新过程协同度低于长三角区域间；从创新输出协同视角来看，在各区域内层面，江苏、天津和浙江区域技术创新输出协同度较高，而北京、河北和上海区域技术创新输出协同度较低，在区域间层面，京津冀区域间技术创新输出协同度高于长三角区域间；从协同度综合测评视角来看，在各区域内层面，北京、江苏、天津和浙江区域技术创新协同度较高，而河北和上海区域技术创新协同度较低，在区域间层面，京津冀区域间技术创新协同度低于长三角区域间。

第四，通过对理论与现实问题的分析，构建京津冀区域技术创新协同度提升要素模型，实证研究表明，京津冀各区域内与区域间技术创新协同度提升要素存在明显差别，即使是同一要素在这两个层面的作用也不同。

京津冀各区域内技术创新协同度提升要素包括创新基础环境、企业技术创新、政府创新，京津冀区域间技术创新协同度提升要素包括企业技术创新、技术知识共享、大学创新及分布、地理分布和技术创新效果。可知，企业技术创新这一因素对提升京津冀各区域内与区域间的技术创新协同度均存在影响，但其作用明显不同，它可以促进京津冀各区域内技术创新协同度的提升，但会阻碍京津冀区域间技术创新协同度的提升。

第二节 政策建议

从总体上来看，区域技术创新协同发展学术研究存在结构性缺陷和受区域经济因素的限制，由于在现实中，区域和国家创新环境是截然不同的，区域生产配置往往依赖于区域外的结构和进程（Bathelt，2003），从微观和宏观两方面出发，将政策导向和市场导向结合起来考虑，更深入地理解区域协同发展的相关理论，这有利于构建一个整合性的系统研究框架。

1. 建立以企业为核心的技术创新协同模式

京津冀区域技术创新协同方式不同，但企业是一个较为活跃的技术创新主体，在区域协同发展过程中，应建立以企业为核心，与其他创新主体积极交互，形成有效的区域技术创新协同发展模式。企业作为协同的主导者，一方面可以弥补自身技术的欠缺及提高技术水平，另一方面可以将与其他主体（如大学、研究机构等）的创新活动实现商业化。这可以解决创新资金不足或仅依靠政府财政支持，以及大学和研究机构等研发活动与市场技术需求脱节的问题，进而可以有效促进区域技术创新协同发展。

企业（产业）主要从事内生性创新以及转移，作为区域组织间创新活动的先决条件，首先必须重视京津冀区域产业差距这一现实，设法实现京津冀区域产业链式发展，建立伙伴关系、参与协同合作、推出计划和分配资源。三地经济发展差距大，尤其是河北与京津之间的差距，未来对京津冀区域创新协同发展，还需要从资本的力量来推动。由此可见，企业在京津冀区域创新协同发展中的作用不可忽视，然而，大学和政府的作用也同样很重要。

2. 积极调动京津冀区域的大学创新资源

大学在社会上发挥创新作用，积极于转化研究、创业培训和社区发展，以及传统的任务，在创新和发展中发挥更大的作用。提高京津冀区域创新的能力和协作能力，主要通过增加与京津区域内大学和研发机构的合作，或通过建立技术转移机构，可以获得知识和能力权限，补充企业的本地派生能力，这不仅增加了他们的创新协同能力，也可能会抵消企业区域集群内技术"锁定"。京津冀区域内的大学主要集中分布在京津两个地区，河北省虽临近京津两地，但其教育资源却不足（仅有一所211院校，位于天津市），若要实现京津冀区域创新协同，需要实现教育资源协同。

3. 充分重视政府在区域技术创新协同中的作用

京津冀三地协同发展，难点在于制度瓶颈，三地行政地位不同，导致跨区域协同中的相互协作或协调问题。政府在协同中是实现区域协同的重要保证，创新协同需要更多的系统性努力，以促进创新来维持高水平的福利服务，并帮助解决公共部门面临的经济和社会挑战，各地政府必须要打破各自为政的局面。与此同时，政府在区域技术创新协同发展中角色与作用仍有待理论与实践的不断探索。为了促进区域技术创新协同发展，需要充分发挥政府作用的建议：

一是加强政策引导，政府的政策制度环境对于区域协同创新过程的顺利进行起着重要的激励和辅助作用，创新政策通常是区域协同网络形态存在的原因，能够打破官僚筒仓（Sørensen & Torfing，2005）和跨行政边界（Hajer，2003；van Tatenhove，2009；Coenders & Metze，2009；Metze，2010）。通过创造宏观体制和政策法规等环境，大力支持和推动大学、企业和政府的创新与合作，尽量减少合作中的成本和风险。

二是重视协调与支持，协同方式并不总是导致创新，然而，政府试图做到正确的初始条件、完善的协同制度、适时协同过程管理，这些将提供一个机会，协同创新将会成功打破政策僵局和提升公共服务（Ansell & Gash，2007），从而为区域协同发展营造更加有利的环境。作为公共部门，政府面向公共需求、公益性的服务和基础设施建设的需求，可以发挥行政干预的作用，为区域建设提供后备保障和财政支撑。政府在政策实施和一些"极端问题"的处理中也发挥着重要作用。

三是强化服务保障，创新需要更多的系统性努力，并以促进创新来维持高水平的福利服务，帮助解决公共部门面临的经济和社会挑战（Koch & Hauknes，2005；Eggers & Singh，2009；European Commission，2011），政府要加强对大学和创新实验室的财政支持，为人才、技术等生产要素的集聚创造条件，完善信息高效传递渠道，提高创新主体的学习积极性，降低文化身份差异，充分发挥政府的服务保障作用。

四是打破行政区划篱笆，一些发达国家启动国家计划旨在提高公共服务和监管的创新（Newman et al.，2001），从而为区域技术创新协同发展营造氛围。协同发展的条件与利益发生冲突，研究机构和企业通过市场无法自由组合，尤其是存在跨地区、跨行业、跨部门情况，必须利用政府监管和行政手段消除这种垄断和冲突，使各区域内创新主体之间的利益得到整合。

五是发挥第三方政府功能，政府可以与一些比较活跃的非营利组织共同形成"第三方政府"形式，政府与这些非营利组织实现优势互补，达成广泛合作。这意味着政府应用类似网络协同方法的角色转变，即从一个服务提供者成为服务协调员（Nambisan，2008）。政府机构可以向私营部门学习，采用协作解决问题的方法，逐步转变创新计划，主要是从集中内部资源到集中外部网络和社区。

第三节　研究不足及展望

尽管本书对京津冀区域技术创新协同度测评及其提升要素研究得出一些有益结论，但是研究论题仍然存在不足及有待今后更为深入研究的地方。

（1）由于区域协同及技术创新协同刚刚起步，京津冀区域协同发展也是如此，本书是对京津冀区域技术创新协同度的初步研究，随着未来区域技术创新协同发展新政策措施的出台，需要后续跟踪研究，在数据条件允许的情况下，可以试图将数据样本扩大，开展下一阶段的研究。

（2）对于区域技术创新协同度测评体系，本书尽可能结合现有数据的可获得性，构建相对完备的测评体系进行研究，而随着测评指标统计改进及数据丰富，测评体系可以进行不断验证调整和完善。

研究论题的拓展，在本书现有研究的基础上，未来的研究可以对其他区域技术创新协同度进行测评，以及进一步完善区域技术创新协同度测评体系，还可以在本书研究的基础上深入研究京津冀区域技术创新协同发展模式、演化路径，以及京津冀区域技术创新协同的具体发展策略等。

参考文献

中文：

[1] 白俊红，陈玉和，李婧. 企业内部创新协同及其影响要素研究 [J]. 2008, 26 (2): 409-413.

[2] 陈劲. 协同创新 [M]. 杭州：浙江大学出版社，2012.

[3] 陈劲，阳银娟. 协同创新的理论基础与内涵 [J]. 科学学研究，2012, 30 (2): 161-164.

[4] 陈伟，冯志军，康鑫，田世海. 区域创新系统的协调发展测度与测评研究——基于二象对偶理论的视角 [J]. 科学学研究，2011, 29 (2): 306-313.

[5] 陈元志. 宝钢的协同创新研究 [J]. 科学学研究，2012, 30 (2): 194-200.

[6] 崔新健，崔志新. 区域创新体系协同发展模式及其政府角色 [J]. 中国科技论坛，2015 (10): 86-91.

[7] 邓富民，张金光，梁学栋. 基于协调度—管理熵的区域协同创新能力测度 [J]. 科技进步与对策，2014, 31 (5): 113-117.

[8] 董晓宏，张红霞，胡斌. 企业多要素协同创新过程研究 [J]. 经济研究导刊，2007 (5): 25-27.

[9] 窦雪霞，程开明，窦志强. 创新溢出的空间尺度与实证检验 [J]. 科研管理，2009 (4): 51-56.

[10] 杜宝苍，李朝明. 高新技术企业协同知识创新绩效影响因素实证研究 [J]. 科技管理研究，2013 (12): 172-176.

[11] 范斐，杜德斌，游小珺，盛垒，肖泽磊. 基于能力结构关系模型的区域协同创新研究 [J]. 地理科学，2015, 35 (1): 66-74.

[12] 高丽娜，蒋伏心，熊季霞. 区域协同创新的形成机理及空间特性 [J]. 工业

技术经济, 2014 (3): 25-32.

[13] 顾新华, 顾朝林, 陈岩. 简述"新三论"与"老三论"的关系 [J]. 经济理论与经济管理, 1987 (2): 71-74.

[14] 全利平, 蒋晓阳. 协同创新网络组织实现创新协同的路径选择 [J]. 科技进步与对策, 2011, 28 (9): 15-18.

[15] 吴跃明, 郎东锋, 张子珩, 张翼. 环境—经济系统协调度模型及其指标体系 [J]. 中国人口·资源与环境, 1996 (2): 47-50.

[16] 何郁冰. 产学研协同创新的理论模式 [J]. 科学学研究, 2012, 30 (2): 165-174.

[17] 何一清, 乔晓楠. 协同创新、协同创新网络与技术创新 [J]. 北方民族大学学报 (哲学社会科学版), 2015 (2): 133-136.

[18] 胡恩华, 刘洪. 管理科学研究范式的转换——以复杂性科学为研究视角 [J]. 系统科学学报, 2007, 15 (1): 74-78.

[19] 胡晓瑾, 解学梅. 基于协同理念的区域技术创新能力测评指标体系研究 [J]. 科技进步与对策, 2010, 27 (2): 101-104.

[20] 黄恒振, 杨博文. 技术与组织变迁——基于复杂适应系统理论的研究 [J]. 科学学研究, 2009 (26): 280-284.

[21] 贾军, 张卓. 中国高技术产业技术创新与能源效率协同发展实证研究 [J]. 中国人口·资源与环境, 2013 (2): 36-42.

[22] 李国平, 王春杨. 中国省域创新产出的空间特征和时空演化——基于探索性空间数据分析的实证 [J]. 地理研究, 2012, 31 (1): 95-106.

[23] 李海东, 王帅, 刘阳. 基于灰色关联理论和距离协同模型的区域协同发展测评方法及实证 [J]. 系统工程理论与实践, 2014, 34 (7): 1749-1755.

[24] 李京文, 李剑玲. 京津冀协同创新发展比较研究 [J]. 经济与管理, 2015, 29 (2): 13-17.

[25] 李林, 杨泽寰. 区域创新协同度测评指标体系及应用——以湖南省 14 地市州为例 [J]. 科技进步与对策, 2013, 30 (19): 109-114.

[26] 李习保. 区域创新环境对创新活动效率影响的实证研究 [J]. 数量经济技术经济研究, 2007 (8): 13-24.

[27] 李响亮, 宁安琪, 彭灿. 中小软件企业技术—组织—市场协同创新的影响因素实证研究 [J]. 价值工程, 2009 (11): 36-38.

[28] 李煜华, 王月明, 胡瑶瑛. 基于结构方程模型的战略性新兴产业技术创新影响因素分析 [J]. 科研管理, 2015, 36 (8): 10-17.

[29] 林云, 金祥荣. 区域技术创新绩效的"马太效应"——基于中国 30 个省市面板数据分析 [J]. 经济学家, 2008 (3): 78-85.

[30] 刘颖, 陈继祥. 生产性服务业与制造业协同创新的自组织机理分析 [J]. 科技进步与对策, 2009, 26 (15): 48-50.

[31] 刘英基. 高技术产业高端化与工艺及产品创新的协同关系研究 [J]. 中国科技论坛, 2014 (12): 28-33.

[32] 孟庆松, 韩文秀. 复合系统协调度模型研究 [J]. 天津大学学报, 2000 (7): 444-446.

[33] 穆东, 杜志平. 资源型区域协同发展价研究 [J]. 中国软科学, 2005 (5): 106-113.

[34] 牛盼强, 谢富纪, 张福明. 我国各省市经济知识基础的测量 [J]. 系统管理学报, 2009, 18 (5): 520-524.

[35] 牛欣, 陈向东. 城市创新跨边界合作与辐射距离探析——基于城市间合作申请专利研究 [J]. 地理科学, 2013, 33 (6): 659-667.

[36] 彭纪生. 中国技术协同创新研究 [M]. 北京: 中国经济出版社, 2000.

[37] 彭耿, 刘芳. 武陵山片区区域经济协同度的测评研究 [J]. 经济地理, 2014, 34 (10): 39-45.

[38] 齐二石, 李辉, 刘亮. 基于遗传算法的虚拟企业协同资源优化问题研究 [J]. 中国管理科学, 2011, 1 (19): 77-83.

[39] 钱晓烨, 迟巍, 黎波. 人力资本对我国区域创新及经济增长的影响——基于空间计量的实证研究 [J]. 数量经济技术经济研究, 2010 (4): 107-121.

[40] 任胜钢, 彭建华. 基于因子分析法的中国区域创新能力的测评及比较 [J]. 系统工程, 2007, 25 (2): 87-92.

[41] 孙冰, 赵健. 技术创新协同研究综述 [J]. 情报杂志, 2011, 30 (11): 76-81.

[42] 汤玲, 李建平, 余乐安, 覃东海. 基于距离协调度模型的系统协调发展定量测评方法 [J]. 系统工程理论与实践, 2010, 30 (4): 594-602.

[43] 唐德淼. 基于产学研技术创新联盟模式的创新绩效作用机理分析与测评 [J]. 统计与决策, 2015 (9): 71-74.

[44] 汪传旭. 可持续交通运输的分析模型及其应用 [J]. 上海海运学院学报, 2001

（6）：41-44.

[45] 汪良兵，洪进，赵定涛，徐中涛. 中国高技术产业创新系统协同度 [J]. 系统工程，2014，32（3）：1-7.

[46] 王达政. 自主创新还是技术引进——基于我国专利投入产出的实证研究 [J]. 科技进步与对策，2009（24）：30-34.

[47] 王芳. 主成分分析与因子分析的异同比较及应用 [J]. 统计教育，2003（5）：14-17.

[48] 王进富，张颖颖，苏世彬等. 产学研协同创新机制研究——一个理论分析框架 [J]. 科技进步与对策，2013，30（16）：1-6.

[49] 王志宝，孙铁山，李国平. 区域协同创新研究进展与展望 [J]. 软科学，2013，27（1）：1-9.

[50] 魏宏森等. 复杂性系统的理论与方法研究探索 [M]. 呼和浩特：内蒙古人民出版社，2007.

[51] 温芳芳. 专利合作模式的计量研究 [D]. 武汉：武汉大学博士学位论文，2012.

[52] 邬滋. 集聚结构、知识溢出与区域创新绩效——基于空间计量的分析 [J]. 山西财经大学学报，2010（3）：15-22.

[53] 吴广谋. 系统原理与方法 [M]. 南京：东南大学出版社，2005.

[54] 吴和成. 专利产出对科技投入要素的弹性研究 [J]. 科技进步与对策，2008（2）：142-144.

[55] 吴季松. 以协同论指导京津冀协同创新 [J]. 经济与管理，2014，28（5）：8-12.

[56] 武学超. 影响大学与产业科研协同创新的逻辑因素——基于国外实证研究文献的解析 [J]. 中国高教研究，2014（3）：42-54.

[57] 谢洪明，张霞蓉，程聪，陈盈. 网络关系强度、企业学习能力对技术创新的影响研究 [J]. 科研管理，2012，33（2）：55-62.

[58] 谢学梅. 企业协同创新影响因素与协同程度多维关系实证研究 [J]. 科研管理，2015，36（2）：69-78.

[59] 谢学梅，吴永慧，赵杨. 协同创新影响因素与协同模式对创新绩效的影响——基于长三角316家中小企业的实证研究 [J]. 管理评论，2015，27（8）：77-89.

[60] 辛冲，冯英俊. 企业组织与技术的协同创新研究 [J]. 研究与发展管理，

2011, 23（1）：37-42.

[61] 熊励, 孙友霞, 蒋定福, 刘文. 协同创新研究综述——基于实现途径视角 [J].
科技管理研究, 2011（14）：15-18.

[62] 徐浩鸣, 徐建中, 康妹丽. 中国国有医药制造产业组织系统协同度模型及实证
分析 [J]. 中国科技论坛, 2003（1）：113-117.

[63] 徐浩鸣, 徐建中, 康妹丽. 中国国有电子通信设备制造业系统协同度模型及实
证分析 [J]. 工业技术经济, 2003（2）：43-46.

[64] 徐向艺, 徐英吉. 企业技术创新、制度创新及企业持续成长性的协同度研究
[J]. 东岳论丛, 2008, 29（2）：80-85.

[65] 许涤龙, 钟雄, 李正辉. 两型社会建设中经济与环境的协调度测评 [J]. 统计
与决策, 2010（18）：39-40.

[66] 许青瑞. 研究、发展与技术创新管理 [M]. 北京：高等教育出版社, 2010.

[67] 杨武, 郑红, 陈凌志. 基于专利数据测度我国技术能力的计量方法与模型研
究 [J]. 管理学报, 2011, 8（10）：1475-1480.

[68] 姚艳虹, 杜梦华. 科技协同创新演进规律及其影响因素分析 [J]. 湖南大学学
报（社会科学版）, 2013, 27（3）：37-41.

[69] 叶伟巍, 梅亮, 李文, 王翠霞, 张国平. 协同创新的动态机制与激励政
策——基于复杂系统理论视角 [J]. 管理世界, 2014（6）：79-91.

[70] 曾茜, 李福刚. 区域创新能力的多层次模糊综合评价研究 [J]. 科技创业,
2006（2）：21-22.

[71] 曾珍香, 段丹华, 张培, 王欣菲. 基于复杂系统理论的区域协调发展机制研
究——以京津冀区域为例 [J]. 改革与战略, 2008, 24（1）：89-91.

[72] 赵蓉, 叶茵. 信息论基础 [M]. 北京：北京邮电大学出版社, 2011.

[73] 张慧颖, 吴红翠. 基于创新过程的区域创新系统协调发展的比较研究 [J]. 情
报杂志, 2011, 8（30）：12-16.

[74] 张淑莲, 胡丹, 高素英等. 京津冀高新技术产业协同创新研究 [J]. 河北工业
大学学报, 2011, 6（40）：107-112.

[75] 张小鹣, 玄兆辉, 蔺爽, 付英. "兰白都市经济圈" 创新系统协同发展研究
[J]. 中国科技论坛, 2015（1）：102-107.

[76] 张亚明, 刘海鸥. 协同创新博弈观的京津冀科技资源共享模型与策略 [J]. 中
国科技论坛, 2014（1）：34-41.

［77］郑广华. 区域创新系统协调发展旳测评系统研究［J］. 系统科学学报, 2010 (3)：76-79.

［78］中国科技发展战略研究小组中国区域创新能力报告（2006~2007）［M］. 北京：经济管理出版社, 2007.

［79］钟义信. 信息科学原理（第三版）［M］. 北京：北京邮电大学出版社, 2003.

［80］祝尔娟. 推进京津冀区域协同发展的思路与重点［J］. 经济与管理, 2014, 28 (3)：10-12.

［81］庄涛, 吴洪. 基于专利数据的我国官产学研三螺旋测度研究——兼论政府在产学研合作中的作用［J］. 管理世界, 2013 (8)：175-176.

英文：

［1］Acs, Anselin, Varga. Patents and Innovation Counts as Measures of Regional Production of New Knowledge［J］. Research Policy, 2002, 31 (7)：1069-1085.

［2］Alavi M., Tiwan A.. Knowledge Interation in Virtual Team：The Potential Role of KMS［J］. Journal of the American Society for Information Science and Technology, 2002, 53 (12)：1029-1037.

［3］Anbanandam R., Banwet D. K., Shankar R.. Evaluation of Supply Chain Collaboration：A Case of Apparel Retail Industry in India［J］. International Journal of Productivity and Performance Management, 2011, 60 (2)：82-98.

［4］Ansell C., Gash A.. Collaborative Governance in Theory and Practice［J］. Journal of Public Administration Research and Theory, 2007 (18)：543-571.

［5］Antikainen M., Makipaa M., Ahonen M.. Motivating and Supporting Collaboration in Open Innovation［J］. European Journal of Innovation Management, 2010 (13)：11-15.

［6］Araujo R. M., Santoro F. M., Borges M. R. S.. The CSCW Lab for Groupware Evaluation［A］. In Proceedings of CRIWG'O2. Lecture Notes in Computer Science, September 01-04, 2002：222-231.

［7］Arpaci, Ibrahim. E-government and Technology Innovation in Turkey［J］. Transforming Government：People, Process and Policy, 2010, 4 (1)：37-53.

［8］Arundel, Kabla. What Percentage of Innovations are Patented? Empirical Estimates for European Firms［J］. Research Policy, 1998, 27 (2)：127-141.

［9］Asheim Bjørn T., Lars C.. Knowledge Bases and Regional Innovation Systems: Comparing Nordic Clusters ［J］. Research Policy, 2005 （34）: 1173-1190.

［10］Barak M.. Motivating Self-regulated Learning in Technology Education ［J］. International Journal of Technology and Design Education, 2010 （20）: 381-401.

［11］Bathelt H.. Geographies of Production: Growth Regimes in Spatial Perspectives-Innovation, Institutions and Social Systems ［J］. Progress in Human Geography, 2003, 27 （6）: 789-804.

［12］Bell A. J.. The Co-information Lattice, in: 4th International Symposium on Independent Component Analysis and Blind Signal Separation （ICA2003） ［R］. Nara, Japan, 2003: 921-926.

［13］Bierly P. E., Damanpour F., Santoro M. D.. The Application of External Knowledge: Organizational Conditions for Exploration and Exploitation ［J］. Journal of Management Studies, 2009, 46 （3）: 481-509.

［14］Boschma R., Iammarino S.. Related Variety, Trade Linkages, and Regional Growth in Italy ［J］. Econ. Geogr, 2009, 85 （3）: 289-311.

［15］Branstetter L.. Is Foreign Direct Investment a Channel of Knowledge Spillovers? Evidence From Japan's FDI in the United States ［J］. Journal of International Economics, 2006, 68 （2）: 325-344.

［16］Brinkerhoff, Jennifer M.. Partnership for International Development: Rhetoric or Results? ［M］. Boulder, CO : Lynne Rienner, 2002.

［17］Busi M., Bititci U. S.. Collaborative Performance Management: Present Gaps and Future Research ［J］. International Journal of Productivity and Performance Management, 2006, 55 （1）: 7-25.

［18］Camarinha-Matos L., Afsarmanesh H.. Collaborative Networks: Value Creation in a Knowledge Society ［A］. In Wang K., Kovacs G., Wozny M., Fang M. （Eds）, Knowledge Enterprise: Intelligent Strategies in Product Design, Manufacturing, and Management ［C］. IFIP Advances in Information and Communication, Vol. 207, Springer, Boston, MA, 2006: 26-40.

［19］Cefis E., Marsili O.. A Matter of Life and Death: Innovation and Firm Survival ［J］. Industrial & Corporate Change, 2005 （14）: 1167-1192.

［20］Cesaroni F., Piccaluga A.. Operational Challenges and ST's Proposed Solutions to

Improve Collaboration between IP and R&D in Innovation Processes [J]. California Management Review, 2013, 55 (4): 143-156.

[21] Chanda P., Yang J., Zhang A., Ramanathan M.. On Mining Statistically Significant Attribute Associations Information [C]. SIAM, 2010: 141-152.

[22] Chanda P., Zhang A., Brazeau D., Sucheston L., Freudenheim J. L., Ambrosone C., Ramanathan M.. Information-theoretic Metrics for Visualizing Gene-environment Interactions [J]. Am. J. Hum. Genet, 2007 (81): 939-963.

[23] Chatziparadeisis A.. The R&D Indicators in the Knowledge-based Economy: The Research Paradox [C]. European Conference on Quality in Survey Statistics, 2006.

[24] Chesbrough H.. Open Business Model: How to Thrive in the New Innovation Landscape [M]. Cambridge, MA: Harvard Business Press, 2006.

[25] Coenders M., Metze T. A. P.. Praktische Wijsheid in een Community of Practice [J]. In G. Smid & E. Rouwette (Eds.), Ruimte Maken Voor Onderzoekende Professionaliteit: Onderzoekend Handelen, Handelend Onderzoeken. Assen: Koninklijke Van Gorcum BV. 2009: 372-383.

[26] Comanor W. S., Scherer F. M.. Patent Statistics as a Measure of Technical Change [J]. The Journal of Political Economy, 1969, 77 (3): 392-398.

[27] Cohen W. M., Levinthal D. A.. Innovation and Learning: Two Faces of R&D [J]. The Economic Journal, 1989 (99): 569-596.

[28] D'Amour D.. The Conceptual Basis for Interprofessional Collaboration: Core Concepts and Theoretical Frameworks [J]. Journal of Interprofessional Care, 2005, 19 (1): 116-131.

[29] Deek C., Kee H. L.. A Model on Knowledge and Endogenous Growth [R]. World Bank Policy Research Working Paper, 2003.

[30] Demirkan I., Demirkan S.. Network Characteristics and Patenting in Biotechnology 1990-2006 [J]. Journal of Management, 2012, 38 (6): 1892-1927.

[31] Ding Xuedong, Li Jun, Wang Jia. In Pursuit of Technology Innovation [J]. Journal of Small Business and Enterprise Development, 2008, 15 (4): 816-831.

[32] Doloreux D., Shearmur R.. Collaboration, Information and the Geography of Innovation in Knowledge Intensive Business Services [J]. Journal of Economic Geography, 2012 (12): 79-105.

[33] Duin H., Jaskov J., Hesmer A., Thoben K. D.. Towards a Frame-work for Collaborative Innovation [M]. Boston: Springer, 2008.

[34] Dzisah J., Etzkowitz H.. Triple Helix Circulation: The Heart of Innovation and Development [J]. International Journal of Technology Management and Sustainable Development, 2008, 7 (2): 101-115.

[35] Edgul D., Walsh K.. Creating Synergy Through Collaboration: Safe Schools/ Healthy Students in Salinas, California [J]. Psychology in the Schools, 2003, 40 (5): 503-513.

[36] Edquist C.. System of Innovation Approaches-their Emergence and Characteristics [A]. In Edquist C.. System of Innovation Technologies, Institutions and Organizations [C]. London: Pinter, 1997.

[37] Eggers W. D., Singh S. K.. The Public Innovator's Playbook: Nurturing Bold Ideas in Government [R]. Washington, DC: Deloitte Research and Ash Institute for Democratic Governance at the Harvard Kennedy School of Government, 2009.

[38] Etzkowitz H.. Triple Helix Innovation: Industry, University, and Government in Action [M]. London and New York: Routledge, 2008.

[39] Etzkowitz H.. The Triple Helix: Science, Technology and the Entrepreneurial Spirit [J]. Journal of Knowledge-based Innovation in China, 2011, 3 (2): 76-90.

[40] Etzkowitz H., Leydesdorff L.. The Dynamics of Innovation: From National Systems and "Mode 2" to a Triple Helix of University-industry-government Relations [J]. Res. Policy, 2000, 29 (2): 109-123.

[41] European Commission. Horizon 2020 -The Framework Programmer for Research and Innovation Communication from the European Commission [R]. 2011.

[42] Feiock R. C.. Metropolitan Governance and Institutional Collective Action [J]. Urban Affairs Review, 2009, 44 (3): 356-377.

[43] Fjermestad J., Hiltz S.. An Assessment of Group Support Systems Experimental Research: Methodology and Results [J]. J. Manag. Info. Syst., 1999, 15 (3): 7-149.

[44] Frida L., Alexander S., Lise A.. Exploring University-industry Collaboration in Research Centres [J]. European Journal of Innovation Management, 2013, 16 (1): 70-91.

[45] Garner W. R., McGill W. J.. The Relation between Information and Variance Analyses [J]. Psychometrika, 1956, 21 (3): 219-228.

［46］Gloor P. A.. Swarm Creativity: Competitive Advantage Through Collaborative Inno-vation Networks ［M］. London: Oxford University Press, 2006: 4-14.

［47］Gray B.. Collaborating: Finding Common Ground for Multiparty Problems ［M］. San Francisco: Jossey-Bass, 1989.

［48］Grady B., Brown A. W.. Collaborative Development Environments ［J］. Advances in Computers, 2003 (59): 1-27.

［49］Gray B., Wood D.. Collaborative Alliances: Moving from Practice to Theory ［J］. Journal of Applied Behavioral Science, 1991, 27 (2): 3-22 .

［50］Griliches. Patent Statistics as Economic Indicators: A Survey ［J］. Journal of Eco-nomic Literature, 1990, 28 (4): 1661-1707.

［51］Guan J. C., Gao X.. Exploring the H-index at Patent Level ［J］. Journal of the A-merican Society for Information Science and Technology, 2009, 60 (1): 35-40.

［52］Guo D.. Local Entropy Map: A Nonparametric Approach to Detecting Spacially Var-ying Multivariate Relationships ［J］. Int. J. Geogr. Inf. Sci., 2010, 24 (9): 1367-1389.

［53］Hajer M.. Policy Without Polity? Policy Analysis and the Institutional Void ［J］. Policy Sciences, 2003, 36 (2): 175-195.

［54］Haken H.. Synergetics: An Introduction ［M］. Springer, Berlin, 1983.

［55］Haken H., Wunderlin A., Yigitbasi S.. An Introduction to Synergetics ［J］. Open Systems & Information Dynamics, 1995, 3 (1): 97-130.

［56］Hara N., Solomon P., Seung-Lye K., et al.. An Emerging View of Scientific Col-laboration: Scientists' Perspectives on Collaboration and Factors that Impact Collaboration ［J］. Journal of the American Society for Information Science and Technology, 2003, 54 (10): 952-965.

［57］Haustein S., Tunger D., Heinrichs G., Baelz G.. Reasons for and Developments in International Scientific Collaboration: Does an Asia-Pacific Research Area Exist from a Biblio-metric Point of View? ［J］. Scientometrics, 2010, 86 (3): 727-746.

［58］Heléne L.. Triple Helix in Practice: The Key Role of Boundary Spanners ［J］. Eu-ropean Journal of Innovation Management, 2013, 16 (2): 211-226.

［59］Hitt M. A., Ireland R. D., Harrison J. S.. Mergers and Acquisitions: A Value Cre-ating or Value Destroying Strategy ［M］. Blackwell Handbook of Strategic Mangement, 2001: 384-408.

[60] Hoveskog M., Antonova D.. Collaboration and Innovation in Sweden and Bulgaria: A Study of a Mature Industry [J]. International Journal of Economic Sciences and Applied Research, 2011, 4 (1): 121-151.

[61] Hsiao R. L., Tsai D. H., Lee C. F.. Collaborative Knowing: The Adaptive Nature of Cross-Boundary Spanning [J]. Journal of Management Studies, 2012, 49 (3): 463-493.

[62] Huxham C., Vangen S.. Managing to Collaborate: The Theory and Practice of Collaborative Advantage [M]. New York: Routledge, 2005.

[63] Huxham C., Vangen S.. Ambiguity, Complexity, and Dynamics in the Membership of Collaboration [J]. Human Relations, 2000, 53 (6): 771-801 .

[64] Hurmelinna - Laukkanen P.. Enabling Collaborative Innovation - knowledge Protection for Knowledge Sharing [J]. European Journal of Innovation Management, 2011, 14 (3): 303-321.

[65] Hung R. Y. Y., Lien B. Y. H., Yang B., Wu C. M., Kuo Y. M.. Impact of TQM and Organizational Learning on Innovation Performance in the High-tech Industry [J]. International Business Review, 2011, 20 (2): 213-225.

[66] Ivanova I. A., Leydesdorff L.. Rotational Symmetry and the Transformation of Innovation Systems in a Triple Helix of University-industry-government Relations [J]. Technological Forecasting & Social Change, 2014 (86): 143-156.

[67] Jaffe. Real Effects of Academic Research [J]. American Economic Review, 1989, 79 (5): 957-970.

[68] Janzen D. H.. When is It Co-evolution [J]. Evolution, 1980 (34): 611-612.

[69] Kahn K. B., Barczak G.. Establishing a NPD Best Practises Framework [J]. Journal of Product Innovation Management, 2006 (23): 106-116.

[70] Katz J. S.. Geographical Proximity and Scientific Collaboration [J]. Scientometrics, 2005, 31 (1): 31-43.

[71] Katz J. S., Martin B. R.. What is Research Collaboration? [J]. Research Policy, 1997, 26 (1): 1-18.

[72] Ke J.. Study on Coordinated Development of Regional Resource-environment-economy system—A Case Study of Anhui Province [J]. Recent Advance in Statistics Application and Related Areas, Pts 1 and 2, 2008: 1785-1790.

[73] Kevin J. R.. Assessing Interorganizational Collaboration in Regional Economic Devel-

opment Service Delivery [J]. SAM Advanced Management Journal, 2014, 79 (1): 16-25.

[74] Khan G. F., Park H. W.. Measuring the Triple Helix on the Web: Longitudinal Trends in the University-industry-government Relationship in Korea [J]. Journal of American Society for Information Science and Technology, 2010, 62 (12): 2443-2455.

[75] Koch Per, Johan Hauknes. On Innovation in the Public Sector [R]. Oslo: Nordic Institute for Studies in Innovation, Research and Education, 2005.

[76] Krippendorff K. W.. Ross Ashby's Information Theory: A Bit of History, Some Solutions to Problems, and What We Face Today [J]. Int. J. Gen. Syst., 2009, 38 (2): 189-212.

[77] Krippendorff K. W.. Information of Interactions in Complex Systems [J]. Int. J. Gen. Syst., 2009, 38 (6): 669-680.

[78] Kuhlmarm S.. Euronpean/German Effects and Policy Evaluation in Regional Innovation [C] // International Workshop on Comprehensive Review of S&T Basic Plans in Japan: Towards the Effective Benchmarking of Intergrated S&T Policy, Tokyo: NISTEP, 2004: 1-25.

[79] Langrish I.. Acceleratingnn Iovation through Cooperation: A Case in Britain [J]. Industrial Management, 2002 (10): 20-32.

[80] Lasker R. D., Weiss E. S., Miller R.. Partnership Synergy: A Practical Framework for Studying and Strengthening the Collaborative Advantage [J]. The Milbank Quarterly, 2001, 79 (2): 179-205.

[81] Laursen K., Reichstein T., Salter A.. Exploring the Effect of Geographical Proximity and University Quality on University-Industry Collaboration in the United Kingdom [J]. Regional Studies, 2011, 45 (4): 507-523.

[82] Lavie D., Rosenkopf L.. Balancing Exploration and Exploitation in Alliance Formation [J]. Academy of Management Journal, 2006, 49 (4): 797-818.

[83] Lee Youngmi, Lee In Won, Feiock R. C.. Interorganizational Collaboration Networks in Economic Development Policy: An Exponential Random Graph Model Analysis [J]. The Policy Studies Journal, 2012, 40 (3): 547-573.

[84] Leiponen A., Helfat C. E.. Innovation Objectives, Knowledge Sources and the Benefits of Breadth [J]. Strategic Management Journal, 2010, 31 (2): 224-236.

[85] Leiponen A., Helfat C. E.. Location, Decentralization and Knowledge Sources for Innovation [J]. Organization Science, 2011, 22 (3): 641-658.

［86］ Lengyel B. , Leydesdorff L.. Regional Innovation Systems in Hungary: The Failing Synergy at the National Level ［J］. Regional Studies, 2011, 45 (5): 677-693.

［87］ Leydesdorff L.. The Knowledge-based Economy and the Triple Helix Model ［J］. In Blaise Cronin (Ed.). Annual Review of Information Science and Technology, 2010 (44): 367-417.

［88］ Leydesdorff L.. Redundancy in Systems Which Entertain a Model of Themselves: Interaction Information and the Self-organization of Anticipation ［J］. Entropy, 2010, 12 (1): 63-79.

［89］ Leydesdorff L. , Dolfsma W. , Van der Panne G.. Measuring the Knowledge Base of an Economy in Terms of Triple-helix Relations Among 'Technology', Organization and Territory ［J］. Research Policy, 2006 (35): 181-199.

［90］ Leydesdorff L. , Meyer M.. Triple Helix Indicators of Knowledge-based Innovation Systems Introduction to the Special Issue ［J］. Research Policy, 2006 (35): 1441-1449.

［91］ Leydesdorff L. , Park H. W. , Lengyel B.. A Routine for Measuring Synergy in University-industry-government Relations: Mutual Information as a Triple Helix and Quadruple-Helix Indicator ［J］. Scientometrics, 2014 (99): 27-35.

［92］ Leydesdorff L. , Zawdie G.. The Triple Helix Perspective of Innovation Systems ［J］. Technol. Anal. Strateg, 2010, 22 (7): 789-804.

［93］ Leydesdorff L. , Zhou P.. Measuring the Knowledge-based Economy of China in Terms of Synergy Among Technological, Organizational and Geographic Attributes of Firms ［J］. Scientometrics, 2014 (98): 1703-1719.

［94］ Li G. R. , Ma M. N. , Ding Y. Y.. Comparative Study on Economic Efficiency of Each Region in China ［C］. Proceedings of 2011 International Conference on Management Science & Engineering, 2011: 696-701.

［95］ Li Ying J. , Wang Yuandi, Salomo S.. An Inquiry on Dimensions of External Technology Search and Their Influence on Technology Innovations: Evidence from Chinese Firms ［J］. R&D Management, 2014, 44 (1): 53-74.

［96］ Liang L. , Zhu L.. Major Factors Affecting China's Inter-regional Research Collaboration: Regional Scientific Productivity and Geographical Proximity ［J］. Scientometrics, 2002, 55 (2): 287-316.

［97］ Lichtenthaler U.. Open Innovation: Past Research, Current Debates and Future Directions [J]. Academy of Management Perspectives, 2011 (25): 75-93.

[98] Liu X., Buch T.. Innovation Performance and Channels for International Technology Spillovers: Evidence from Chinese High-tech Industries [J]. Research Policy, 2007, 36 (3): 355-366.

[99] Luciaóscar, Burdio José M., AceroJesús, et al.. Educational Opportunities based on the University-industry Synergies in an Open Innovation Framework [J]. European Journal of Engineering Education, 2012, 37 (1): 15-28.

[100] Maria Manuela Natário, João Pedro Almeida Couto, Carlos Fernandes Roque de Almeida. The Triple Helix Model and Dynamics of Innovation: A Case Study [J]. Journal of Knowledge-based Innovation in China, 2012, 4 (1): 36-54.

[101] Martin R., Sunley P.. Complexity Thinking and Evolutionary Economic Geography [J]. Journal of Economic Geography, 2007 (7): 573-601.

[102] Martínez-Román J. A., Gamero J., Tamayo J. A.. Analysis of Innovation in SMEs Using an Innovative Capability-based Non-linear Model: A study in the Province of Seville (spain) [J]. Technovation, 2011, 31 (9): 459-475.

[103] Mattessich P. W., Monsey B. R.. Collaboration: What Makes It Work [M]. Field-stone Alliance, 1992.

[104] McGill J. W.. Multivariate Information Transmission [J]. Psykometrica, 1954, 19 (2): 97-116.

[105] Mêgnigbêto E.. Efficiency, Unused Capacity and Transmission Power as Indicators of the Triple Helix of University-industry-government Relation [J]. Journal of Informetrics, 2014 (8): 284-294.

[106] Metze T.. Innovation Ltd. Boundary Work in Deliberative Governance in Land Use Planning [R]. Eburon: Delft, 2010.

[107] Miethling B.. The Evolution of Interactivity-New Insights into Innovation System Change and the Role of the State [J]. International Journal of Innovation Science, 2014, 6 (4): 213-233.

[108] Miles R. E., Miles G., Snow C. C.. Collaborative Entrepreneurship: How Communities of Networked Firms Use Continuous Innovation to Create Economic Wealth [M]. Stanford Business Books, 2005.

[109] Morales M. F.. Research Policy and Endogenous Growth [J]. Spanish Economic

Review, 2004 (4): 179-209.

[110] Mull C. D., Jordan J. W.. Boundary Spanning [J]. Reclaiming Children & Youth, 2014, 23 (3): 56-59.

[111] Myrna Floresa, et al.. Universities as Key Enablers to Develop New Collaborative Environments for Innovation: Successful Experiences from Switzerland and India [J]. International Journal of Production Research, 2009, 47 (17): 4935-4953.

[112] Nambisan S.. Transforming Government through Collaborative Innovation [R]. Washington, DC: IBM Center for The Business of Government, 2008.

[113] Neale D., Carroll J., Rosson M.. Evaluating Computer-supported Cooperative Work: Models and Frameworks [C]. In Proceedings of the ACM Conference on Computer Supported Cooperative Work, 2004: 112-121.

[114] Newman J., Raine J., Skelcher C.. Transforming Local Government: Innovation and Modernization [J]. Public Money & Management, 2001 (21): 61-68.

[115] Nyaga G. N.. Whipple J. M., Lynch D. F.. Examining Supply Chain Relationships: Do Buyer and Supplier Perspectives on Collaborative Relationships Differ? [J]. Journal of Operations Management, 2010, 28 (2): 101-114.

[116] Okhuysen G. A., Bechky B. A.. Coordination in Organizations: An Integrative Perspective [J]. The Academy of Management Annals, 2009, 3 (1): 463-502.

[117] Ospina S., Sag-Carranza A.. Paradox and Collaboration in Coalition Work [C]. Paper Presented at the Annual Meeting of the Academy of Management, August 5-10, Honolulu, HI., 2005.

[118] Park H. W., Hong H. D., Leydesdorff L.. A Comparison of the Knowledge-based Innovation Systems in the Economies of South Korea and the Netherlands Using Triple Helix Indicators [J]. Scientometrics, 2005, 65 (1): 3-27.

[119] Park H. W., Leydesdorff L.. Longitudinal Trends in Networks of University-industry-government Relations in South Korea: The Role of Programmatic Incentives [J]. Research Policy, 2010, 39 (5): 640-649.

[120] Pavlou P. A., Sawy O. A.. Understanding the Elusive Blackbox of Dynamic Capabilities [J]. Decision Sciences, 2011, 42 (1): 239-273.

[121] Pei N. S.. Enhancing Knowledge Creation in Organizations [J]. Communications of the IBIMA, 2008 (3): 1-6.

［122］Perdomo-Ortiz J., Gonzalez-Benito J., Galende J.. The Intervening Effect of Business Innovation Capability on the Relationship Between Total Quality Management and Technology Innovation ［J］. Int. J. Prod. Res., 2009 （47）：5087-5107.

［123］Persaud A.. Enhancing Synergistic Innovative Capability in Multinational Corporations：An Empirical Investigation ［J］. J. Prod. Innov. Manag., 2005 （22）：412-429.

［124］Petruzzelli A. M.. The Impact of Technological Relatedness, Prior Ties, and Geographical Distanceon University-industry Collaborations：A Joint-patent Analysis ［J］. Technovation, 2011 （31）：309-319.

［125］Pinsonneault A., Kraemer K.. The Impact of Technological Support on Groups：An Assessment of the Empirical Research ［J］. Decis. Supp. Syst., 1989, 5 （3）：197-216.

［126］Piva E., Grilli L., Rossi-Lamastra C.. The Creation of High-tech Entrepreneurial Ventures at the Local Level：The Role of Local Competences and Communication Infrastructures ［J］. Industry and Innovation, 2011, 18 （6）：563-580.

［127］Østergaard C. R.. Knowledge Flows Through Social Networks in a Cluster：Comparing University and Industry Links ［J］. Structural Change and Economic Dynamics, 2009 （20）：196-210.

［128］Rao Kai, Meng Xianfei, Piccaluga Andrea. The Impact of Government R&D Investments on Patent Technology Transfer Activities of Chinese Universities ［J］. Journal of Knowledge-based Innovation in China, 2012, 4 （1）：4-17.

［129］Roberts N. C., Bradley R. T.. Stakeholder Collaboration and Innovation：A Study of Public Policy Initiation at the State Level ［J］. Journal of Applied Behavioral Science, 1991, 27 （2）：209-227.

［130］Ronde P., Hussler C.. Innovation in Regions：What does Really Matter? ［J］. Research Policy, 2005 （34）：1150-1172.

［131］Sampson C. E.. R&D Alliances and Firm Performance：The Impact of Technological Diversity and Alliance Organization on Innovation ［J］. Academy of Management Journal, 2007, 50 （2）：364-386.

［132］Scheel C.. Knowledge Clusters of Technology Innovation Systems ［J］. Journal of Knowledge Management, 2002, 6 （4）：356-367.

［133］Scherngell T., Hu Yuanjia. Collaborative Knowledge Production in China：Regional Evidence from a Gravity Model Approach ［J］. Regional Studies, 2011, 45 （6）：

755-772.

[134] Shannon C. E.. A Mathematical Theory of Communication [J]. Bell System Technical Journal, 1948 (27): 379-423.

[135] Shapiro M.. The Triple Helix Paradigm in Korea: A Test of New Capital [J]. International Journal of Technology Management and Sustainable Development, 2007 (6): 171-191.

[136] Siegela D. S., Waldmanb D. A., Atwaterb L. E., Link A. N.. Commercial Knowledge Transfers from Universities to Firms: Improving the Effectiveness of University-industry Collaboration [J]. Journal of High Technology Management Research, 2003 (14): 111-133.

[137] Simatupang T. M., Sridharan R.. Benchmarking Supply Chain Collaboration: An Empirical Study [J]. Benchmarking: An International Journal, 2004, 11 (5): 484-503.

[138] Simatupang T. M., Sridharan R.. The Collaborative Index: A Measure for Supply Chain Collaboration [J]. International Journal of Physical Distribution & Logistics Management, 2005, 35 (1): 44-62.

[139] Slavtchev V.. Proximity and the Transfer of Academic Knowledge: Evidence from the Spatial Pattern of Industry Collaborations of East German Professors [J]. Regional Studies Association, 2013, 47 (5): 686-702.

[140] Smith C. R.. Institutional Determinants of Collaboration: An Empirical Study of County Open-Space Protection [J]. Journal of Public Administration Research and Theory, 2009, 19 (1): 1-21.

[141] Soeparman S., Van Duivenboden H., Oosterbaan T.. Infomediaries and Collaborative Innovation: A Case Study on Information and Technology Centered Intermediation in the Dutch Employment and Social Security Sector [J]. Information Polity, 2009, 14 (4): 261-278.

[142] Song G. Dyer. Synergies Between Information Technology and Managerial and Organizational Cognition: The Role of Knowledge Management [J]. Technovation, 2003, 19 (4): 219-231.

[143] Sooho L., Bozeman B.. The Impact of Research Collaboration on Scientific Productivity [J]. Social Studies of Science, 2005, 35 (5): 673-702.

[144] Sørensen E., Torfing J.. The Democratic Anchorage of Governance Networks [J]. Scandinavian Political Studies, 2005, 28 (3): 195-218.

［145］Sørensen O. J., Hu Yimei. Triple Helix Going Abroad? The Case of Danish Experiences in China ［J］. European Journal of Innovation Management, 2014, 17 (3): 254-271.

［146］Spaeth S., Stuermer M., Von Krogh G.. Enabling Knowledge Creation through Outsiders: Towards a Push Model of Open Innovation ［J］. International Journal of Technology Management, 2010, 52 (3/4): 411-431.

［147］Strand Ø, Leydesdorff L.. Where is Synergy Indicated in the Norwegian Innovation System? Triple-Helix Relations among Technology, Organization and Geography ［J］. Technological Forecasting & Social Change, 2013 (80): 471-484.

［148］Sun H. Y., Chow A., Lo C.. Rapid Commercialization of Acquired Innovations-A Collaborative Model based on Case Studies in Chinese Companies ［J］. International Journal of Innovation and Technology Management, 2008, 5 (3): 363-379.

［149］Sun Yutao, Cao Cong. Intra-and Inter-regional Research Collaboration Across Organizational Boundaries: Evolving Patterns in China ［J］. Technological Forecasting & Social Change, 2015 (96): 215-231.

［150］Svihla V.. Collaboration as a Dimension of Design Innovation ［J］. CoDesign, 2010, 6 (4): 245-262.

［151］Tamara M., Melika L.. Barriers to Credible Innovations: Collaborative Regional Governance in the Netherlands ［J］. Innovation Journal, 2012, 17 (1): 2-15.

［152］Tan J., Tyler K., Manica A.. Business-to-business Adoption of eCommerce in China ［J］. Information & management, 2007 (44): 332-351.

［153］Thi Pham H., Tanner K.. Collaboration Between Academics and Librarians ［J］. Library Review, 2014, 63 (1/2): 15-45.

［154］Thomson A. M.. Collaboration: Meaning and Measurement ［D］. Ph. D. diss., Indiana University Bloomington, 2001.

［155］Thomson A. M., Perry J. L.. Collaboration Processes: Inside the Black Box ［J］. Public Administration Review, 2006 (12): 20-32.

［156］Thomson A. M., Perry J. L., Miller T. K.. Conceptualizing and Measuring Collaboration ［J］. Journal of Public Administration Research and Theory, 2007 (19): 23-56.

［157］Thomson A. M., Perry J. L., Miller T. K.. Conceptualizing and Measuring Collaboration ［J］. Journal of Public Administration Research and Theory, 2009, 19 (1): 23-56.

［158］Thompson L., Ku Heng-Yu. Degree of Online Collaboration and Team Performance: A Case Study [J]. The Quarterly Review of Distance Education, 2010, 11 (2): 127–134.

[159] Tomlinson P. R., Jackson I.. Cooperative Ties and the Impact of External Factors upon Innovation in an Industrial District: Some Insights from the North Staffordshire Table and Giftware Sector [J]. Regional Studies, 2013, 47 (4): 580–596.

[160] Trach J. S.. Degree of Collaboration for Successful Transition Outcomes [J]. Journal of Rehabilitation, 2012, 78 (2): 39–48.

[161] Van Beers C., Zand F.. R&D Cooperation, Partner Diversity and Innovation Performance: An Empirical Analysis [J]. J. Prod. Innov. Manag., 2014, 31 (2): 292–312.

[162] Veronica S., Thomas F.. Collaborative Innovation in Ubiquitous Systems [J]. International Manufacturing, 2007 (18): 599–615.

[163] Wang C. L., Ahmed P. K., Rafiq M.. Knowledge Management Orientation: Construct Development and Empirical Validation [J]. Eur J Inf Syst, 2008 (17): 219–235.

[164] Warm D.. Local Government Collaboration for a New Decade: Risk, Trust, and Effectiveness [J]. State and Local Government Review, 2011, 43 (1): 60–65.

[165] Wood D. J., Gray B.. Toward a Comprehensive Theory of Collaboration [J]. The Journal of Applied Behavioral Science, 1991, 27 (2): 139–162.

[166] Xu Binfeng, Song Wei. Research on the Synergy Degree of China Yangtze River Delta Region Technology Innovation System Evolution from the Perspective of Technology Innovation Chain [J]. International Journal of Business and Social Research, 2014, 4 (8): 91–98.

[167] Yang Qizhi, YanFuhui, Ye Feng. An Analysis of Synergy Degree of Primary–Tertiary Industry System in Dujiangyan City [J]. International Journal of Business and Management, 2011, 6 (8): 291–297.

[168] Yeung R. W.. Information Theory and Network Coding [M]. Springer, New York, NY, 2008.

[169] Yusuf S.. Intermediating Knowledge Exchange between Universities and Businesses [J]. Research Policy, 2008, 37 (8): 1167–1174.

[170] Zheng Wang, Zixuan Yao, Gaoxiang Gu, Fei Hu, Xiaoye Dai. Multi–agent–based Simulation on Technology Innovation Diffusion in China [J]. Papers in Regional Science, 2014, 93 (2): 385–409.

附录 1　京津冀区域地理、技术和组织不确定性（熵）与最大不确定性比重

区域	年份	$H_g/$ max（H_g）	$H_t/$ max（H_t）	$H_o/$ max（H_o）	$H_{gt}/$ max（H_{gt}）	$H_{go}/$ max（H_{go}）	$H_{to}/$ max（H_{to}）	$H_{gto}/$ max（H_{gto}）
北京	2005	75.33	93.74	87.05	66.90	73.95	83.62	60.52
	2006	74.92	94.57	85.27	70.12	73.44	85.05	60.71
	2007	72.19	94.16	85.22	69.50	71.02	85.09	61.73
	2008	69.60	93.39	84.25	67.77	70.76	83.06	62.71
	2009	71.83	90.36	84.92	69.48	72.82	82.30	64.97
	2010	71.91	90.99	85.27	69.64	73.25	85.23	65.54
	2011	73.63	89.73	83.51	70.04	73.74	84.27	67.29
	2012	73.84	90.30	81.83	70.30	73.53	82.93	66.81
	2013	73.96	89.88	80.09	70.42	72.45	81.02	66.45
天津	2005	74.48	99.52	86.04	61.30	69.67	66.92	46.57
	2006	74.36	99.65	80.24	62.09	68.44	65.72	47.94
	2007	77.34	99.68	75.93	65.79	67.40	67.71	47.83
	2008	74.96	99.68	72.64	65.79	66.34	66.17	47.83
	2009	82.89	99.33	77.41	76.31	67.98	72.95	54.07
	2010	80.73	98.08	79.52	78.66	68.70	68.73	52.08
	2011	82.63	97.35	78.57	79.85	70.15	70.05	52.93
	2012	82.63	97.35	78.01	78.44	67.98	71.14	54.27
	2013	82.63	97.35	78.60	78.44	69.82	72.68	55.67
河北	2005	89.35	54.46	69.02	51.75	67.52	48.35	42.87
	2006	87.98	52.79	67.68	52.66	63.95	48.01	42.69
	2007	88.43	49.66	71.84	54.95	69.40	53.35	46.90
	2008	86.12	55.60	77.81	53.99	67.86	61.07	50.18
	2009	86.28	65.83	79.37	59.53	69.20	66.97	51.76
	2010	85.83	63.07	79.39	59.37	70.45	69.44	52.54
	2011	85.84	61.77	80.02	58.84	69.69	68.64	52.13
	2012	85.84	61.77	76.99	58.84	70.71	67.51	51.57
	2013	85.84	61.77	76.08	58.84	70.74	66.49	51.79

续表

区域	年份	$H_g/$ max（H_g）	$H_t/$ max（H_t）	$H_o/$ max（H_o）	$H_{gt}/$ max（H_{gt}）	$H_{go}/$ max（H_{go}）	$H_{to}/$ max（H_{to}）	$H_{gto}/$ max（H_{gto}）
京津冀	2005	81.74	82.30	82.46	69.00	75.51	75.67	60.47
	2006	80.73	81.96	80.36	70.91	74.63	76.15	60.67
	2007	79.07	79.65	79.76	70.62	73.33	76.42	61.64
	2008	76.28	77.23	78.66	68.68	72.55	75.07	62.39
	2009	77.72	77.95	79.20	71.36	73.43	76.27	64.77
	2010	77.73	78.26	79.81	71.92	74.60	77.89	65.03
	2011	78.30	76.41	78.28	71.75	74.67	76.90	66.22
	2012	78.35	76.46	77.04	71.75	74.25	76.16	65.85
	2013	78.33	76.40	76.04	71.76	73.87	74.94	65.73

资料来源：根据 Wind 数据库数据计算。

附录 2　京津冀区域技术创新驱动力子系统序参量有序度

地区	年份	e11	e12	e13	e14	e15	e16	e17	e18	e19	e110
北京	2005	0.0486	0.0925	0.0680	0.0391	0.3732	0.2057	0.4203	0.2586	0.6059	0.7400
	2006	0.0799	0.1400	0.4675	0.0967	0.3204	0.0316	0.1389	0.0431	0.8546	0.9574
	2007	0.2898	0.9341	0.6353	0.1787	0.2144	0.1917	0.9299	0.9303	0.9603	0.8983
	2008	0.4794	0.5297	0.8983	0.2296	0.0436	0.1605	0.1709	0.1429	0.3606	0.3176
	2009	0.5754	0.1928	0.9748	0.3635	0.3204	0.1200	0.0208	0.0213	0.0512	0.0483
	2010	0.6651	0.1578	0.9107	0.5370	0.6711	0.1933	0.0571	0.0794	0.7184	0.7167
	2011	0.7907	0.2038	0.9366	0.6670	0.6089	0.5632	0.1497	0.2772	0.3666	0.2763
	2012	0.9289	0.1976	0.9771	0.8104	0.8107	0.7251	0.0887	0.2193	0.4400	0.3961
	2013	0.9577	0.0250	0.8660	0.9482	0.9527	0.9407	0.0860	0.1325	0.7159	0.4319
天津	2005	0.0434	0.2224	0.0530	0.0364	0.0444	0.0442	0.1918	0.0893	0.2003	0.7124
	2006	0.0852	0.1505	0.2772	0.0943	0.2389	0.0394	0.2759	0.0277	0.2404	0.5467
	2007	0.1215	0.1060	0.4581	0.1441	0.3203	0.2114	0.0406	0.1822	0.1036	0.2160
	2008	0.3882	0.9308	0.6239	0.2490	0.4809	0.3747	0.7831	0.5250	0.0774	0.2890
	2009	0.4946	0.1892	0.6176	0.3071	0.4089	0.2716	0.9497	0.9368	0.0609	0.2418
	2010	0.6077	0.1695	0.6875	0.4378	0.5162	0.5159	0.2794	0.1854	0.0248	0.0401
	2011	0.7033	0.1142	0.7467	0.6122	0.6443	0.7071	0.5064	0.4504	0.2849	0.4111
	2012	0.9013	0.2477	0.8223	0.7726	0.7897	0.7843	0.3173	0.1664	0.9339	0.9492
	2013	0.9525	0.0217	0.9621	0.9454	0.9535	0.9485	0.6720	0.1776	0.5336	0.5624

续表

地区	年份	e11	e12	e13	e14	e15	e16	e17	e18	e19	e110
河北	2005	0.0404	0.2852	0.0545	0.0373	0.0393	0.1174	0.7855	0.1793	0.1081	0.1117
	2006	0.0827	0.3415	0.2948	0.1096	0.2076	0.1440	0.4649	0.0274	0.1170	0.1127
	2007	0.1209	0.2214	0.4107	0.1641	0.2001	0.0431	0.3512	0.0380	0.0803	0.0692
	2008	0.2877	0.9395	0.5918	0.2420	0.2384	0.0836	0.3827	0.1329	0.9288	0.9289
	2009	0.4359	0.4504	0.6590	0.3469	0.4722	0.6195	0.0815	0.1276	0.1635	0.1589
	2010	0.5394	0.2017	0.7440	0.4309	0.4281	0.8443	0.9489	0.9364	0.3128	0.3095
	2011	0.6561	0.1877	0.8270	0.6181	0.5633	0.6463	0.3781	0.4835	0.1163	0.1395
	2012	0.8871	0.3502	0.8542	0.7992	0.7916	0.8140	0.5092	0.6815	0.1052	0.1155
	2013	0.9495	0.0304	0.9636	0.9464	0.9484	0.9522	0.0398	0.1016	0.0197	0.0199
京津冀	2005	0.0427	0.2328	0.0572	0.0381	0.0493	0.1196	0.7371	0.3927	0.0611	0.1529
	2006	0.0824	0.2768	0.3220	0.0982	0.1433	0.0350	0.2546	0.0533	0.1146	0.1668
	2007	0.1607	0.4967	0.4620	0.1674	0.1277	0.1507	0.9438	0.8291	0.0634	0.0833
	2008	0.3464	0.9411	0.6552	0.2366	0.0336	0.1946	0.3819	0.4178	0.9264	0.9291
	2009	0.4767	0.3904	0.7089	0.3463	0.3314	0.2476	0.0744	0.5797	0.0173	0.1008
	2010	0.5783	0.2221	0.7700	0.4943	0.4882	0.4066	0.4879	0.9623	0.2755	0.2820
	2011	0.6942	0.2181	0.8407	0.6450	0.4882	0.6156	0.2761	0.8441	0.0512	0.0834
	2012	0.8988	0.3623	0.8811	0.7989	0.7233	0.7554	0.2430	0.8469	0.1687	0.1608
	2013	0.9518	0.0320	0.9663	0.9472	0.9427	0.9441	0.0347	0.3462	0.0389	0.0200

资料来源：本书计算结果。

附录3 京津冀区域技术知识获取子系统序参量有序度

地区	年份	e21	e22	e23	e24	e25	e26	e27	e28	e29
北京	2005	0.0378	0.0377	0.9423	0.4941	0.1663	0.0387	0.1550	0.0434	0.9539
	2006	0.2042	0.1978	0.4143	0.0504	0.0539	0.0917	0.3116	0.1347	0.8295
	2007	0.1559	0.0796	0.0332	0.3130	0.0960	0.2976	0.7038	0.2025	0.6150
	2008	0.2230	0.1815	0.3203	0.0781	0.0336	0.1056	0.0423	0.3986	0.4962
	2009	0.3322	0.3897	0.4366	0.8729	0.0746	0.6637	0.9514	0.4234	0.4761
	2010	0.3515	0.3899	0.1778	0.7090	0.5703	0.3375	0.2735	0.9525	0.0448
	2011	0.5782	0.6835	0.4744	0.9466	0.5442	0.9478	0.7934	0.6470	0.3621
	2012	0.9469	0.9468	0.3882	0.0375	0.9427	0.8704	0.6705	0.7524	0.2705
	2013	0.9107	0.8296	0.0986	0.2137	0.8419	0.4780	0.2830	0.7403	0.3910

地区	年份	e21	e22	e23	e24	e25	e26	e27	e28	e29
天津	2005	0.0384	0.0499	0.4694	0.1928	0.6110	0.0405	0.1153	0.8028	0.3175
	2006	0.0756	0.1166	0.5768	0.1421	0.6885	0.8863	0.9352	0.5471	0.0717
	2007	0.1676	0.3179	0.9569	0.1885	0.9482	0.7922	0.6701	0.9136	0.0392
	2008	0.2658	0.4330	0.5123	0.3034	0.6285	0.9392	0.6532	0.9583	0.0700
	2009	0.4980	0.7853	0.8431	0.5544	0.3627	0.0663	0.0575	0.3703	0.5729
	2010	0.3402	0.5437	0.0478	0.9345	0.3740	0.0957	0.0514	0.4976	0.4466
	2011	0.6623	0.8258	0.6634	0.1262	0.0391	0.1007	0.0496	0.4566	0.6466
	2012	0.8039	0.9590	0.4149	0.0443	0.1178	0.0301	0.0290	0.2750	0.7723
	2013	0.9475	0.9112	0.2477	0.0254	0.1000	0.0301	0.0261	0.0492	0.9483
河北	2005	0.0434	0.0428	0.5675	0.0567	0.7997	0.0394	0.1018	0.2669	0.9700
	2006	0.1567	0.1704	0.4690	0.0259	0.1552	0.2114	0.3504	0.1808	0.8281
	2007	0.5522	0.6191	0.7647	0.0345	0.0824	0.6978	0.9399	0.2278	0.8726
	2008	0.5020	0.5002	0.1945	0.0961	0.0314	0.4128	0.4240	0.0331	0.9032
	2009	0.2164	0.2382	0.0955	0.0979	0.4789	0.3391	0.2695	0.1759	0.7747
	2010	0.9525	0.9519	0.9474	0.0851	0.9405	0.0394	0.0308	0.4525	0.6740
	2011	0.4001	0.3788	0.0383	0.4410	0.2156	0.6045	0.3036	0.3182	0.6467
	2012	0.8246	0.7537	0.5365	0.7883	0.1528	0.6045	0.2624	0.6772	0.2979
	2013	0.6524	0.5863	0.1809	0.9350	0.2525	0.9485	0.3635	0.9422	0.0609
京津冀	2005	0.0402	0.0438	0.0603	0.3230	0.5970	0.0597	0.0629	0.3279	0.9423
	2006	0.1828	0.2011	0.9694	0.0436	0.6579	0.7572	0.9403	0.0463	0.4027
	2007	0.2056	0.2475	0.6563	0.2142	0.9486	0.9068	0.8587	0.5483	0.2484
	2008	0.2702	0.3184	0.6962	0.2101	0.5882	0.8236	0.4687	0.5808	0.2233
	2009	0.3694	0.4834	0.8445	0.7864	0.3078	0.6668	0.2874	0.0983	0.6316
	2010	0.4262	0.5421	0.6470	0.9527	0.4129	0.3723	0.0335	0.9554	0.0333
	2011	0.6039	0.7012	0.7759	0.7440	0.0395	0.9688	0.2352	0.5208	0.4800
	2012	0.9493	0.9529	0.8545	0.4381	0.1980	0.8454	0.1695	0.7538	0.1525
	2013	0.9341	0.8480	0.4641	0.6050	0.1606	0.5134	0.0312	0.7498	0.1777

资料来源：本书计算结果。

附录4　京津冀区域企业技术创新子系统序参量有序度

地区	年份	e31	e32	e33	e34	e35	e36	e37	e38	e39
北京	2005	0.8338	0.8088	0.0581	0.0342	0.4178	0.0320	0.0600	0.0282	0.0348
	2006	0.8466	0.7481	0.3550	0.2224	0.2136	0.1274	0.0953	0.0564	0.1515
	2007	0.9661	0.7785	0.4663	0.1463	0.9423	0.0922	0.9691	0.0702	0.1455
	2008	0.9042	0.9603	0.6704	0.1592	0.3642	0.1344	0.8426	0.1225	0.1180
	2009	0.9383	0.6269	0.6333	0.2166	0.0332	0.2177	0.7859	0.2180	0.4159
	2010	0.8381	0.5663	0.7260	0.2527	0.1538	0.2947	0.8398	0.2898	0.3588
	2011	0.0570	0.2633	0.9208	0.6033	0.5371	0.5649	0.8153	0.4683	0.5712
	2012	0.1061	0.2633	0.9579	0.8044	0.3924	0.7598	0.6538	0.6023	0.7062
	2013	0.1530	0.0512	0.9672	0.9433	0.2369	0.9411	0.8753	0.9373	0.9439
天津	2005	0.3026	0.8259	0.0511	0.0440	0.4861	0.0543	0.1635	0.0410	0.0384
	2006	0.5379	0.9557	0.4442	0.2033	0.2155	0.1680	0.2387	0.0256	0.2415
	2007	0.5624	0.8042	0.2968	0.2838	0.2612	0.5194	0.1664	0.0539	0.3816
	2008	0.7290	0.6094	0.5425	0.5619	0.2806	0.8070	0.1104	0.0826	0.4592
	2009	0.9544	0.7393	0.5916	0.3262	0.0578	0.3876	0.0306	0.1496	0.3477
	2010	0.8295	0.5012	0.5425	0.5370	0.9414	0.8594	0.1186	0.2345	0.6669
	2011	0.0453	0.0467	0.7636	0.6544	0.6415	0.6799	0.0213	0.4463	0.9475
	2012	0.2659	0.0683	0.9601	0.7964	0.2818	0.9367	0.3298	0.5686	0.3922
	2013	0.2610	0.0683	0.8619	0.9531	0.0323	0.9634	0.9304	0.9347	0.3285
河北	2005	0.0375	0.9697	0.0370	0.0295	0.0320	0.0328	0.0282	0.0311	0.0258
	2006	0.1606	0.9697	0.0646	0.0407	0.0346	0.0359	0.0608	0.0517	0.0921
	2007	0.1984	0.9697	0.1748	0.0908	0.1964	0.1065	0.1044	0.0628	0.0885
	2008	0.2411	0.7424	0.4778	0.1061	0.4603	0.1165	0.1836	0.1344	0.0976
	2009	0.5678	0.7424	0.2850	0.2333	0.2207	0.2612	0.1817	0.2448	0.1961
	2010	0.6340	0.7424	0.3952	0.3854	0.3610	0.4165	0.2946	0.2905	0.1549
	2011	0.3121	0.0606	0.4227	0.4663	0.2950	0.5500	0.2926	0.5397	0.3322
	2012	0.6104	0.2879	0.8635	0.6295	0.6248	0.7879	0.7040	0.7798	0.6284
	2013	0.9465	0.5152	0.9461	0.9386	0.9411	0.9419	0.9372	0.9401	0.9349

续表

地区	年份	e31	e32	e33	e34	e35	e36	e37	e38	e39
京津冀	2005	0.4972	0.9652	0.0537	0.0358	0.5210	0.0361	0.0400	0.0273	0.0470
	2006	0.6361	0.9147	0.3253	0.1933	0.1981	0.1259	0.0991	0.0387	0.2482
	2007	0.7163	0.9147	0.3808	0.1701	0.5407	0.1705	0.5672	0.0575	0.3372
	2008	0.7684	0.9652	0.6191	0.2439	0.4367	0.2537	0.4741	0.1044	0.3794
	2009	0.9604	0.7632	0.5692	0.2439	0.0432	0.2524	0.4030	0.1922	0.4577
	2010	0.8693	0.6117	0.6357	0.3356	0.9523	0.4080	0.4853	0.2654	0.6334
	2011	0.0513	0.1571	0.8076	0.5963	0.7851	0.5842	0.4241	0.4675	0.9561
	2012	0.2423	0.2076	0.9628	0.7788	0.4962	0.7943	0.5136	0.6139	0.7261
	2013	0.3410	0.0561	0.9628	0.9449	0.3024	0.9452	0.9490	0.9364	0.8669

资料来源：本书计算结果。

附录5 京津冀区域技术创新绩效子系统序参量有序度

地区	年份	e41	e42	e43	e44	e45	e46	e47	e48	e49
北京	2005	0.0451	0.0323	0.0479	0.4293	0.6230	0.0433	0.0607	0.0555	0.0392
	2006	0.1553	0.0682	0.2713	0.5393	0.7433	0.1315	0.3385	0.4193	0.1454
	2007	0.5169	0.1145	0.3230	0.7482	0.9439	0.2570	0.5405	0.7101	0.3968
	2008	0.6719	0.2212	0.4084	0.9399	0.2219	0.3592	0.7804	0.6114	0.2584
	2009	0.2734	0.2819	0.5116	0.0308	0.3690	0.4313	0.7931	0.5220	0.3185
	2010	0.4744	0.3456	0.5866	0.0490	0.3824	0.5589	0.7426	0.6946	0.4725
	2011	0.5392	0.5320	0.7641	0.0852	0.0882	0.7170	0.8688	0.6905	0.6362
	2012	0.8384	0.6614	0.8736	0.1024	0.0348	0.8342	0.9193	0.8241	0.6641
	2013	0.9542	0.9414	0.9570	0.1217	0.0348	0.9524	0.9698	0.9646	0.9483
天津	2005	0.3829	0.0287	0.0481	0.4155	0.4597	0.0377	0.0379	0.0253	0.1977
	2006	0.2810	0.0590	0.3567	0.5461	0.4226	0.0800	0.0541	0.1916	0.1790
	2007	0.4714	0.1041	0.4405	0.7351	0.5525	0.1403	0.0866	0.1180	0.0812
	2008	0.8925	0.1500	0.4344	0.9422	0.7937	0.2506	0.1190	0.0472	0.0276
	2009	0.0719	0.1758	0.5410	0.0331	0.7937	0.3404	0.4924	0.0289	0.1078
	2010	0.0451	0.2929	0.5607	0.0709	0.9606	0.4848	0.6061	0.1741	0.2048
	2011	0.4098	0.5239	0.6638	0.1301	0.7751	0.6547	0.6385	0.3323	0.3444
	2012	0.9541	0.5704	0.7625	0.1768	0.2927	0.8001	0.7684	0.6554	0.6543
	2013	0.9515	0.9378	0.9572	0.2257	0.0515	0.9468	0.9470	0.9344	0.9367

续表

地区	年份	e41	e42	e43	e44	e45	e46	e47	e48	e49
河北	2005	0.5668	0.0310	0.0445	0.4754	0.9619	0.0424	0.1968	0.0376	0.0432
	2006	0.5284	0.0661	0.2203	0.5887	0.9619	0.1177	0.4149	0.0603	0.0847
	2007	0.8256	0.0932	0.2506	0.7710	0.8570	0.2135	0.3422	0.1410	0.2471
	2008	0.9497	0.1478	0.3326	0.9423	0.3850	0.3051	0.0513	0.2387	0.4289
	2009	0.0406	0.2435	0.4626	0.0332	0.3675	0.4127	0.8513	0.3085	0.4416
	2010	0.1840	0.2835	0.5780	0.0618	0.7521	0.5559	0.7422	0.5279	0.7148
	2011	0.1350	0.5106	0.7885	0.1057	0.5948	0.7404	0.6331	0.6610	0.6718
	2012	0.2871	0.7525	0.7713	0.1432	0.2976	0.8628	0.8877	0.7982	0.6908
	2013	0.5039	0.9401	0.9536	0.1660	0.0528	0.9515	0.9604	0.9467	0.9523
京津冀	2005	0.0439	0.0311	0.0477	0.4392	0.8463	0.0417	0.0522	0.0378	0.0272
	2006	0.1455	0.0653	0.2789	0.5542	0.9146	0.1151	0.3088	0.2380	0.0603
	2007	0.5251	0.1089	0.3332	0.7519	0.9832	0.2160	0.4524	0.3164	0.1173
	2008	0.7010	0.1916	0.4067	0.9410	0.9196	0.3170	0.4219	0.2723	0.0671
	2009	0.2236	0.2466	0.5121	0.0319	0.0741	0.4041	0.7721	0.2496	0.1380
	2010	0.4282	0.3227	0.5827	0.0567	0.9105	0.5404	0.7025	0.4195	0.2951
	2011	0.5030	0.5270	0.7529	0.0995	0.9786	0.7093	0.6720	0.5194	0.4282
	2012	0.8266	0.6465	0.8527	0.1280	0.8655	0.8348	0.8243	0.7409	0.6254
	2013	0.9530	0.9402	0.9568	0.1539	0.8408	0.9508	0.9613	0.9469	0.9363

资料来源：本书计算结果。

附录6　长三角区域的地理、技术和组织不确定性（熵）与最大不确定性比重

区域	年份	H_g/max (H_g)	H_t/max (H_t)	H_o/max (H_o)	H_{gt}/max (H_{gt})	H_{go}/max (H_{go})	H_{to}/max (H_{to})	H_{gto}/max (H_{gto})
上海	2005	66.77	98.47	85.73	67.48	69.76	80.86	58.42
	2006	69.68	96.82	87.79	70.23	71.99	82.60	60.59
	2007	73.31	95.76	88.73	73.59	73.47	84.18	61.54
	2008	75.01	95.23	90.79	75.84	75.39	86.08	65.38
	2009	75.97	95.38	90.65	77.47	75.31	85.93	66.03
	2010	75.92	94.97	89.76	77.21	74.89	86.19	66.67
	2011	78.37	94.57	87.82	78.39	75.90	86.40	68.83
	2012	78.37	94.57	84.70	79.16	74.87	84.61	68.74
	2013	78.34	94.38	83.51	79.03	75.38	82.79	68.34

续表

区域	年份	H_g/max (H_g)	H_t/max (H_t)	H_o/max (H_o)	H_{gt}/max (H_{gt})	H_{go}/max (H_{go})	H_{to}/max (H_{to})	H_{gto}/max (H_{gto})
江苏	2005	77.52	83.59	75.70	76.45	70.95	66.32	59.90
	2006	78.59	86.86	77.03	78.88	72.83	70.21	62.84
	2007	77.40	81.54	81.62	76.88	74.47	74.82	66.57
	2008	76.23	85.58	81,43	76.70	74.34	79.64	68.55
	2009	78.00	83.00	83.06	77.34	76.97	80.04	70.38
	2010	79.81	81.22	79.82	78.48	75.84	76.79	69.37
	2011	80.13	81.33	79.47	77.95	76.56	77.50	70.14
	2012	80.09	80.52	77.58	76.15	75.86	77.58	69.20
	2013	80.36	80.52	75.18	76.15	75.72	76.25	69.71
浙江	2005	81.12	93.16	81.35	78.20	75.48	76.25	66.45
	2006	81.92	95.99	81.69	78.49	76.05	77.61	64.87
	2007	80.30	95.51	82.09	78.02	76.76	77.99	66.87
	2008	81.33	93.82	82.98	77.38	78.53	80.61	69.55
	2009	81.97	92.87	81.23	79.30	79.10	81.71	72.98
	2010	81.70	92.02	79.72	78.85	78.55	80.29	72.30
	2011	83.02	87.56	77.95	77.41	78.82	79.02	71.97
	2012	82.91	87.99	76.01	79.78	77.80	77.86	72.30
	2013	82.78	87.14	75.23	79.70	77.78	76.83	72.41
长三角	2005	81.14	95.90	87.19	79.25	76.82	81.21	67.31
	2006	82.67	96.61	88.20	80.76	78.25	82.87	68.35
	2007	83.36	95.55	89.50	81.29	79.36	84.36	70.22
	2008	83.80	95.81	90.16	81.68	80.37	86.58	72.65
	2009	84.50	95.10	89.98	82.60	81.12	86.81	74.31
	2010	84.78	94.46	88.65	82.67	80.52	85.57	73.99
	2011	85.64	93.46	87.62	82.26	81.00	85.33	74.62
	2012	85.60	93.41	86.09	82.63	80.24	84.67	74.43
	2013	85.62	93.24	85.13	82.57	80.34	83.65	74.51

资料来源：根据 Wind 数据库数据计算。

附录7　长三角区域技术创新驱动力子系统序参量有序度

地区	年份	e11	e12	e13	e14	e15	e16	e17	e18	e19	·e110
上海	2005	0.0490	0.0687	0.0550	0.0393	0.0391	0.0449	0.9478	0.9417	0.9437	0.9246
	2006	0.0831	0.1459	0.2360	0.1201	0.1933	0.2149	0.1360	0.2306	0.0346	0.0885
	2007	0.3153	0.9325	0.4401	0.1978	0.2087	0.2956	0.5606	0.5204	0.0747	0.0360
	2008	0.5184	0.4985	0.5309	0.2745	0.2583	0.2613	0.0387	0.0493	0.3577	0.0213
	2009	0.5627	0.0763	0.6550	0.3832	0.4068	0.6609	0.1502	0.0945	0.2651	0.0155
	2010	0.6120	0.0810	0.8284	0.4765	0.4068	0.7475	0.1977	0.4849	0.3417	0.0969
	2011	0.8195	0.3392	0.9641	0.6620	0.6161	0.5379	0.3887	0.7899	0.2869	0.0531
	2012	0.9342	0.1490	0.9046	0.7928	0.7903	0.7244	0.6765	0.9584	0.7043	0.1868
	2013	0.9581	0.0234	0.8304	0.9484	0.9482	0.9540	0.7343	0.8111	0.4130	0.1137
江苏	2005	0.0483	0.2336	0.0577	0.0382	0.0444	0.0571	0.5869	0.8140	0.0414	0.5613
	2006	0.1102	0.3764	0.1584	0.0951	0.1545	0.0424	0.6564	0.8375	0.1510	0.5578
	2007	0.3007	0.9362	0.3492	0.1579	0.2167	0.1334	0.7297	0.9598	0.3809	0.6026
	2008	0.3860	0.2212	0.6095	0.2704	0.4310	0.2148	0.6181	0.2243	0.5490	0.0495
	2009	0.5637	0.4129	0.7253	0.3608	0.5391	0.4985	0.0531	0.0507	0.2805	0.0665
	2010	0.7048	0.2343	0.9668	0.4773	0.5653	0.7435	0.3332	0.7088	0.4601	0.6020
	2011	0.8037	0.1237	0.9605	0.6322	0.6523	0.7238	0.6542	0.5530	0.4967	0.6696
	2012	0.9107	0.1192	0.9354	0.7982	0.8383	0.8334	0.9622	0.5089	0.9505	0.9586
	2013	0.9574	0.0271	0.9484	0.9472	0.9535	0.9515	0.6605	0.3610	0.7864	0.8371
浙江	2005	0.0515	0.5495	0.0589	0.0398	0.0465	0.0408	0.9481	0.9414	0.0235	0.3681
	2006	0.1407	0.6535	0.2930	0.1242	0.2404	0.2461	0.8211	0.7828	0.9326	0.9330
	2007	0.3165	0.9455	0.4624	0.2042	0.3156	0.2014	0.3657	0.4096	0.1491	0.2678
	2008	0.5144	0.6806	0.6160	0.2918	0.4142	0.3227	0.5695	0.1225	0.7158	0.2280
	2009	0.6281	0.2606	0.7353	0.3672	0.5339	0.3326	0.0390	0.0323	0.0713	0.0239
	2010	0.7385	0.2121	0.8585	0.4998	0.5813	0.4867	0.1961	0.3150	0.0684	0.1513
	2011	0.8264	0.1390	0.8959	0.6442	0.6481	0.6334	0.2592	0.2590	0.0399	0.1322
	2012	0.9183	0.1311	0.9680	0.8172	0.8695	0.8261	0.3503	0.1975	0.1354	0.1312
	2013	0.9606	0.0364	0.9468	0.9489	0.9556	0.9499	0.3168	0.1374	0.1904	0.1349

续表

地区	年份	e11	e12	e13	e14	e15	e16	e17	e18	e19	e110
长三角	2005	0.0496	0.2756	0.0594	0.0389	0.0439	0.0419	0.9443	0.9557	0.0466	0.6009
	2006	0.1169	0.4056	0.2096	0.1087	0.1940	0.1129	0.9240	0.8796	0.7882	0.9490
	2007	0.3089	0.9379	0.4006	0.1796	0.2469	0.1679	0.7837	0.7645	0.3376	0.4594
	2008	0.4553	0.4236	0.6212	0.2771	0.3882	0.2424	0.7736	0.1895	0.9557	0.1845
	2009	0.5872	0.2860	0.7420	0.3677	0.5117	0.4760	0.0627	0.0467	0.2125	0.0400
	2010	0.7017	0.1982	0.9491	0.4831	0.5294	0.6751	0.3684	0.5637	0.3589	0.3741
	2011	0.8147	0.1665	0.9685	0.6424	0.6441	0.6688	0.6679	0.4902	0.3596	0.3824
	2012	0.9174	0.1288	0.9682	0.8021	0.8383	0.8129	0.9718	0.4346	0.8331	0.5210
	2013	0.9587	0.0288	0.9636	0.9480	0.9530	0.9510	0.7078	0.2938	0.7218	0.4443

资料来源：本书计算结果。

附录8 长三角区域技术知识获取子系统序参量有序度

地区	年份	e21	e22	e23	e24	e25	e26	e27	e28	e29
上海	2005	0.0469	0.0498	0.9356	0.1991	0.4838	0.1147	0.4434	0.1968	0.6647
	2006	0.2093	0.2843	0.4584	0.2738	0.3699	0.0902	0.1362	0.0524	0.9422
	2007	0.4169	0.4970	0.3220	0.0371	0.9337	0.0182	0.0434	0.3627	0.5036
	2008	0.5204	0.5575	0.1434	0.2415	0.2044	0.0627	0.0646	0.5629	0.4422
	2009	0.3935	0.4959	0.0433	0.3678	0.0548	0.9272	0.9267	0.6315	0.2381
	2010	0.5926	0.6978	0.2629	0.6171	0.0721	0.2209	0.0222	0.6541	0.2182
	2011	0.6323	0.6039	0.0265	0.7693	0.1332	0.1392	0.0597	0.8268	0.1823
	2012	0.8733	0.7878	0.2322	0.2219	0.1550	0.0924	0.0176	0.9615	0.0331
	2013	0.9560	0.9589	0.2034	0.9462	0.0246	0.1317	0.0299	0.9357	0.0571
江苏	2005	0.0583	0.0445	0.9380	0.0352	0.7055	0.0505	0.9548	0.5168	0.4751
	2006	0.0317	0.1494	0.3626	0.0718	0.0953	0.0306	0.5191	0.0329	0.7305
	2007	0.0800	0.1870	0.1407	0.0746	0.9552	0.1062	0.4751	0.4692	0.3968
	2008	0.0905	0.2222	0.1292	0.0273	0.5459	0.1135	0.4274	0.0566	0.8390
	2009	0.1025	0.2724	0.1478	0.3178	0.0461	0.1402	0.1883	0.0455	0.7607
	2010	0.4761	0.8427	0.8673	0.9363	0.3664	0.1898	0.0457	0.9420	0.0493
	2011	0.5581	0.7789	0.0289	0.2330	0.9233	0.5525	0.4852	0.1196	0.9584
	2012	0.7979	0.9535	0.1846	0.3754	0.4730	0.9397	0.8079	0.5615	0.3501
	2013	0.9408	0.9502	0.0668	0.6268	0.4498	0.9055	0.6205	0.5098	0.3254

地区	年份	e21	e22	e23	e24	e25	e26	e27	e28	e29
浙江	2005	0.0205	0.0250	0.7140	0.0289	0.0549	0.0668	0.1943	0.0537	0.8321
	2006	0.0268	0.0586	0.2602	0.1834	0.7969	0.1427	0.3608	0.5012	0.5861
	2007	0.0560	0.0935	0.2471	0.1383	0.7610	0.0360	0.0501	0.1292	0.5329
	2008	0.0775	0.0994	0.1842	0.4810	0.3003	0.2262	0.3630	0.7495	0.0639
	2009	0.1047	0.1948	0.3378	0.1006	0.2423	0.3556	0.6011	0.3108	0.9534
	2010	0.2045	0.2941	0.2936	0.0729	0.8847	0.6150	0.9409	0.8294	0.0443
	2011	0.1616	0.2294	0.1144	0.3192	0.7097	0.4789	0.7516	0.8950	0.5699
	2012	0.9296	0.9341	0.9406	0.5941	0.9640	0.6982	0.7366	0.9628	0.3365
	2013	0.4502	0.5433	0.0316	0.9379	0.7242	0.9451	0.9592	0.8873	0.4659
长三角	2005	0.0359	0.0435	0.0477	0.0332	0.5253	0.0664	0.6880	0.1155	0.7978
	2006	0.0683	0.1762	0.8625	0.1333	0.2834	0.0821	0.2885	0.0467	0.9540
	2007	0.1638	0.2759	0.6152	0.0612	0.9403	0.0376	0.0480	0.2372	0.5465
	2008	0.2053	0.3109	0.4207	0.2082	0.2978	0.1536	0.2355	0.4759	0.4684
	2009	0.1831	0.3548	0.4348	0.2860	0.0312	0.6148	0.9571	0.3574	0.6896
	2010	0.4860	0.6708	0.9568	0.7409	0.1779	0.4528	0.1295	0.8157	0.0449
	2011	0.5344	0.6080	0.2622	0.4092	0.3934	0.5394	0.5617	0.7178	0.5645
	2012	0.9449	0.9526	0.8177	0.4741	0.2719	0.8269	0.9367	0.9557	0.1614
	2013	0.9276	0.9153	0.3062	0.9423	0.1661	0.9467	0.9082	0.8965	0.2210

资料来源：本书计算结果。

附录 9　长三角区域企业技术创新子系统序参量有序度

地区	年份	e31	e32	e33	e34	e35	e36	e37	e38	e39
上海	2005	0.4945	0.6374	0.0473	0.0376	0.1228	0.0415	0.5976	0.0410	0.2150
	2006	0.4647	0.5919	0.3136	0.1340	0.4478	0.1001	0.8845	0.0806	0.2619
	2007	0.6042	0.6374	0.3779	0.2366	0.8090	0.2274	0.7533	0.1561	0.7795
	2008	0.9553	0.9556	0.4973	0.2573	0.6980	0.2495	0.9558	0.2309	0.8511
	2009	0.9459	0.9101	0.9013	0.3638	0.4192	0.4124	0.5183	0.4111	0.8421
	2010	0.7688	0.6374	0.9289	0.5446	0.8456	0.5549	0.5145	0.5308	0.9555
	2011	0.0462	0.0465	0.3596	0.4615	0.5614	0.7099	0.2461	0.7925	0.5342
	2012	0.1528	0.0465	0.9564	0.7415	0.9587	0.8595	0.1109	0.8683	0.1063
	2013	0.1434	0.1374	0.3045	0.9467	0.0496	0.9506	0.0467	0.9501	0.0464

续表

地区	年份	e31	e32	e33	e34	e35	e36	e37	e38	e39
江苏	2005	0.0572	0.1952	0.0300	0.0421	0.0410	0.0401	0.0318	0.0317	0.0400
	2006	0.1537	0.2276	0.0483	0.1100	0.1138	0.1232	0.0707	0.0495	0.0877
	2007	0.3030	0.3250	0.1144	0.2183	0.2304	0.2200	0.1778	0.0742	0.1873
	2008	0.7991	0.9419	0.1582	0.3288	0.3655	0.3258	0.3782	0.1266	0.2874
	2009	0.8544	0.7471	0.2079	0.3932	0.3097	0.2962	0.3429	0.2250	0.3805
	2010	0.9663	0.5198	0.2883	0.5271	0.5432	0.4404	0.4000	0.3431	0.4862
	2011	0.6892	0.0328	0.3165	0.7200	0.6400	0.6792	0.7692	0.5720	0.6711
	2012	0.8736	0.0653	0.9391	0.8817	0.9501	0.9492	0.9409	0.7725	0.9491
	2013	0.9652	0.1952	0.8678	0.9512	0.8684	0.8969	0.0401	0.9408	0.8685
浙江	2005	0.0823	0.0982	0.0461	0.0319	0.4560	0.0294	0.0333	0.0319	0.0347
	2006	0.2813	0.1104	0.2117	0.0979	0.6501	0.0880	0.1371	0.0574	0.0798
	2007	0.5343	0.1226	0.2793	0.1207	0.6521	0.1165	0.1894	0.0839	0.1832
	2008	0.6332	0.1226	0.3807	0.1858	0.0538	0.1848	0.2147	0.1305	0.2973
	2009	0.7905	0.1185	0.4145	0.1973	0.3093	0.1526	0.2195	0.2515	0.2949
	2010	0.9477	0.1145	0.7052	0.3171	0.8490	0.2817	0.3682	0.3299	0.2951
	2011	0.0387	0.0166	0.6274	0.4824	0.5873	0.4598	0.5261	0.5336	0.5121
	2012	0.1799	0.0166	0.9552	0.7839	0.9629	0.6552	0.6688	0.7937	0.7932
	2013	0.3391	0.9257	0.9485	0.9410	0.8075	0.9384	0.9424	0.9409	0.9438
长三角	2005	0.0481	0.4497	0.0335	0.0392	0.0402	0.0402	0.0356	0.0327	0.0415
	2006	0.1728	0.4861	0.0883	0.1122	0.1470	0.1176	0.1419	0.0562	0.0925
	2007	0.3729	0.5952	0.1545	0.2018	0.2723	0.2135	0.2319	0.0870	0.2152
	2008	0.7702	0.9588	0.2113	0.2854	0.3146	0.3001	0.4593	0.1391	0.3275
	2009	0.8574	0.8497	0.2786	0.3471	0.2777	0.3086	0.3546	0.2560	0.3956
	2010	0.9572	0.6679	0.3882	0.4874	0.5719	0.4556	0.4392	0.3567	0.4778
	2011	0.3722	0.0497	0.3665	0.6205	0.6087	0.6767	0.7754	0.5779	0.6697
	2012	0.5521	0.0497	0.9425	0.8341	0.9493	0.9204	0.9447	0.7918	0.9506
	2013	0.6630	0.8133	0.8484	0.9482	0.8024	0.9493	0.1451	0.9418	0.9360

资料来源：本书计算结果。

附录10　长三角区域技术创新绩效子系统序参量有序度

地区	年份	e41	e42	e43	e44	e45	e46	e47	e48	e49
上海	2005	0.0445	0.0483	0.0542	0.5352	0.4911	0.0437	0.0450	0.0598	0.1065
	2006	0.0859	0.1042	0.3776	0.6037	0.6446	0.1205	0.0879	0.2335	0.2432
	2007	0.3559	0.2931	0.4164	0.8190	0.9398	0.2582	0.3023	0.5878	0.4182
	2008	0.4912	0.3884	0.4689	0.9418	0.2904	0.3684	0.4223	0.6692	0.1980
	2009	0.4980	0.5476	0.6052	0.0327	0.1133	0.4794	0.7139	0.5859	0.0452
	2010	0.5755	0.6992	0.7286	0.0471	0.3613	0.5741	0.5338	0.9558	0.9543
	2011	0.5898	0.8519	0.8529	0.0711	0.1133	0.7114	0.5939	0.9689	0.8119
	2012	0.8136	0.8936	0.8983	0.0847	0.0307	0.8222	0.7997	0.9653	0.8351
	2013	0.9536	0.9574	0.9633	0.1005	0.0543	0.9528	0.9541	0.8969	0.8638
江苏	2005	0.1940	0.0372	0.0453	0.4090	0.8908	0.0399	0.0433	0.0409	0.0389
	2006	0.3480	0.0729	0.1985	0.5350	0.9594	0.0996	0.1232	0.1088	0.0808
	2007	0.4812	0.1419	0.2611	0.7543	0.9594	0.1830	0.2231	0.2070	0.1571
	2008	0.6365	0.2175	0.3450	0.9407	0.5820	0.2820	0.3230	0.3096	0.3347
	2009	0.0416	0.3072	0.4669	0.0316	0.5306	0.3619	0.4429	0.3636	0.3460
	2010	0.2941	0.4263	0.6131	0.0637	0.5820	0.5226	0.6227	0.5281	0.5138
	2011	0.4665	0.6441	0.7540	0.1041	0.2905	0.6929	0.7226	0.6849	0.6080
	2012	0.7060	0.8846	0.8499	0.1309	0.1361	0.8157	0.8325	0.8533	0.8213
	2013	0.9507	0.9462	0.9544	0.1576	0.0503	0.9490	0.9524	0.9500	0.9480
浙江	2005	0.3191	0.0329	0.0490	0.4832	0.6897	0.0413	0.0394	0.0147	0.0413
	2006	0.6210	0.0682	0.3139	0.6057	0.8390	0.1113	0.0541	0.0400	0.1280
	2007	0.9436	0.1261	0.3678	0.7915	0.9475	0.2124	0.1421	0.0539	0.2443
	2008	0.6983	0.2022	0.4300	0.9416	0.3234	0.3024	0.2007	0.0473	0.2949
	2009	0.0345	0.2694	0.5494	0.0325	0.1606	0.3873	0.5086	0.9238	0.3450
	2010	0.1127	0.3139	0.6049	0.0572	0.5676	0.5501	0.5673	0.0748	0.5707
	2011	0.1323	0.5180	0.7444	0.0858	0.1741	0.7108	0.6259	0.0856	0.7084
	2012	0.2650	0.7801	0.8289	0.1012	0.0384	0.8247	0.8166	0.0996	0.8094
	2013	0.2931	0.9419	0.9580	0.1200	0.0656	0.9504	0.9485	0.1142	0.9504

续表

地区	年份	e41	e42	e43	e44	e45	e46	e47	e48	e49
长三角	2005	0. 0431	0. 0365	0. 0491	0. 4721	0. 8395	0. 0411	0. 0429	0. 0401	0. 0398
	2006	0. 2815	0. 0735	0. 2842	0. 5777	0. 8862	0. 1076	0. 0945	0. 1145	0. 0980
	2007	0. 6643	0. 1473	0. 3369	0. 7864	0. 9810	0. 2078	0. 2317	0. 2149	0. 1903
	2008	0. 7060	0. 2244	0. 4055	0. 9413	0. 8770	0. 3065	0. 3209	0. 2771	0. 3159
	2009	0. 1255	0. 3116	0. 5316	0. 0322	0. 0719	0. 3946	0. 5391	0. 9492	0. 3224
	2010	0. 3272	0. 4088	0. 6500	0. 0563	0. 9000	0. 5418	0. 5883	0. 4508	0. 5592
	2011	0. 4247	0. 6177	0. 7850	0. 0879	0. 9137	0. 7022	0. 6611	0. 5508	0. 6451
	2012	0. 7381	0. 8514	0. 8615	0. 1071	0. 8272	0. 8198	0. 8147	0. 6583	0. 8253
	2013	0. 9521	0. 9456	0. 9582	0. 1279	0. 8252	0. 9502	0. 9520	0. 7187	0. 9489

资料来源：本书计算结果。

后记（2018年）

本书是在笔者2013~2016年中央财经大学博士毕业论文的基础上修订而成。

我博士期间的导师——崔新健教授，对该书写作给予了很多非常有价值的建议，使该书在内容上更加完整，在学术上更加深化并得以充实。特此感谢崔新健老师对我学术研究方面的悉心教导。

中国社会科学院工业经济研究所陈耀研究员是我博士后期间的指导老师，他是位很睿智的学者，对我博士后期间的生活、学习和工作给予了很多建议，在本书修订过程中，他对该书也给出了比较细致的建议，并鼓励我将书中内容进行补充完善。在此特别感谢陈耀研究员。

向那些在生活中和学习上不断给予我帮助的朋友们致以深深的谢意，特别感谢侯丽、姜力文等。

希望本书能够对从事区域创新协同度评价工作的人士带来更多的帮助和启示。